法律与现代生活丛书
总主编 周叶中

U0791380

犯罪离我们有多远
——生活中的刑法

刘艳红等 编著

WUHAN UNIVERSITY PRESS
武汉大学出版社

图书在版编目(CIP)数据

犯罪离我们有多远:生活中的刑法/刘艳红等编著.—武汉:武汉大学出版社,2008.10 (2013.10重印)
(法律与现代生活丛书/周叶中总主编)
ISBN 978-7-307-05821-7

Ⅰ.犯… Ⅱ.刘…[等] Ⅲ.刑事犯罪—案例—分析
Ⅳ.D914.05

中国版本图书馆 CIP 数据核字(2007)第144315号

责任编辑:田红恩　　责任校对:黄添生　　版式设计:詹锦玲

出版发行:武汉大学出版社 (430072 武昌 珞珈山)
(电子邮件:wdp4@whu.edu.cn 网址:www.wdp.com.cn)
印刷:湖北省荆州市今印印务有限公司
开本:880×1230 1/32 印张:12.375 字数:288千字
版次:2008年10月第1版 2013年10月第13次印刷
ISBN 978-7-307-05821-7/D·758 定价:23.00元

总序
——让法律走向公民生活

当今中国，不仅社会主义法律体系已经基本建立，而且社会主义法治理念也日益深入人心。然而毋庸讳言，在大多数普通公民的心目中，高高在上的法律却始终笼罩着一层神圣的光环，并因而总让人觉得可望而不可及。正因如此——所以，当人们因为一些日常小事，诸如买到劣质商品、被拖欠工资奖金、邻居的音响吵得心神不宁等，因而深感合法权益受到侵害的时候，虽然会郁闷、会愤怒，甚至会呐喊，但却不一定知道如何运用法律武器维护自己的合法权益，最终不得不忍气吞声或者大事化小，小事化了。

所以，当人们并不清楚到底什么是法律的时候，会自觉或不自觉地将粉刷在村委会墙上的“放火烧山，牢底坐穿”之类触目惊心的标语，以及县政府的红头文件视为法律。

所以，尽管人们懂得“国有国法，家有家规，没有规矩，不成方圆”的道理，却往往不能准确把握划分法律与道德的那条红线，从而一失足成千古恨。

……

那么，法律究竟离我们的生活有多远？

在许多普通中国公民看来，法律是公家的事，是律师的事，并非他们自己能够关心的。于是，在他们眼中，“忍耐”与“私了”往往是解决纷争的首选之路。然而，法律的功能不仅仅在于调处纷争，其更大的作用恰恰在于防止纠纷的产生。对法律的关注就好比一名同时拿着长矛与盾牌的武士，在忍无可忍、必须出击之前，至少可以让自己不要受到太多伤害。至于说“忍耐”，与其说是一种风度，倒不如说是一种逃避。虽然你可以放弃原本属于自己的权利，但对方却未必感激。又至于说“私了”，也必须以理服人，而与道义上的谴责与说教相比，还有什么比理性的法律更有说服力呢？

其实，法律离我们的生活并不遥远，相反，法律源于公民生活的内在需要，是公民生活的基本范式，与每位公民的日常生活息息相关。因此，我们不应将法律高高挂在空中，而理应将其作为我们手中的“矛”与“盾”，当做我们生活中的“情”与“理”。也就是说，我们每位公民，都可以成为法律的“代言人”！

而且，要做到这些并不难。尊重法律、信赖法律，这是我们在生活中正确对待法律的应有态度。也就是说，我们要重视法律的权威性，确保自己的行为在法律允许的范围之内，不要因为突破法律的红线而给自己带来不必要的麻烦。我们还要相信法律的公正性，积极主动地通过法律规定的途径寻求对自己权利的保护与救济。

更为关键的是，我们应当学会如何运用法律来解决生活中的各种问题。这并不是要我们埋头于艰深的法理象牙塔，系统地掌握所有法学理论知识，其核心环节在于懂得去借鉴和参与。也就是说，一方面通过电视、网络、报刊与图书了解已经发生的各种真实案例，获取基本法律常识；另一方面通过亲身经历，充实自己的法律阅历，从而真正体会到运用法律绝不是简单说一句“我要告你”那么轻松。

如此说来，法律实际上就在我们每个人的身边，它理应成为我们每个人的朋友。因此，在麻烦找来之前，我们最好先去结识这位朋友，多听听这位朋友的建议。这正是我们编写这套《法律与现代生活丛书》的初衷。

这是一套面向普通公民的通俗法学读物。它融知识性、趣味性和简明性于一体，用公民平常的话语，谈公民关注的问题，讲公民生活中的法律。

在这套丛书中，您看到的案例或者事例，都源于普通公民的日常生活，都足以使您感同身受，并引起共鸣。通过对这些案例或事例深入浅出的剖析，我们力求让读者了解隐藏在这些问题背后的法律知识，进而总结出我们生活中的法理。

我们编写这套丛书的宗旨，就是让写在纸上的法律真正融入我们的生活，让每位公民真切地感受到法律的存在和功能，切实体会法律给予我们公民的关怀与保护，使法治真正成为公民生活的一种现实需要！

我们真诚地希望这套丛书，能够切实指导我们的生活方式，优化我们的生活习惯，并最终提高我们的生活品质，使我们的社会与生活更加和谐、更加美好！

周叶中

2007 年 7 月 1 日

目 录

1. 刑法基本问题知多少

2. 人身权利如何保护

3. 经济黑洞知多少

4. 公私财产如何保护

5. 老百姓在社会上如何做遵纪守法的好公民

6. 从事公务的人在生活中有哪些禁区

1. 刑法基本问题知多少

在法律发展进程中，刑法扮演了一个重要的角色。刑法理念由古时的同态复仇到近代的等量、等价报应，直到现代的改造、教育，一路走来，风景无限。现代社会确立了刑法中的罪刑法定原则，这条被称为“铁律”的原则被贯彻到刑事立法以及司法实践的方方面面。在这条基本原则指引下的我国刑法，不仅是司法机关判案定罪的依据，也是公民维护自身权益，与犯罪行为作斗争的重要武器。老百姓在日常生活中处理与刑法的关系时并不是完全被动消极的角色，通过了解刑法的规定和其中包含的精神，老百姓可以知法而不至于犯法并做到为我所用，而这些首先需要了解刑法中的一些基本规定，在刑法典中表现为刑法总则的规定。

在本部分中，我们通过一些具有代表性的案例，介绍了刑法中的一些总括性的规定，包括刑法的基本原则，刑法中定罪量刑的基本规则，以及刑罚的执行，等等。通过这些规定的介绍，老百姓可以了解刑法对犯罪的基本规定以及基本的态度，而司法机关也应该严格执行这些规定，依法办案。

要点提示

- 在我国的刑事立法中，贯彻着三个基本的原则，具体来说是指罪刑法定原则、法律面前人人平等和罪刑相适应原则。这三个基本原则指导了整部刑法典，也是司法机关在定罪量刑的过程中必须严格遵守的规定，通过这些基本原则可以实现刑法的保障人权和保护社会的基本功能。
- 行为构成犯罪必须符合一定的条件，一些基本的条件对于犯罪的成立是必不可少的，也是每个犯罪都必须具备的，这些条件包括犯罪的客观方面、犯罪的主观方面和犯罪的主体。缺少其中任何一方面的内容，行为都不能构成犯罪，这些条件被称为犯罪的构成要件。

- 在刑法中，存在着一些特殊的事由，这些事由的特征是行为表面上造成了对他人的伤害，但却是为了保护更大的利益。一旦出现这种事由，行为并不构成犯罪。在我国刑法中，这些事由主要包括正当防卫与紧急避险。
- 单位犯罪是我国刑法所规定的一种由特殊主体构成的犯罪。因此，不管是个人，还是单位，如果触犯了刑法的规定，都是应该受到刑罚处罚的，但是单位犯罪的处罚方式有一些特殊之处。
- 死刑作为一种极刑，我国刑法对它予以了保留。对一些罪大恶极的罪犯，法院可以判处死刑。

1.1 裸聊，刑法管得着吗？

自从网站技术人员开发了视频聊天技术以来，裸聊迅速登场，引起了不少网友的兴趣。所谓“裸聊”，就是除去脸部外其他身体部位全部裸露在摄像镜头下，通过网络视频传给聊天对方的聊天方式，以大胆的文字和动作进行交流。与此同时，许多不法之徒在巨额利润的驱使下，利用裸聊的方式传播淫秽内容，组织淫秽表演，从中牟取暴利。更有甚者利用裸聊，敲诈勒索他人，进行违法犯罪活动。陕西女教师因裸聊而遭网友强奸的事件至今仍触目惊心，在全国范围掀起了对裸聊的口诛笔伐，关于裸聊应不应该当作犯罪处理也成为人们关注的话题。近日北京东城区检察院对待裸聊的做法做出了“无声”的回答。

43岁的柴某是北京某单位的临时工，他平时最大的业余爱好便是上网聊天。今年7月底，经一名网络好友的介绍，柴某进入某网站“E话通”视频聊天的“少妇”聊天室内。柴某进去后，看到里面有4男1女共5人，大家都赤身裸体相见。柴某很快从中找到了刺激，整天沉迷其中。8月9日，北京市网络监察部门在该网站上巡检时

> 发现，这个聊天室内的5男1女正在进行淫秽表演，后经侦查找到了6人中的柴某。柴某对此供认不讳，公安机关随即以“传播淫秽物品罪”向东城区检察院提请批捕。而承办此案的检察官对如何对柴某参与“裸聊”案件的定性犯了难。法律上关于传播淫秽物品罪、组织淫秽表演罪以及聚众淫乱罪都难以靠得上。由于对柴某的定罪没有法律依据，检察院做出不批捕的决定，将此案退回公安部门处理，最后不了了之。（本案例选自："汉网"，http://www.cnhan.com/big5/content/2003-06/19/content_280505.htm。）

翻开我国刑法典，确实没有关于惩罚裸聊行为的规定，那么对于遭遇法律空白而又危害社会的行为，刑法到底该不该处罚呢？在古老的西方曾有名言：法无明文规定不为罪，法无明文规定不处罚。意即对于法律没有规定的行为就不应该处罚，这也就是我们所说的罪刑法定主义。其背后的理论依据是：如果一个人被明确告之不能做什么之后他还这么做，那么对他的处罚就可成立；反之，则不成立。这也类似于我国的一句俗语：知者为罪，不知者不为罪。对自由和安全的渴望是几千年来人类所共有的普遍性。试想，如果法律不事先对什么行为会受处罚，什么行为不会受处罚做出明文规定，人们将无法预测自己的行为到底合法与否，每天都担心自己的行为会受到法律的处罚，于是什么也不敢想，什么也不敢做，整天惶惶不可终日。因此，法律应该挑选出那些对社会危害最大的行为，将其规定为犯罪，然后告诫大家这些事情是不可以做的，否则会受到法律的处罚。明白事理的人们根据这些法律可以预测自己的行为合法与否，在日常生活中三思而后行，尽量控制自己不要去做那些犯法的事情。而对于法律没有规定的事情，只要不损害他人利益，都可以放心大胆地做。

对于前述的裸聊，我国刑法目前并非毫无规定。如果不法之徒利用与对方裸聊之机拍下对方的裸照并以此敲诈勒索，则构成敲诈勒索罪；如果利用裸聊传播淫秽内容且网络点击率高的，则构成传播淫秽物品罪；如果利用裸聊技术组织淫秽表演且网络点击率高的，则构成组织淫秽表演罪。凡利用裸聊之机，从事以上行为，构成犯罪的，将依我国刑法进行处罚。

法条链接

刑法第3条：法律明文规定为犯罪行为的，依照法律定罪处刑；法律没有明文规定为犯罪行为的，不得定罪处刑。

1.2 能人犯罪，能否网开一面？

我国自古就有“王子犯法，与庶民同罪”的说法，尤其是特权阶层逃避法律制裁的行为，历来备受关注和谴责。随着我国法治化进程的日益深入，我国司法中明显利用特权、超越法律的行为已相对较少，这突出的表现在反腐败斗争中，一大批贪官被查处和杀头。然而，在老百姓对此拍手称快的同时，另一种不平等的法律现象正在悄然进行，甚至得到公众的认同和支持。

> 2003年6月6日的《中国青年报》报道了浙江徐建平案件，这个手中握有10项国家专利，为国家纺织行业、地方轻纺科技事业做出过突出贡献的“杰出科学家”杀妻分尸，一审被判处死刑后，前后有200多人上书法院，要求枪下留人。此举引起了社会各界对“能人犯罪”可不可以从轻发落，允许其“戴罪立功”的讨论。（本案例选自:“正义网”,http://www.jcrb.com/zyw/n7/ca438394.htm。）

相对于那些职务上或财产上有特殊地位的人而言，这种在荣誉或者智力上拥有特殊地位的人的违法犯罪行为往往更能得到公众的宽容。我国自古有“功过相抵”的说法，尤其是对社会有突出贡献的“功大于过”的人，似乎应该得到法律的格外开恩。最好是让他们“将功赎罪”，为社会做出更大的贡献，如果贸然杀掉，岂不是社会的一大损失？于是每当有能人犯罪时，总会出现群众请愿的情形：因为是劳模而网开一面，因为是英雄而网开一面，因为是专家而网开一面，因为是名牌大学的大学生而网开一面，等等。人们常常以爱惜人才、尊重知识等冠冕堂皇的理由为其开脱，似乎这样才符合大众对公正的期待，而所谓的法律面前人人平等已离我们很远了。

对于这种能人犯罪问题，法律是否因为他曾对社会有贡献并且还会有贡献就手下留情呢？平等是人类的理想，人都有得到尊重的欲望，因而同时具有受到平等对待的情感诉求。法律面前人人平等是我国宪法确立的社会主义国家法治的一般原则，我国刑法第4条也明文规定：“对任何人犯罪，在适用法律上一律平等。不允许任何人有超越法律的特权。”也就是说，不论犯罪人的社会地位、家庭出身、职业状况、财产状况、政治面貌、才能业绩如何，在定罪量刑上不应有所区别。罪犯的犯罪行为和结果是法律定罪量刑的唯一标准，不能因为是专家、名人而适用多重标准，区别对待。如果今天因徐某对纺织行业的贡献而从轻处罚，那么今后再有张某、李某因具有特殊才能而获免罪，则整个法律就形同虚设。科技人才的陨落虽然可惜，但社会道德、公平正义的价值观念更值得尊重和维护。适用法律人人平等，同罪同罚，是社会正义的必然要求，也是刑法必须坚守的底线，不能退缩。

法条链接

刑法第4条：对任何人犯罪，在适用法律上一律平等。不允许任何人有超越法律的特权。

1.3 “破罐子破摔”？

电影《无间道》里有一句话：“出来混，迟早都要还的！”意即一个人总要对自己的行为负责任。而在负多大责任上，则有所不同，恐怕不是很多人会去多想的，大多会抱着破罐子破摔的想法，一不做二不休，一口气杀光者不在少数。

制造了震惊全国的陕西省汉阴县“7·16”特大杀人案的罪犯邱兴华，大概就是一个典型的“破罐子破摔的人”。2006年6月18日至7月2日，被告人邱兴华与其妻何冉风先后两次到汉阴县铁瓦殿道观抽签还愿。其间，因邱兴华擅自移动道观内两块石碑而与道观管理人员宋道成发生争执，加之邱兴华认为道观主持熊万成有调戏其妻的行为，由此心生愤怒，遂产生杀人灭观之恶念。7月14日深夜，邱兴华趁道观内诸人熟睡之机，持一把砍柴用的弯刀到寝室向熊万成等10人头部各砍数刀。随后，邱兴华决定将和其有仇的人一个个杀掉。次日天亮后，邱兴华将易燃物牛毛毡和柴禾抱到陈世秀的寝室，将作案工具弯刀、斧头等物放入火炉及柴堆上，放火燃烧后逃离现场。7月31日上午，邱兴华窜至湖北随州市曾都区万福店农场魏义凯家，以帮魏义凯家补盆子和合伙做干鱼生意为名，骗取了魏的信任。当天吃完晚饭后趁其家人休息之机，用斧头和弯刀向魏义凯、魏妻徐开秀、魏之女魏金梅的头部连砍数刀，将三人砍伤后，抢得现金 1 302 元。（本案例选自："正义网"，http://www.jcrb.com/n1/jcrb1032/ca540261.htm。）

我国自古就有"善有善报，恶有恶报"、"以眼还眼，以牙还牙"、"杀人偿命"等说法，尤其是在谈论现世报应时更是如此，这大多是源于因果报应和同态复仇的观念。我国刑法第 5 条规定："刑罚的轻重，应当与犯罪分子所犯的罪行和承担的刑事责任相适应。"这就是我们所说的罪刑相适应原则，其基本含义是：罪轻的规定轻刑、轻判，罪重的规定重刑、重判，罪刑相当，罚当其罪。

在现代社会，罪刑相适应原则不可能表现为以眼还眼、以牙还牙。然而，一旦脱离了这一原则的朴素表现，我们就会遇到难题：惩罚带来的痛苦在某种程度上应当等于犯罪的危害程度，但遗憾的是，在目前的认识能力和技术水平之下，我们还没有也不可能有关于痛苦和罪恶的计量单位，它不能用几斤几两来形容，犯罪的恶与某一种类或者某一等级的刑罚之间，还不能证明有数学上的必然联系，那么我们怎样来做到罪刑相适应？首先，刑罚应与犯罪的性质相适应。一般说来，危害人身权利的犯罪重于侵犯财产的犯罪、故意杀人罪重于故意伤害罪，等等，就是由各自的犯罪性质决定的。国家立法机关着眼于犯罪性质的不同，制定了与之相对应的法定刑，审判机关在审理具体案件时可以参考适用，以保证案件定性正确。其次，刑罚应与犯罪情节相适应。即使在犯罪性质相同的案件中，不同案件的犯罪情节不尽相同，其危害程度也不一样，同样是抢劫罪，抢劫一个被害人和抢劫十个被害人在性质上相同，但在犯罪情节上却有很大不同。要使刑罚真实反映形形色色的具体案件的危害程度，量刑就应当注意刑罚与犯罪情节相适应。最后，刑罚还应与犯罪人的人身危险性相适应。犯罪人罪前一贯品行较好或有劣迹、有无前科等，以及罪后自首或逃避罪责、积极退赔经济损失或隐藏赃款赃物等，虽然对他所实施的犯罪本身没有直接影响，却可预示其改造的难易程度和再犯可能性的大小，因此，应把这种犯罪人的人身危险状况作为决定刑罚轻重的根据之一。

到此为止，那些犯罪时持“破罐子破摔”想法的人是否应该考虑一下，在罪恶的深渊面前停止自己的脚步？法律会给你们一个公正的评价。

法条链接

刑法第5条：刑罚的轻重，应当与犯罪分子所犯的罪行和承担的刑事责任相适应。

1.4 子不教，谁之过？

“法官同志，这个孩子俺真是管不了了，你们还是把他关几年，改好了再放回来吧。”山东省平阴县东阿镇农民老高因自己刚满 17 周岁的儿子涉嫌抢劫罪，他特意找到主审法官这样表示。以上这段话绝非危言耸听，近年来，由于各种消极因素、不良环境和未成年人自身特点的影响，未成年人犯罪一直呈居高不下的态势，并且向低龄化、恶性化趋势发展，呈现了犯罪类型多元化、犯罪手段成人化、犯罪成员团伙化等特点，对社会的和谐稳定造成了严重的危害，已引起了社会各界的高度重视。(本案例选自:“正义网”,http://www.jcrb.com/zywfiles/ca533674.htm。)

对大多数人来说,孩提时代本应是天真无邪、惹人怜爱的时候,而一大批的青少年却走上了犯罪这条不归路,有的甚至较成年人犯罪有过之而无不及,让不少人对未成年人这个弱势群体又爱又恨。“子不教,父之过”的说法,在这个文化多元的社会,显然不足以说服公众。是什么促使了未成年人犯罪？对未成年人犯罪我们能做些什么？

未成年人相对成年人而言,是一个法律上的概念,我国刑法规定未成年人犯罪是指已满 14 周岁不满 18 周岁的人犯罪。这一时期的未成年人是具有独特心理特征的社会群体，其生理上急剧变化，智力上迅速发展，自我意识也不断增强，且对自己的行为缺乏正确的判断力和控制能力。这些特点造成了他们心理发展中错综复杂的矛盾，这些矛盾在不良社会影响的诱惑下，极易走向犯罪。遍布大街小巷的影视厅、录像厅、游戏厅、网吧是侵蚀未成年人身心健康的最直接的温床。各种充斥着暴力、打斗、色情和黑社会内容的"染缸文化"，更容易为鉴别力和抵御力都较差的未成年人所效仿，对正处于青春萌动期的未成年人的污染和侵蚀作用表现得更直接和明显。

针对未成年人犯罪的原因和特征，我国对未成年人实施的犯罪行为，并不是只强调刑罚惩罚，而是一贯坚持"教育为主，惩罚为辅"的方针。对于非惩罚不可的人适当地追究刑事责任，目的也是为了教育、改造和挽救未成年人。我国刑法第 17 条规定：已满 16 周岁的人犯罪，应当负刑事责任。已满 14 周岁不满 16 周岁的人，犯故意杀人、故意伤害致人重伤或者死亡、强奸、抢劫、贩卖毒品、放火、爆炸、投毒罪的，应当负刑事责任。已满 14 周岁不满 18 周岁的人犯罪，应当从轻或者减轻处罚。因不满 16 周岁不予刑事处罚的，责令他的家长或者监护人加以管教；在必要的时候，也可以由政府收容教养。

尽管如此，我们还是应该看到，"子不教，父之过"的说法，在这个文化多元的社会，显然无力对未成年人犯罪承担起所有责任。如何挽救未成年人犯罪应成为全社会的行动，是一项全面的社会系统工程，需要我们共同的努力。

法条链接

刑法第 17 条：已满 16 周岁的人犯罪，应当负刑事责任。已满

14 周岁不满 16 周岁的人，犯故意杀人、故意伤害致人重伤或者死亡、强奸、抢劫、贩卖毒品、放火、爆炸、投毒罪的，应当负刑事责任。已满 14 周岁不满 18 周岁的人犯罪，应当从轻或者减轻处罚。因不满 16 周岁不予刑事处罚的，责令他的家长或者监护人加以管教；在必要的时候，也可以由政府收容教养。

1.5 精神病人，你是散落人间的恶魔吗？

2004年8月4日上午，北京大学第一医院幼儿园15名儿童和3名教师在幼儿园被人砍伤，其中一名重伤儿童经抢救无效死亡。犯罪嫌疑人是该幼儿园52岁的门卫徐和平，他曾因偏执型精神分裂症在北京安定医院住院治疗。两年前，经在医院上班的妻子介绍，徐和平到北大医院幼儿园传达室做临时工。却不料突然制造了这桩惨案。（本案例选自："天涯法律网"，http://hngf.gov.cn/news/news_detail.asp? newsid=2004-8-5-9-24-59。）

这是一件令人无比沉痛的公共安全事故，犯罪嫌疑人徐和平的残暴举动让精神病人的刑事责任问题成为备受关注的话题；徐和平的精神病史和残害无辜的暴行之间的联系，让精神病人这个群体同样成为热门话题。以前，关于精神病人危害公共安全或者他人人身安全的事件，媒体也屡有报道。有人把"散落民间"的重症精神病人比做"不定时炸弹"，随时可能发作，从而威胁到人们的生命财产安全。事实上，在全国范围内，"散落民间"的精神病人群体是极其庞大的，给社会带来了极大的安全隐患。那么，法律该如何对待精神病人的犯罪问题呢？

达到一定年龄的精神健全的人，由于其知识和智力得到一定程度的发展，因而其刑事责任能力即辨认和控制自己行为的能力就开始具备，并以达到成年年龄作为其责任能力完备的标志。但是，人即使达到负刑事责任的年龄，也可能由于患精神病而影响刑事责任能力，使责任能力减弱甚至完全丧失，因而世界各国均对精神病人的刑事责任能力问题在刑法中做出明确的规定，以对精神病人做出特殊保护，彰显法律的人道精神。我国刑法第 18 条规定了有关精神病人的刑事责任问题，精神病人在不能辨认或者不能控制自己行为的时候造成危害结果，经法定程序鉴定确认的，不负刑事责任。

本案中的徐和平应否承担刑事责任以及承担多重的刑事责任，关键是看他是否丧失了辨认或控制能力以及丧失的程度。如果他完全丧失了辨认或控制能力，就不构成犯罪，不承担刑事责任；如果他只是部分丧失了辨认控制能力，则应承担部分刑事责任。如果他在行为时没有丧失辨认控制能力，则应承担全部的责任。至于他是否丧失或者丧失多少辨认控制能力，不能仅听行为人或其亲属的自述、介绍，也不能由司法工作人员主观臆断，而必须经法定程序鉴定，加以确认。

在北京以及其他很多地方发生的精神病人危害人们生命财产的案件，不得不引起人们的重视。如果不能采取有效的手段加以控制，类似的案件还会不断发生。为此，我们的社会还需投入更多的软硬件设施，来消除人们对精神病人的歧视，并对精神病患者进行及时医治，以防范于未然。

法条链接

刑法第 18 条：精神病人在不能辨认或者不能控制自己行为的时候造成危害结果，经法定程序鉴定确认的，不负刑事责任，但是应当责令他的家属或者监护人严加看管和医疗；在必要的时候，由政府强制医疗。间歇性的精神病人在精神正常的时候犯罪，应当负刑事责任。尚未完全丧失辨认或者控制自己行为能力的精神病人犯罪的，应当负刑事责任，但是可以从轻或者减轻处罚。

1.6 酒干倘卖无？

酒是一种饮料，少饮可和气行血，消愁助兴，因此中国人向来都有在酒桌上解决问题的习惯。仿效古人豪饮者也不少，然而却未必都有古人的好酒量，后果也就不一样了。俗话说：醉酒坏事。酒后驾车，造成重大交通事故的，酒后杀人，造成他人死亡的已屡见不鲜，总之，都是喝酒惹的祸！

自以为喝醉了酒即使犯了罪也不应当追究刑事责任的被告人陈某，近日被江西省修水县人民法院以放火罪判处有期徒刑三年。陈某系修水县人，平日无所事事，偏好喝酒。某日，陈某帮工并获得30元报酬。当晚，陈即到本镇一小杂货店买了一瓶国公酒和一包饼干，自斟自饮，待酒喝完时已是午夜过后，之后摇摇晃晃地往家中走。当走到本村杨某家时，因时间太晚，小路看不太清楚，于是即用随身携带的打火机将杨某盖茅厕柴草点燃，接着又走到陈某家的猪圈边，将陈堆放在猪圈檐下的柴堆点燃，大火迅速蔓延，将陈某家的猪圈烧毁，并将一头猪及四只鸡烧死，且严重危及到周围居民的安全，大火经群众奋力扑救才得以扑灭，造成直接经济损失1 967元。后法院认定陈某的行为构成放火罪。(本案例选自:"东方法眼网",http://www.dffy.com/fazhixinwen/minsheng/200610/20061021162324.htm。)

轻度醉酒的人还有理智，知道自己应该做什么，不该做什么，能考虑到自己行为的后果；痛饮沉醉则会引起脑神经麻醉，理智衰退，还可能做出一些不理智的行为，甚至极易发生突发性、偶发性犯罪。醉酒犯罪给社会和个人带来了不可估量的损失，为了防止和减少醉酒犯罪的发生，我国刑法规定醉酒的人犯罪的，应当负刑事责任。这一规定对于防范和减少酒后犯罪，维护社会秩序，具有重要意义。

醉酒人实施危害行为应当负刑事责任，其学理解释的主要根据是：其一，医学证明，生理醉酒人只是辨认和控制行为的能力有所减弱，但并未完全丧失，其不属于无刑事责任能力人；其二，生理醉酒人在醉酒前对自己醉酒后可能实施的危害行为应当预见到，甚至已有所预见，在醉酒状态下实施危害行为时，具备故意或过失的犯罪主观要件；其三，醉酒完全是人为的，是可控制的，行为人却明知故犯，理当受到处罚。

有种特殊情况是病理性醉酒，也就是所谓的病理性酒精中毒，是指具有潜在性或过去发作过精神病、神经症或人格障碍的人，在少量（也可以是大量）饮酒后，出现罕见的行为紊乱，并继发记忆缺失的一种猝发性中毒症状。病理性醉酒人的症状是突发性的，也是短暂性的，其发病时出现意识障碍，也就失去了对自己行为辨别和控制的能力。与普通醉酒不同，病理性醉酒属于精神病的一种。关于这种人的责任能力，应根据其在实施危害行为时辨别和控制自己行为能力的具体情况而定。既不能一律认为是无责任能力的人，也不能一律认为是完全责任能力的人或限制责任能力的人。但是，如果行为人明知自己会发生病理性酒精中毒，为了犯罪而故意喝酒的，不属于无责任能力的情况，应追究其刑事责任。

法条链接

刑法第 18 条第 4 款：醉酒的人犯罪，应当负刑事责任。

1.7 盲、聋哑人犯罪，法律应该手软吗？

传说中人都是女娲用泥巴捏出来的，恐怕连女娲也不会想到，自己的创作成品中有很多是不完整的，因此，社会中出现了大量的盲、聋哑人以及缺胳膊少腿的人。走在大街上，路人都会对他们报以同情的目光，因为生活对他们而言，确实比一般人更为艰难。但是，这些令我们同情的社会弱势群体，也会成为危害社会的罪犯。对他们，法律应该手软吗？

被告人丁某2岁时因注射青霉素而耳聋并致哑。2005年12月，丁某因看病欠了别人3 000元钱，遂起意抢钱还债。当晚丁某携带木棍，窜到某小巷的拐弯处，伺机行动。不久，有一下班女工骑自行车路过，丁某将其截住，用木棍猛击其头部，并趁其挣扎之际顺势抢走其钱包。

从医学和法学的角度讲，人的刑事责任能力的具有和完备，依赖于精神状况正常以及智力和知识的发展程度。一般说来，精神正常的人，其智力和知识随着年龄的增长而发展，达到一定的年龄即开始具有刑事责任能力，达到成年年龄即标志着刑事责任能力的完备。但是，人也可能由于重要的生理功能

(如听能、语能、视能等）的丧失而影响其接受教育，影响其学习知识和开发智力，并因而造成其刑法意义上的辨认和控制能力的不完备，并不能像正常人那样领会自己行为的意义。古今中外的刑事立法和司法实践，不同程度地注意到了人的生理功能丧失尤其是听能和语能丧失者即聋哑对其刑事责任能力的影响问题，并在刑事责任上有所体现。

我国现行刑法规定，又聋又哑的人或者盲人犯罪，可以从轻、减轻或者免除处罚这是我国现行刑法中对生理功能缺陷者即聋哑人、盲人刑事责任的特殊规定。这一规定意味着，聋哑人、盲人实施刑法禁止的危害行为的，构成犯罪，应当负刑事责任，应受刑罚处罚；但又可以从轻、减轻或者免除处罚。但对于极少数智力和知识不低于正常人的、犯罪时具备完全能力的犯罪聋哑人、盲人（多数为成年后的聋哑人和盲人）才可以考虑不予以从宽处罚；对于不但责任能力完备、而且犯罪性质恶劣、情节和后果非常严重的聋哑人、盲人犯罪分子，应该坚决不从宽处罚。我国刑法的这一规定，是采取了当代立法中较为通行的关于聋哑人犯罪从宽处罚的原则。具体到本案中来，被告人丁某自幼聋哑，责任能力减弱程度较大，但因为实施的是抢劫罪，所以对其不宜免除刑罚处罚，但可以考虑从轻或者减轻处罚。

我们所提倡的和谐社会应该是法纪严明而又充满人情温馨的社会。对于盲、聋哑人犯罪，法律除了惩罚外，更多的恐怕是如何改进盲、聋哑人的社会教育条件，使他们也能像正常人一样生活，而不是由弱势群体沦为社会的垃圾。

刑法第19条：又聋又哑的人或者盲人犯罪，可以从轻、减轻或者免除处罚。

1.8 今夜该不该设防？

近日看到这么一个报道：

原告吴某系某公司保安，在一次购物后拒绝付款，被正直的市民严某制止，吴某对此怀恨在心。2005 年 6 月的一天深夜，吴某伙同罗某等 3 人一起到严某家中“教训”严某，3 人先后殴打严某，并用刀子砍严某，严某奋起反抗，将刀子夺下。在吴某等 3 人继续实施殴打的情况下，严某持刀自卫，将吴某砍伤。吴某先后花去医疗费 2 万余元。事后，吴某诉至法院，要求严某赔偿损失。法院审理后认为，吴某等人的不法侵害行为对被告严某而言是强烈、危险而且紧迫的，严某是在本人的人身权利遭受原告等人正在进行不法侵害的情形下实施的制止侵害的行为，该行为属于正当防卫，依法对造成的人身损害无需承担民事责任。（本案例选自：“正义网”，http://www.jcrb.com/zywfiles/ca546211.htm。）

人具有动物的某些本能，如遭袭击时有防卫和反击的本能。在原始社会，当侵害发生时，允许“以牙还牙，以眼还眼”的私力救济。然而，自从有了国家的存在后，私力救济就为国家救济所取代，以防止复仇和私刑的发生。此时，国家是作为超脱于争纷者之上的第三者的身份来公平地处理纠纷，因而更能得到民众的信赖与支持。一般说来，现代法治国家中应该由国家机关根据法定程序来阻止侵害或解决冲突，个人运用私力来阻止侵害或解决冲突一般而言是不被允许的。但是在很多情况下，当侵害迫在眉睫时，国家机关正常救济程序的启动往往需要很长时间，因而导致合法权益得不到及时的保护，造成了不可挽回的损失。此时，如果不允许私人运用私力救济就不仅不能保护受侵害的权利，还将难以维持法律秩序。因此，在紧急情况下，允许公民进行一定程度的自我防卫，这就是我们所说的正当防卫。

为了支持、鼓励广大人民群众同犯罪行为作斗争，我国刑法第 20 条规定了无限防卫权，即对正在进行行凶、杀人、抢劫、强奸、绑架以及其他严重危及人身安全的暴力犯罪，采取防卫行为，造成不法侵害人伤亡的，不属于防卫过当，不负刑事责任。例如，公民在遭到抢劫犯持刀抢劫时当场还击，将抢劫犯打伤；妇女在遭到强奸犯强奸时，用水果刀将强奸犯刺死都属于正当防卫。

但是，我们应看到，保护每个公民的安全，是国家应有的责任。正当防卫实际上是国家将自己的责任不恰当地转嫁给了公民，我们不能将社会治安状况的根本好转过多地寄希望于公民的防卫权。要真正满足一个民主社会中的道德、公共秩序以及普遍福利的要求，国家要做的事情还很多。

法条链接

刑法第 20 条：为了使国家、公共利益、本人或者他人的人身、财产和其他权利免受正在进行的不法侵害，而采取的制止不法侵害的行为，对不法侵害人造成损害的，属于正当防卫，不负刑事责任。正当防卫明显超过必要限度造成重大损害的，应当负刑事责任，但是应当减轻或者免除处罚。对正在进行行凶、杀人、抢劫、强奸、绑架以及其他严重危及人身安全的暴力犯罪，采取防卫行为，造成不法侵害人伤亡的，不属于防卫过当，不负刑事责任。

1.9 防卫过当如何处罚？

前几年在沈阳发生了一起颇有争议的涉及正当防卫的案件，大致的经过是这样的：

> 一位女出租车司机在晚上出车时不幸遇到了一个劫匪，这个女司机最后三撞劫匪，致使劫匪重伤入院，当地的派出所却要这位女司机负担劫匪的医药费。为此，在社会上掀起了针对女司机的行为是否恰当及是否应承担劫匪的医药费的大讨论。有的人认为女司机的行为很勇敢，是与犯罪分子作斗争的楷模，是应该得到鼓励的。也有律师站出来为犯罪分子说话，认为虽然女司机是在与犯罪分子作斗争、维护自身的合法权利，但是三撞劫匪显然是过分了点，我们不能鼓励用犯罪的办法来对付犯罪分子，否则就该为此承担相应的责任，等等。

这显然是一起有关正当防卫中无限防卫权的典型案件，讨论的焦点是女司机的防卫行为是否过当，对于给劫匪造成的损失应否承担责任。为了鼓励广大群众同正在发生的犯罪作斗争，我国刑法允许公民在紧急情况下通过对歹徒造成侵害的办法来制止犯罪。然而，即使是犯罪分子，也有需要法律保护的合法权益，这种“以暴制暴”的方法也有可能给犯罪分子带来不应有的损害。因此，法律一般会对防卫的限度有所规定，超过该限度的就构成防卫过当，要负刑事责任。但这么一来，又打击了广大群众同犯罪分子作斗争的积极性，同时也增长了犯罪分子的嚣张气焰。因此，为扶持正义，刑法又规定对于部分严重犯罪，如正在进行的行凶、杀人、抢劫、强奸、绑架以及其他严重危及人身安全的暴力犯罪，可以无限防卫，造成死伤的也不负刑事责任。而对于其他类型的犯罪，在防卫时必须保持一定的限度。

具体到本案来说，这是一个抢劫性质的犯罪，在当时的情况下，女司机一个女流之辈，在没有其他更好的办法的情况下，采取撞击的方法，力擒劫匪，保护自己，显然是合乎法律规定的，对给劫匪造成的损失不应承担任何责任。事后我们通过新闻媒体得知，这个劫匪也曾用相同的手段抢劫过其他出租车司机。如果本案中的女司机只是伺机逃走，势必增长劫匪的嚣张气焰，以后再犯，对社会构成更大的威胁。因此，对于女司机的行为，我们只应鼓励，而不应压制。

为了保护公民的合法权益，我国法律允许公民在面对国家救济又来不及时，可以实行正当防卫，无限防卫权是为了补充正当防卫的适用而规定的。当然，我国刑法中的这种无限防卫权还存在问题。对“行凶”如何理解存在争议以及对“其他严重危及人身安全的暴力犯罪”缺乏明确的限定，势必影响到公民正当防卫的行使。如果允许公民在面对不法分子时进行自救，国家的法律还应更加完善。

法条链接

刑法第20条第3款：对正在进行行凶、杀人、抢劫、强奸、绑架以及其他严重危及人身安全的暴力犯罪，采取防卫行为，造成不法侵害人伤亡的，不属于防卫过当，不负刑事责任。

1.10 “舍人为己”该当何罪？

贪生怕死是人的本能，在紧急时候，人都有求生的欲望，甚至不惜牺牲他人的生命来保全自己。我们通常提倡“舍己为人”，但这只是在道德上对人们的要求，法律不应对人们提出此类的“圣人标准”。那么，对于紧急情况下的“舍人为己”应当如何处罚呢？

在西方有这么一个有名的洞穴探险家案件：A、B、C三人在洞穴探险中，地基崩溃，入口堵塞，但能与外界进行通讯联系。联系结果表明，挖开洞穴需要20天时间，但三人所带粮食只够生活10天。于是A提出，三人进行抽签决定输赢，二位赢者杀死输者以其肉维持生命。对应否付诸实行，他们征求了救助人员的意见，但没有得到答复。其后，通讯中断，待20天后挖掘成功时，A由于抽签失败而被杀，B、C以其肉维持了生命。有部分学者认为，这种情况应当允许，因为生命也是等价的，应当允许牺牲同等的生命来保护等价的生命，尤其是在牺牲一人挽救多人的情况下，更值得提倡；也有的学者认为，生命是人格的基本要素，其本质是不可能用任何尺度进行比较衡量的，从道义上讲也不允许牺牲他人来保全自己。

对于这个问题的争论，我们今天仍在思考、争论，但在中世纪欧洲的教会法里就已有所分解：紧急时无法律。其基本含义是：在紧急状态下，可以实施法律在通常情况下所禁止的某些行为，以避免紧急状态所带来的危险。千百年过去了，这句古老的格言得到了很多国家的承认，都在法律中规定了紧急情况下避险行为的正当性。我国刑法规定了紧急避险，是指为了使国家、公共利益、本人或者他人人身、财产和其他权利免受正在发生的危险，不得已损害另一较小或者同等法益的行为。例如我国各地的“分洪”事件，就是一个很好的例子，为了保全大城市而牺牲小的城市，于情于理都是允许的。

那么，如何判断法益的大小呢？我们可以说，生命法益重于身体法益，身体法益重于财产法益，但还难以形成具体的、精确的标准，只能根据社会一般观念进行判断。此外，还要考虑危险的紧迫性与重大性、损害行为的程度、有无其他可以解决的办法等。至于能否牺牲一个人的生命来保护其他人的生命，则存在争论。如果说生命是等价的，那么，就可以用牺牲生命的方法来保护等价的生命，尤其是在牺牲一个人的生命来保护多数人的生命，从社会上的一般观念来看也是允许的。如果不允许牺牲一个生命来保护更多的生命，则意味着宁愿死更多的人，也不能牺牲一个人，这是一般的社会观念所难以接受的。因此，对牺牲一个人的生命来保护多数人的生命的行为，不应认定为犯罪。至此，对洞穴探险家案件，我们的答案很清楚：没有理由让三人均死亡，也没有理由让生存者承担刑事责任，否则对他们太不公平，要么死亡，要么受刑。

法条链接

刑法第21条：为了使国家、公共利益、本人或者他人的人身、财产和其他权利免受正在发生的危险，不得已采取的紧急避险行为，造成损害的，不负刑事责任。紧急避险超过必要限度造成不应有的损害的，应当负刑事责任，但是应当减轻或者免除处罚。第一款中关于避免本人危险的规定，不适用于职务上、业务上负有特定责任的人。

1.11 苦海无边，回头是岸？

我们通常说“苦海无边，回头是岸”，意即劝诫那些正在行恶的人，放下屠刀，立地成佛。生活中也有很多正在犯罪的人，在能完成犯罪的情况下突然停止了犯罪，停止的原因有很多种，有的是真诚悔悟，有的是因为对被害人产生了同情心，有的是惧怕刑罚处罚，有的是为了争取宽大处理，等等。总之，犯罪人停止了正在进行的犯罪，避免了犯罪行为对社会的进一步危害，应受到法律的支持和鼓励，因此，很多国家在刑法中规定了对这类行为应当或者可以减免处罚。

生活中这样的例子很多，如被告人王某在村中拾柴，遇到了不相识的邻村妇女李某。见四周无人，王某产生了奸淫李某的邪念。王某主动上前与李某搭讪，李某不理睬。王某趁李某弯腰之际，将李某按倒在地。李某奋起反抗，王某左手按住李某的胸部，右手将李某的裤子扯下。发现李某身上有月经带。王某认为妇女有月经时，插入后会染上病。于是，王将李松开，并说了一些道歉的话后让李某离开了。在这些情况下，王某本可继续实施强奸行为，却基于自己的意愿而放弃实施，就属于犯罪中止。

（本案例选自：王作富：《刑法分则实务研究（上）》，方正出版社 2003 年版，第 1029 页。）

我国刑法规定，犯罪中止是在犯罪过程中，自动放弃犯罪或者自动有效地防止了犯罪结果发生的行为。因此，成立犯罪中止，必须具备以下几点：首先，中止行为必须发生在“犯罪过程中”，即开始实施犯罪行为之后，到犯罪结果发生之前的一段时间内。只有在这段时间内的中止行为才具有避免进一步危害社会的意义，如果是在犯罪完成后自动恢复原状的，也不是犯罪中止。其次，犯罪人在确信能将犯罪行为进行到底的情况下，基于本人的意志决定而停止了犯罪行为，或主动防止犯罪结果的发生。如果行为人放弃犯罪是出于意志外原因而不得已为之，如被被害人制止住等，则不构成犯罪中止。最后，犯罪人还必须有中止行为。在行为还没有实行完毕时，只要不继续实施就不会发生犯罪结果时，中止行为表现为放弃继续实施犯罪行为；在行为实施完毕后，不采取有效措施就会发生犯罪结果的情况下，中止行为表现为采取积极措施有效地防止犯罪结果的发生。犯罪人自动放弃犯罪，说明其主观恶性较小，而且客观上避免了对社会的进一步危害，因此我国刑法规定，对中止犯没有造成损害的，应当免除处罚；造成损害的，应当减轻处罚。

犯罪中止是现代刑法普遍设立的一项刑法制度，它对于正在犯罪的人铺设了一架返回合法性的金桥，有利于鼓励更多的人放弃犯罪。“苦海无边，回头是岸”，奉劝那些正在犯罪的人，尽早放弃犯罪，争取法律的宽大处理吧。

法条链接

刑法第24条：在犯罪过程中，自动放弃犯罪或者自动有效地防止犯罪结果发生的，是犯罪中止。对于中止犯，没有造成损害的，应当免除处罚；造成损害的，应当减轻处罚。

1.12 “人多力量大”吗？

俗话说，“团结就是力量”，“人多力量大”，连犯罪都如此。通常的恶势力犯罪、走私贩卖毒品犯罪、危害国家安全犯罪等严重刑事犯罪中都存在多人共同犯罪形式，尤其是随着经济的快速发展，在市场经济领域中，制售假冒伪劣一条龙、内外勾结贪污、集体受贿等经济犯罪中也出现明显的共同犯罪发展趋势 。近日湘西最大销售假烟案的宣判，向人们展示了共同犯罪的“威力”。

2005年初，在湖南省常德做生意的杨爱桂、刘喜枝获悉福建省云霄县余福澄销售假烟的信息后，便通过电话联系，希望向余购销假冒卷烟，这与余福澄欲打通湖南假烟销售渠道的美梦不谋而合。在暴利的驱使下，双方迅即达成了购销假烟协议。此后，杨、刘二人先后邀约同在常德做生意的“小全”、“二婆”（两人真名不详）、曾庆明和蔡进华合伙，然后分工负责，各自发展下线加价批发。杨爱桂负责与余福澄联系货源、组织资金与销售；刘喜枝负责假烟质量，主要从包装和味道上把关，并从常德给余福澄带去香精；蔡进华则专门负责汇款。在假冒卷烟利润的巨大诱惑下，这一售假团伙迅速发展，在短短10个月内就有223人参与其中，形成了近20条固定的供、运、销假冒卷烟渠道，售假网络延伸到湘、鄂、黔、苏、闽、渝等7省市14个地区。2006年9月30日，湖南省龙山县人民法院对这起湘西最大的销售假烟案进行了一审宣判。（本案例选自："中国反商业欺诈网"，http://antifraud.mofcom.gov.cn/typicalcase/4_article_DX2006101102620.jsp。）

应该看到这种共同实施的犯罪，行为人之间，通过密谋策划、互相分工，使犯罪易于实行，并便于对抗侦查，逃避打击，越来越受到罪犯们的青睐。而且对于各个犯罪人而言，其对犯罪的完成和对社会的危害是不一样的，在定罪量刑上有必要区别对待。因此，不少国家在刑法中对共同犯罪现象作了规定。

根据我国刑法第25条规定，共同犯罪是指二人以上共同故意犯罪。这说明，成立共同犯罪必须具备以下条件：首先，从犯罪主体来看，行为人必须是二人以上，单独个人实施的犯罪行为不是共同犯罪。其次，各共同犯罪人必须有共同的犯罪行为，即各共同犯罪人的行为都指向同一犯罪事实，彼此联系，互相配合，它们与犯罪结果之间都存在因果关系。最后，各共同犯罪人都必须有共同犯罪的故意，即各共同犯罪人通过意识联络，认识他们的共同犯罪行为会发生危害社会的结果，并决意参与共同犯罪，且有希望或放任这种结果发生的心理。在司法实践中，各共同犯罪人的角色是不同的，从共同犯罪的分工角度，可以将共同犯罪人分为组织犯、实行犯、帮助犯、教唆犯；从各共同犯罪人在共同犯罪中所起的作用看，可分为主犯、从犯、胁从犯。

我国刑法规定是按各共同犯罪人在犯罪中所起的作用来对其定罪量刑的。上述案件经法院审理认为，被告人余福澄等五人没有烟草专卖许可证，非法经营假冒卷烟制品，违反了国家烟草专卖法规，扰乱了烟草专卖秩序，情节特别严重，其行为均已构成非法经营罪。余福澄、杨爱桂、刘喜枝在共同犯罪中起主要作用，系主犯；蔡进华、胡定学在共同犯罪中起次要作用，系从犯。

法条链接

刑法第25条：共同犯罪是指二人以上共同故意犯罪。二人以上共同过失犯罪，不以共同犯罪论处；应当负刑事责任的，按照他们所犯的罪分别处罚。

1.13 单位能犯罪吗?

随着我国商品经济的迅速发展，法人或非法人组织（统称为单位）越来越多地参与到社会活动中来，并在社会上发挥着重要作用，成为市场经济中最活跃的主体。然而，“经济人”对商业利润的无止境追求，使得各市场主体不惜铤而走险，以身试法，由此导致了单位实施的犯罪活动也越来越多。由于有单位作屏障，隐蔽性强，往往不易被察觉，而且一旦发觉时，犯罪后果往往已经造成。可见，单位犯罪的社会危害远远大于由单个的自然人所实施的犯罪，是一个不容忽视的社会现象。

2006年1月19~20日，湖北省武汉市中级人民法院经上级人民法院依法指定，公开审理中华人民共和国成立以来最大的金融证券案——被告上海友联管理研究中心有限公司、德隆国际战略投资有限公司、新疆德隆（集团）有限责任公司以及被告人唐万新、杨利、李强、王恩奎、董公元、洪强、张龙非法吸收公众存款，操纵证券交易价格，挪用资金一案。这是个典型的单位犯罪案件，其危害之大，不言而喻，再次向人们敲响了警惕单位犯罪的警钟。（本案例选自："中国刑辩网"，http://www.xingbian.cn/template/article.jsp?ID=6318。）

我们通常所说的单位犯罪，就是指公司、企业、事业单位、机关、团体为本单位或者本单位全体成员谋取非法利益，由单位的决策机构按照单位的决策程序决定，由直接责任人员具体实施的犯罪。要注意的是，单位犯罪的主体包括公司、企业、事业单位、机关、团体。所谓"公司、企业、事业单位"，是指所有的公司、企业、事业单位，既包括国有公司、企业、事业单位，也包括集体所有制的公司、企业、事业单位以及合资或独资、私人所有的公司、企业、事业单位。"机关"是指国家各级权力机关、行政机关、审判机关、检察机关。"团体"主要是指人民团体和社会团体。只有法律明文规定单位可以成为犯罪主体的犯罪，才存在单位犯罪及单位承担刑事责任的问题，并非一切犯罪都可以由单位构成。如强奸罪、重婚罪等只可能由自然人实施，因而不可能构成单位犯罪。

需要注意的是，生活中有不少人为了犯罪而成立单位，以单位做幌子来实施犯罪，对这种行为如何处罚呢？根据1999年6月25日最高人民法院《关于审理单位犯罪案件具体应用法律有关问题的解释》的规定，个人为进行违法犯罪活动而设立的公司、企业、事业单位实施犯罪的，或者公司、企业、事业单位设立后，以实施犯罪为主要活动的，不以单位犯罪论处，而是按自然人犯罪处罚。这在一定程度上防止了某些不法之徒利用单位做幌子实行犯罪。

法条链接

刑法第30条：公司、企业、事业单位、机关、团体实施的危害社会的行为，法律规定为单位犯罪的，应当负刑事责任。

第31条：单位犯罪的，对单位判处罚金，并对其直接负责的主管人员和其他直接责任人员判处刑罚。本法分则和其他法律另有规定的，依照规定。

1.14 限制死刑的路，还要走多远？

短短几年，死刑的存废已成为广大群众的热门话题。然而，要在一个适用死刑的国家立即废除死刑成为一种奢望时，限制死刑便成为具有现实意义的话题。

2005年1月19日，《河南商报》发表《河北“摧花狂魔”荥阳落网》一文，报道了河北在逃嫌犯王书金所犯的几起强奸罪行。其中包括他主动交待的一起石家庄强奸杀人案。2005年2月底，《河南商报》记者从荥阳警方获知此案另有悬疑，立即前往河北广平县公安局调查，警方证实了这个令人震惊的结果——此案早有“凶手”，而这个叫聂树斌的小伙子已于10年前被执行死刑。原来，1994年8月，河北省石家庄市孔寨村一名妇女被强暴并遭杀害，21岁的河北青年聂树斌被控实施了这起犯罪，并因此于1995年4月27日被处决。但到2005年1月，身负多宗命案的河北人王书金在被捕后承认，前述孔寨村奸杀案是他所犯，王在供述中提供了“非常人所能供述的案件细节”，并精确指出了案发地点。2005年3月15日《河南商报》发出此报道，全国哗然，曾被认定为该案凶手并于当时被处决的河北公民聂树斌成为当前舆论关注的焦点。人们在惋惜生命无法挽回的同时，也再次对我国目前死刑的现状进行了拷问。

与全球范围的废除死刑运动相对应，中国的死刑适用情况显得格外突出。在国际力量的推动和国内广大学者的倡导下，“严格限制死刑”成为我国死刑制度的基本发展趋势。“严格限制死刑”的含义包括：第一，从生命至上的观点出发，取消一切非致命性犯罪的死刑，尤其是那些非暴力性的经济犯罪的死刑。这也是联合国对那些还没有废除死刑的国家的最低要求。废除经济犯罪和其他非暴力犯罪的死刑，甚至只将死刑限制在最严重的暴力犯罪。这一观点也符合广大群众的传统观念。我国自古就有“杀人偿命”的说法，因而民众对非暴力的经济犯罪一般不会有太强的报应观念。从国家看，此类非暴力犯罪完全可以通过适用自由刑、财产刑和资格刑来进行惩罚，并且不致放纵罪犯。第二，要从程序上对死刑案件给予特别关注。在死刑复核程序上要严格把关，确保案件定性量刑准确无误。在证明程度上，必须确立起对死刑案件要达到百分之百的无可置疑的程度这样的要求。

历史的发展与进步是一个连续的过程，我们只是其中的一环。“路漫漫其休远兮！”在目前限制死刑已成为基本发展趋势的情况之下，既对现有的司法机关提出了前所未有的挑战，但又为司法机关发挥其在减少死刑的总量、为社会文明的进步作应有贡献提供了前所未有的机遇。

法条链接

刑法第48条：死刑只适用于罪行极其严重的犯罪分子。对于应当判处死刑的犯罪分子，如果不是必须立即执行的，可以判处死刑同时宣告缓期2年执行。

死刑除依法由最高人民法院判决的以外，都应当报请最高人民法院核准。死刑缓期执行的，可以由高级人民法院判决或者核准。

第49条：犯罪的时候不满18周岁的人和审判的时候怀孕的妇女，不适用死刑。

第50条：判处死刑缓期执行的，在死刑缓期执行期间，如果没有故意犯罪，2年期满以后，减为无期徒刑；如果确有重大立功表现，2年期满以后，减为15年以上20年以下有期徒刑；如果故意犯罪，查证属实的，由最高人民法院核准，执行死刑。

第51条：死刑缓期执行的期间，从判决确定之日起计算。死刑缓期执行减为有期徒刑的刑期，从死刑缓期执行期满之日起计算。

1.15 刘涌该不该立即执行死刑?

2003年在全国轰动一时的“刘涌案”经过一波三折后终于尘埃落定。2002年4月17日，铁岭市中级人民法院一审判处刘涌死刑。此后，2003年8月11日，辽宁省高级人民法院以“鉴于本案的具体情况”为由，终审改判刘涌死刑，缓期两年执行。终审判决结果引起舆论大哗，人们通过不同方式对此案表示质疑和愤怒，尤其在二审时辩护律师提交给法庭并成为改判的重要原因之一的由陈兴良、陈光中等14位全国知名法律专家签名的“法律意见书”成为人们攻击的焦点。“法律意见书”的全文目前尚未公开，但有一点是可以肯定的：与民众杀之而后快的要求不同，专家教授们认为出于保障人权的考虑，刘涌不应当立即执行死刑。民怨沸腾之时，最高人民法院于2003年12月22日上午对刘涌案经再审后判处刘涌死刑并立即执行，安抚了民意。刘涌案虽已告一段落，但其后反映出的“专家意见书”与“民意”的较量，耐人寻味。

在任何国家的法治化进程中，都会出现法律职业共同体。

其中法律专家的地位尤为引人瞩目，他们擅长于法理，精于逻辑，经常以民众的代言人的身份出现，对于推进国家法治的发展起着重要作用。然而，曾几何时，我们所推崇的法律专家似乎不那么顺从民意了：他们用法律的理性来构建法律体系以解决社会问题，这时常与民众朴素的道德观价值观出现隔膜，甚至背道而驰；他们掌握着法律领域的话语权威，由此产生法律知识领域的精英统治，他们甚至试图改造民意。这就是我们所谓的司法精英化、专业化。

然而，民众对法律的回应有其坚实的土壤和朴素的道德价值观，每一个国家法律文化都是在历史长河中经数百年沉淀而形成的，并深入人心，成为民众关于正义与善恶的惯性标准，并非朝夕之间所能改变的。更重要的是，在国家法治化的进程中，民众对于运用法律来掌握自己的命运有足够的信心并渴望参与其中，甚至试图以朴素的道德观来引导法制的方向。这就是我们所谓的司法民主化、大众化的结果。

可以说，在我国过去法制不健全的情况下，我们的司法审判过分地迁就民意，以民众的感性取代法律的理性的事件居多，“民愤大于天”。但随着法制的发展，民意控制法律的局面逐渐改变，专家取得了这一领域的话语权，甚至对民意不屑一顾。然而，民意并不甘心退出这样与自己日常生活息息相关的领域，于是一场下里巴人与阳春白雪的较量在所难免。在这种特殊的背景下，就不难理解民众与法律专家就刘涌案产生这么广泛持久的争论了。正如搜狐网友杨涛所言：“这场博弈非常有益于我们的法治化进程。只要参与博弈的人以一种平心静气的态度参加，其结果必将是双赢的。一方面，民众将对实质正义和程序正义的关系有所认识，将更加理性地看待死刑。另一方面，民众的知情权得以更广泛的尊重，一度为法律专家热衷的专家论证意见书的公正性也得到理性的反思。”

1.16 “不知者不为过”吗？

在我国，自古就有“不知者不为过”的说法，对自己事先不知道的事情犯错的，似乎不应该受到处罚。从法律的角度讲，随着社会的发展，法治的健全，各种法律法规层出不穷，要求老百姓知晓每一个法律未免太强人所难了，尤其是在法治进程较落后的农村，这种现象更为普遍。

前一段时间，《被告山杠爷》这部电影放映后曾在法学界引起了较为广泛的争论。山杠爷是一个非常偏远的山村的村党支部书记，在村中具有很高的威望，但他的职责和品性使他与村里的一些人发生了冲突，有时他甚至采取了一些不合法律规定的手段强迫村民。后来村里有个媳妇，经常打骂婆婆。山杠爷看不过去，在劝告无效的情况下，山杠爷命人把这个媳妇抓了起来，游了街。这个媳妇深感羞愧，跳河死了。很快，事发后，公安人员逮捕了山杠爷，指控他非法拘禁，侵犯公民人身自由权。对此，山杠爷感到十分困惑，他无法弄清自己错在何处，同样，村里的人也认为山杠爷并没有做错什么。（本案例选自：苏力：《法治及其本土资源》，中国政法大学出版社 1996 年版，第 43 页。）

对于这部电影，不少中国法学家评论说司法人员认为它反映了法制建设过程中的一些实际情况，值得宣扬。因为法律不能迁就某些人落后的观念。在法制发展的过程中，总需要有人做出牺牲。也只有如此，才能把知法、守法的观念钢筋铁骨般打进民众的灵魂中去。西方也有“不知法律不免责”的古老格言，意即一个人不会因为他不知道法律而不对自己的罪行承担责任。在一个法治高度发展的社会,任何具有辨认控制能力的人不仅应当知道法律,而且必须知道法律,并推定其知道法律,否则任何人都会以不知法律为借口逃避法律责任。因此,当一个人即使因为不知道法律的存在而犯罪时,也必须受到处罚。

笔者却不以为然。不可否认，中国的实际情况是我们解决问题的出发点和归宿。在一个“被正式法律制度遗忘的山村中”，纠纷的解决更多地依赖于长期生活中所形成的规则、习惯和风俗，也即我们所谓的“民间法”。尽管，在当代中国社会这些“民间法”在很大程度上不为国家所认可，有的甚至违反了国家的法律，但它们能为村民们所接受，甚至比国家的成文法律更受欢迎，更能维护传统的善良风俗。如婆媳关系、通奸等,国家正式的法律几乎无法干涉,而“民间法”则能很好地解决这些问题。以此为背景,我们可以重新审视“不知法不免责”这一原则。在我国还存在较大地区差别、城乡差别的情况下,对不同地区的人们的法律要求不应该是整齐划一的。那种“人人都应懂法”的假设并不现实。即使退一步说,法治的建立需要有人做出牺牲,有什么理由由乡民们做出牺牲呢？又有什么权力强迫他们接受这种以牺牲他们自己的利益换来的法治呢？这种牺牲是否一种没有收益的代价呢？“不知法律不免责”与“不知者不为过”之间的困惑是我国法治走向农村进程中不可回避的问题,也是我们每个人应该思考的问题。

1.17 黄勇的“智能木马”杀人案到底要死多少人?

2003年11月河南平舆的黄勇“智能木马”杀人案引起全国震惊，使当地政府和司法机关承受了来自各方的巨大压力和谴责。黄勇从2001年9月至2003年11月，以出钱资助上学和介绍工作为诱饵，先后从网吧、游戏厅、录像厅等场所，将18名青少年骗至其家中。采取欺骗的方法将被害人捆绑起来，或将被害人用酒灌醉，利用其自制的作案工具“智能木马”，将被害人残忍杀害（其中一人未遂），并将受害人埋在家中。要不是最后一个被害人幸免于难并及时报案的话，还不知道有多少无辜的冤魂将惨死在黄勇的魔爪之下。人们在痛心之余，不禁要问：为什么经过长达两年多的时间，这一案件才告破？如果能及时破案，将凶手绳之以法，也许就不会有后来的许多悲剧了。(本案例选自：“中国法院网”，http://www.chinacourt.org/public/detail.php? id=94280。)

这里，笔者想谈谈刑罚的及时性问题。所谓刑罚的及时性，是指刑罚应在犯罪后尽快地实现，使犯罪分子尽快地得到惩罚。心理学研究的成果表明：人的行为与该行为在实施中或实施后所受到的奖惩状况密切相关的，并由此影响到后来该行为发生的频率。犯罪与刑罚之间的时间隔得越短，在人们心中，犯罪与刑罚这两个概念的联系就越突出、越持续。一旦人们将刑罚看作是犯罪的必然结果时，就会打消逃避法律制裁的侥幸心理，不再犯罪。反之，对已经多次获得犯罪成功心理体验者而言，因刑罚不及时使得罪犯不断作案成功，尝到甜头后，犯罪心理不断得到强化，并最终成为惯犯、累犯。我们经常说“多行不义必自毙”，这是传统报应刑罚的观念。既然如此，我们何不及时行罚，使犯罪分子及犯罪团伙“一行不义”即“毙”之，以减少累犯、惯犯、犯罪团伙对社会的危害性。

一些守法者因刑罚不及时，其自觉守法的价值得不到真切反馈而对法律产生了怀疑，往往导致更多的犯罪发生。在我国某些地方，以暴力、绑架人质为主要手段的“私了公司”、“讨债公司”之所以能应运而生，与刑罚不及时以及群众对法律不信赖，不得不寻求自力救助有关，如果国家刑罚能及时干预进来，就可避免类似现象的发生。另一方面，很多被害人，因为罪犯未能得到及时惩罚，其强烈要求罪犯受惩罚的正当愿望受挫，得不到身心补偿，基于复仇的心态，极易产生报复罪犯的行动。还有很多社会上的不稳定分子，因为得到其他罪犯因犯罪而未受惩罚的“成功”鼓励，强化了知法欲犯的心理欲求，在一定条件下，成为新的犯罪分子。

我国目前正经历第五次犯罪的高峰期，每次犯罪的高峰期到来时，国家都会采取“严打”的刑事政策来控制社会秩序。我们应看到，犯罪高峰期的到来恰恰是刑罚不及时的结果，国家刑罚权的滞后，使我们不得不付出更大的代价来对付犯罪。

1.18 见危不救，该当何罪？

据2003年2月10日《华商报》报道：西安青年梁某见义勇为，与持刀行窃的一名小偷搏斗。小偷的数名同伙也持刀和砖块上前围攻，梁的两名同事闻讯赶来，其中一名被歹徒用匕首扎伤，倒在血泊中。当时附近店铺以及候车的群众包括国家官员上百人围观，但无一人伸手援助。

不得不承认，中国人喜欢看热闹，而且大多持一种事不关己的想法，“看看”而已，缺乏“路见不平一声吼，该出手时就出手”的英雄气概。一段时间以来，媒体不断披露见死不救、见危不救的“看客”事件。读者们大多在痛恨看客冷漠的同时又无可奈何，因为按照目前我国的法律规定，见死不救、见危不救还不能以犯罪论处，只能受到道德的谴责。然而，种种迹象表明，失去法律支撑的道德在此种情况下已力不从心。对于法律来说，除了关心如何表彰和保障见义勇为外，似乎更应关注如何对见危不救行为做出合理的法律评价，以惩治此种具有极大社会危害性的冷漠和怠责行为。

其实，因见危不救而获罪的案例，在很多西方国家都存在。我国刑法虽然没有直接规定见危不救罪，但并不意味着刑法无法调控一些负有特定义务的人见危不救。我国刑法把犯罪行为分为作为与不作为两种行为模式，如果负有特定救助义务的人员不履行义务，见危不救，按照刑法的规定，完全可以构成犯罪。哪些是负有这种特定救助义务的人员呢？根据刑法的规定，主要有以下三类：其一是法律明文规定行为人有特定救助义务的，如婚姻法规定的家庭成员之间的相互扶养的义务。如果有经济能力的子女拒绝救助、赡养年迈的父母，造成危害后果的，可能会构成故意杀人罪或遗弃罪。其二是在职务上或业务上有特定义务的人。如医院有救死扶伤的义务、警察对于陷入危难中的公民的人身财产有救助的义务。如果医生和警察拒绝伸出救助之手见危不救，造成严重危害后果的，可能会构成玩忽职守罪。其三是因先行行为产生的特定义务的人员。最典型的、也是司法实践中最常见的就是汽车司机在交通肇事后，有及时救助伤员的义务，如果肇事司机不采取积极措施予以阻止危害结果的发生，而是逃跑，或将伤员转移到偏僻的地方，造成伤员死亡的，肇事司机就又构成了故意杀人罪。

法律虽然只是道德的最基本的要求，它只要求负有特定义务的人们在能救助时予以救助。但法律同时作为一种行为规范，具有一定的价值导向功能，它通过规定诸如消防员、警察之类职业的特定的救助义务，倡导、告诫人们：当他人陷入紧急危难时，法律有倡导人们发扬道德风尚的价值趋向。救助他人也是救助自己所处的社会环境，有一天你也会因此受益。

1.19 “天价葡萄”、“天价豆角”谁之过？

2003年北京发生了这么一个案子，4名民工偷吃了林果研究所投资40万元、精心培育10年的新品种葡萄，爆出了震惊全国的“天价葡萄案”。此后，2004年7月16日《法制日报》报道，哈尔滨市又爆出了“天价豆角案”。一窃贼从哈尔滨市农业科学院蔬菜花卉分院的实验大棚里偷摘了两袋豆角，卖了110元钱。他没有料到的是，这些看似普通的豆角居然是该院投资数万元、经4年苦心研究培育的“太空豆角”。(本案例选自:“法律教育网”，http://www.chinalawedu.com/news/21605/11300/117/2004/9/ma913193412294002307_133400.htm。)

小偷小摸在日常生活中并不稀奇，但重要的科研成果接二连三地被如此窝囊地毁坏，气愤之余，也应当引起我们的重视和警醒了。先说北京林果研究所吧，围墙1.8米高，还有一个能让人出人的缺口，数百亩实验田，晚上只有一个临时聘用的老头儿守护，能看得过来吗？报道里虽然没有提及哈尔滨市农业科学院蔬菜花卉分院的防护措施，但从作案人从容摘了两大袋豆角还能带出去，估计这里也不比北京更严密。明知道这些果菜是宝贵的科研成果，一旦毁坏将无法挽回，为什么就不能采取完善的防护措施，给予很好的保护呢？

20世纪，很多西方国家的学者发现许多案件的发生都与被害人有关，便开始研究被害预防。如强奸案件的发生与被害女性穿着暴露、言行轻佻有关，激愤杀人案件大多是被害人挑唆激怒所致。于是为了预防某类犯罪，很多国家规定了女性夏天不许穿超短裙，这似乎在一定程度上限制了女性公民的穿着自由，但在更大程度上确保了多数女性的人身安全，因而得到公众的支持。的确，在很多情况下，犯罪的发生和升级都是犯罪人与被害人相互作用的结果，被害人方面存在的某些易于招致犯罪侵害的因素如品格缺陷、过错行为、不良习惯、疏于防范等很可能诱发犯罪或在一定程度上促成了犯罪。被害预防就是通过发现和消除被害人自身存在的那些容易招致犯罪侵害的因素，不给犯罪者以可乘之机，从而达到预防被害同时又减少犯罪的目的。应该说"天价葡萄"和"天价豆角"案件的发生和被害方懈怠职责、疏于防范不无关系。如果这两个单位一开始就对其科研成果严加看管，估计也就不会有后面的种种纷争了。

不要把所有的矛头都指向那几个小蟊贼，我们国民的素质还没有尽善尽美，我们的社会治安状况还没有达到"道不拾遗，夜不闭户"的程度。如果不切实采取合理有效的防护措施，加强管理，没准过不了多久，还会爆出个天价什么案来。生活中很多人本身就是潜在的被害人，在成为现实的被害人之前，让我们先审视自己的不足，然后采取一定的措施才是正确之举。

Law
2. 人身权利
如何保护

以杀人罪为代表的侵害人身权利的犯罪作为一种传统的犯罪历来受到古今中外各国立法者的重视。生命权和身体健康权是公民的基本权利，也是国家予以大力保护的对象。我国刑法通过对这些犯罪的规定，对它们予以严厉打击。而这些犯罪也是公民在日常生活中经常碰到的犯罪形式之一。老百姓在遇到这类犯罪的时候，要懂得利用法律武器捍卫自己的权利。

在本部分中，我们通过引用一些真实的案例，介绍了现实生活中经常发生的一些比较有代表性的侵害人身权利的犯罪案件。在分析案例的过程中，展开对这些犯罪行为的讨论，告诉人们如何认定这些犯罪以及如何与这些犯罪作斗争。

要点提示

- 杀人罪是侵犯人身权利犯罪中最严重的罪行。在如何处理自身或他人的生命的问题上经常涉及法律特别是刑法的规定。对于安乐死，我国法律并未承认这种行为是合法的，相反，结束他人生命的行为是法律所禁止的。而对于大义灭亲，引诱他人自杀等行为，法律也是作为犯罪来处理的。
- 强奸罪是对妇女性自由的侵害，任何人在违背妇女意志的情况下，强行与妇女发生性行为都可以构成强奸罪。但是，现阶段对于婚内强制性行为在国内还是不作为犯罪处理的。
- 拐卖妇女、儿童的犯罪也是生活中经常发生的一种犯罪，这种犯罪对婚姻家庭的正常秩序造成了严重的破坏，造成了一幕幕的家庭惨剧。因而国家对这种犯罪的态度是非常严厉的，不仅参与拐卖行为的人要受到处罚，而且故意收买的行为也是构成犯罪的。

- 从事司法工作的国家工作人员在与犯罪分子作斗争的过程中，应严格依照法律规定办事，而不能知法犯法，采取暴力、胁迫等非法的方式，否则可以构成犯罪。
- 在婚姻家庭生活中，家庭成员应该互相尊重，互相爱护，自觉遵守国家的相关规定，合法的婚姻家庭关系受到法律的保护，而严重的非法行为也会受到法律的制裁，构成犯罪。

2.1 “安乐死”能安乐吗？

2003年3月，美国一位名叫泰里·斯基亚沃的女植物人成了新闻焦点，插在她身上的进食管搅动了美国政坛。15年前，泰里因为心脏病发作变成了植物人，一直依靠人工进食管维持生命。2001年4月，佛罗里达州当地法院批准拔去泰里身上的进食管，实行“安乐死”。后来泰里的进食管被三拔三插。2005年3月20日美国参议院投票通过让联邦法院介入此案，允许重新插入进食管，延长生命。此事再次引发了全世界对安乐死的争议。

所谓安乐死，又称“尊严死”，是指对于身患绝症，治愈无望，处于难以忍受的极度痛苦之中濒临死亡的病人，应其本人的要求，采取措施，使其死亡或者加速死亡的发生。安乐死可分为“积极安乐死”和“消极安乐死”。前者指采取积极措施致其死亡，如注射致死的麻醉剂等。后者指停止或撤销维持和延续患者生命的措施，如停止继续施以药物治疗、关闭呼吸机等。在国际上，一般认为后者不存在法律责任问题。但对于前者，应否使其合法化？是否构成故意杀人罪？则存在争议。在西欧，安乐死在一些国家已屡见不鲜，英国、法国、瑞典、丹麦、意大利、荷兰等国家都出现了“安乐死”的案例。

关于安乐死问题，我国也曾展开过广泛的讨论，大多数人还是赞成安乐死的。认为对一个身患绝症、濒临死亡又极端痛苦的病人实施安乐死，不仅对病人是种解脱，而且也解除了国家、社会及其家庭经济上和精神上的负担。1986 年，陕西公民王明成为身患肝癌晚期绝症的母亲夏素文申请“安乐死”，主治医生同意为他母亲注射 100 毫克的复方冬眠灵。王明成成了我国首例“安乐死”案的主要当事人，当时，轰动了整个司法界。王明成和主治医生蒲连升被陕西汉中人民检察院以故意杀人罪提起公诉，并刑事拘留。两年后被法院宣布无罪释放。

总之，“安乐死”是一个涉及法律、道德、医学、伦理、生命观念等诸多方面的问题，也牵连着社会、家庭、医院等诸多关系，必须谨慎对待。虽然也有不少人呼吁在我国应仿效荷兰，制定《安乐死法》，使安乐死合法化。但救死扶伤是医务人员的职责，对于生命垂危、痛不欲生的患者，应尽量给予医务上的治疗和精神上的安慰，以减轻其痛苦。人为的提前结束患者生命的做法，还难以得到一般公民的认可；即使被害人同意了，这种行为也是对他人生命的侵害。特别是法律对于积极安乐死的条件、方法、程序等没有明确规定的情况下，实施积极安乐死将引起很多不可预想的后果。在我国法律还未明确规定的情况下，实施积极安乐死仍构成故意杀人罪，但考虑到行为的特殊情况，应当依法从宽处罚。

安乐死已作为一种价值选择趋势为大多数国家所接受，至于今后，在我国或许会有限制地允许适用安乐死，这是一个回避不了的问题。

法条链接

刑法第232条：故意杀人的，处死刑、无期徒刑或者10年以上有期徒刑；情节较轻的，处3年以上10年以下有期徒刑。

2.2 大义灭亲也是罪吗?

"大义灭亲"这个成语出自春秋战国时代。说的就是卫国大夫石碏为国为民，不徇私情，杀死自己儿子的故事。这个故事千百年来被传为美谈，意在鼓励人们为了大我舍弃小我。近年来，对违法犯罪的亲属"行私刑"、"施家法"的现象屡见不鲜，虽然达成了大多数人心中的朴素的正义观念，却得不到法律的承认，最后反而受到法律的制裁。

2004年5月的一天，溺杀亲子的伏余良、丁玉南夫妇被江苏省泰兴市检察院以涉嫌故意杀人罪批准逮捕，消息很快在两人的家乡常巷村传开了，平静的村庄一下子炸开了锅，村民们纷纷为伏余良夫妇鸣不平："伏家两口子'大义灭亲'，检察院怎么还要抓他们呢?"原来其子伏继祥几年前患上一种罕见的脑瘤，多方医治无效，随着病情不断加重，伏继祥的性情大变，经常在村里酗酒闹事，调戏妇女，甚至多次伺机强奸自己的母亲，成了村里的"公害"。绝望到极点的伏余良夫妇犹豫再三，决定除掉这个祸害，将正在闹事的儿子捆绑后，含泪将其推入河中溺死。(本案例选自:"新华网",http://news.xinhuanet.com/legal/

2004-05/12/content_1465070.htm。）

案发后，乡亲们十分同情伏余良夫妇，认为伏继祥是“罪有应得”，伏余良夫妇的行为是“大义灭亲”，请求法院手下留情。而泰兴市检察机关经审查认为，伏余良夫妇将正在行凶的儿子制服捆绑后，推入河中溺死，主观上有杀人的故意，客观上实施了杀人的行为，因而符合故意杀人罪的构成要件，应依法追究其刑事责任。

我国刑法第232条规定故意杀人罪，是指故意非法剥夺他人生命的行为。犯本罪，处死刑、无期徒刑或者10年以上有期徒刑；情节较轻的，处3年以上10年以下有期徒刑。司法实践中，杀人的动机多种多样。虽然有的动机在老百姓看来是合情合理，天经地义的，如“大义灭亲”等，但动机不影响故意杀人罪的成立，只在量刑时可予以适当考虑。为此，最高人民法院在1999年10月27日出台的《全国法院维护农村稳定刑事审判工作座谈会纪要》中规定，对故意杀人案件量刑时，若犯本罪属俗称“大义灭亲”的，量刑时可以从轻或减轻处罚。

在我国，任何公民的生命都受到法律的保护，非经法定程序，任何人不得剥夺他人生命。我国法律不承认“家法”，国家的司法权一律由司法机关行使。对一切违法犯罪人都应交司法机关依法处理，法律不允许任何人以任何理由私自处死他人。行为人对违反犯罪的亲属，也只能交由司法机关处理，这才是合法的“大义灭亲”。切不可像本案中的伏余良夫妇私自处死自己的儿子，结果不仅得不到法律的保护，还要承担相应的刑事责任。也许在很多人看来，法律这样规定似乎太过于无情，但只有无情的法律才能保证其公平正义和经得起实践的考验。

法条链接

刑法第232条：故意杀人的，处死刑、无期徒刑或者10年以上有期徒刑；情节较轻的，处3年以上10年以下有期徒刑。

2.3 夫妇买凶杀自己，凶手如何处罚？

2006年8月18日凌晨，珠海警方接到金鼎高尔夫山庄报警称，一男一女死在停靠在山庄牌坊附近的一辆捷达小轿车内。经法医检验，两名死者均系锐器切割颈部致失血性休克死亡。经调查，死者为澳门葡京娱乐场贵宾厅主持人周若红（绰号“猫姐”，53岁）和其丈夫林宝生(59岁)。“猫姐”夫妇俩其澳门赌界大佬的特殊身份使该案显得扑朔迷离。是追讨赌债遇害，还是遭遇仇杀，一时间引起了颇多猜疑。9月15日，珠海警方向外公布，“8·18珠海割喉案”告破，5名犯罪嫌疑人全部落网。案件审讯结果令人震惊，这竟是“猫姐”夫妇导演的一场自杀案。夫妻两因生前欠下巨额债务，自知无力偿还，故请求其胞弟花钱雇杀手，送自己和老公赴死。以博众人包括债主的同情，希望巨债可以“一笔勾销”。而且，因两人是“因公殉职”，还可得到所属赌厅一笔安家费，令后人（其女尚在英国留学）今后生活及学费无忧。(本案例选自:“江门新闻网”,http://www.jmnews.com.cn/c/2006/09/15/11/c_870864.shtml。)

夫妻两可谓用心良苦，问题是对5名犯罪嫌疑人如何处罚？生活中类似本案的受人嘱托将其杀死的案件不少。有人认为，生命是个人的，个人有权选择结束自己的生命，至于如何结束，是自杀还是嘱托他人来杀死自己都没有区别。而且这类案件中杀人者与死者无仇无恨，不是主动杀人，又不追求个人目的，与图财杀人、复仇杀人等有所不同。因此，对5名嫌疑犯不应定故意杀人罪。

我国刑法虽然没有关于受嘱托杀人的规定，但通说认为这种行为应以故意杀人罪论处。因为生命毕竟是人最重要的权利，无论从文化的角度还是从法律的角度都不允许人随意处置自己的生命。对他人的生命更是如此，任何人非经法律规定不得剥夺他人生命，即使得到了他人的同意也如此。所以受嘱托杀人，无论是从历史上看还是从现行立法上看，都找不到合法的依据。杀人者也许动机是好的，有的甚至是出于对对方的爱护、同情，但杀人的动机不影响犯罪的成立，只在量刑时予以考虑。在本案中，5名犯罪嫌疑人主观上有杀人的故意，而且客观上造成了他人死亡，完全符合我国刑法中故意杀人罪的规定，应以故意杀人罪论处，但考虑到杀人者主观恶意轻微，应当从宽处罚，这属于法官的自由裁量权问题。

俗话说“好死不如赖活”，人的生命是可贵的，而且也是不可挽回的。因此奉劝那些对生活失去信心的人，在困难面前应勇敢面对，而不是选择匆匆结束自己的生命。更不要嘱托他人来结束自己的生命，否则害己更害人，只会牵涉更多无辜的人陪葬。

法条链接

刑法第232条：故意杀人的，处死刑、无期徒刑或者10年以上有期徒刑；情节较轻的，处3年以上10年以下有期徒刑。

2.4 引起他人自杀，如何处罚？

2005年8月2日，张掖市甘州区沙井镇五个墩村小学三年级学生小文（化名）在家里牛圈里上吊自杀，原因是成绩差遭老师训斥并不让参加期末考试，不发给暑假作业。无独有偶，2006年4月17日，温州七中17岁的少女吴雯雯因未扎头发被老师拒考后投湖自杀。事后，两学生的家长都将引起学生自杀的老师告上法庭。生活中类似的引起他人自杀的案件不少，如辱骂他人致人自杀等。那么，对于这种引起他人自杀的行为，到底该不该负刑事责任呢？（本案例选自："江门新闻网"，http://www.jmnews.com.cn/c/2006/09/15/11/c_870864.shtml。）

生命是人最重要的权利，不允许他人非法剥夺，但对于自己结束自己生命的自杀行为，法律一般是尊重个人选择的。但在有的国家，如印度，强调个人对国家的义务及宗教的影响，刑法规定自杀不构成犯罪，但自杀未遂的构成自杀罪，要受到法律的惩罚。在我国，自杀虽然不构成犯罪，但对引起他人自杀的行为如何处理则存在不同看法。在老百姓看来，某些行为虽然对自杀起的作用并不大，但如果对引起自杀者一概不罚，似乎也让人难以接受，因为，毕竟是他们的行为引起了自杀。而刑法学者则认为，如果引起自杀的行为不是死亡结果的直接原因，则不应追究其刑事责任。一般分情况对待：（1）正当行为引起自杀的，如学生因老师的正当批评而自杀，不负刑事责任；（2）错误行为或者轻微违法行为引起自杀的，如因领导的错误批评而自杀的，也不负刑事责任。在这些情况下，自杀往往是自杀者心胸狭窄而引起的，对方并没有杀人的故意，也没有料到其会自杀，此时对方不构成故意杀人罪，不应该要求对方负刑事责任。上述两个案例即属于此类情况。（3）犯罪行为引起被害人自杀的，应当按其所实施的犯罪行为定罪，将被害人自杀作为量刑情节考虑，如强奸或暴力干涉婚姻自由引起他人自杀的。

但在下列情况下，引起他人自杀的，应按故意杀人罪处罚：（1）行为人采用暴力、胁迫方法，故意置他人于走投无路的境地，迫使其自杀的。如追要赌债，逼其自杀的。（2）故意设下圈套或陷阱，或者利用被害人年幼无知或精神失常，而引导其在无意间走向自杀性的死亡。如将盲人带到悬崖前，使其坠崖死亡的。（3）故意唆使或帮助自杀的。如某些邪教组织以劝人升天为由，使其自杀的。在这些情况下，行为人明知自己的行为会导致他人自杀，仍希望或放任了自己的行为，符合我国刑法有关故意杀人罪的有关规定，应按故意杀人罪论处。

在这些引起他人自杀的案件中，引起他人自杀者固然应当受到道德和法律的谴责，但是自杀者是否也有一定的责任呢？人的生命只有一次，应善待自己的生命，即使是在压力和突如其来的变故面前，也要坚强面对，而不是选择了结生命，一了百了。

法条链接

刑法第232条：故意杀人的，处死刑、无期徒刑或者10年以上有期徒刑；情节较轻的，处3年以上10年以下有期徒刑。

2.5 邪教组织倡导"升天"也犯法?

"生命诚可贵，自由价更高"，快节奏、高压力的现代生活，使不堪负荷的人们在喘息之余更希望获得一种精神上的解脱，于是人们开始信仰宗教。这种善良的初衷本是好的，却被各种邪教所利用，骗取钱财且不说，夺人性命者也大有人在。这些邪教组织往往打着实践人间天国的虚假幌子，实则带给人们更多的绝望与疯狂，其危害绝不亚于赤裸裸的杀人越货，应该受到法律的严惩。

2000年，刘云芳、王进东等人在李洪志歪理邪说和"经文"的煽动下，痴迷于"法轮功"邪教，为达到"圆满"、"升天"的目的，预谋到天安门广场集体自焚。同年11月，刘云芳、王进东为了自焚，专程从河南到北京察看天安门广场的情况，返回后积极策划、组织"法轮功"练习者到天安门广场自焚。2001年1月16日，刘云芳、王进东伙同刘保荣以及法轮功的练习者刘春玲、刘思影等乘火车从河南到北京，并于1月23日进入天安门广场实施自焚，虽被执勤人员制止，但仍造成了两死三伤的后果。随后，此事在全国范围内引起了对法轮功等邪教组织的声讨。北京市第一中级人民法院认为，刘云芳、王进东等人组织、策划、煽动、帮助“法轮功”练习者实施自焚，他们的行为构成故意杀人罪，应依法予以惩处。(本案例选自：王作富：《刑法分则实务研究(上)》，方正出版社2003年版，第984页。)

人最宝贵的莫过于生命，法轮功等邪教组织成员利用被害人无辜的心理，煽动人们自焚，其煽动、策划行为与被害人的死亡之间具有因果关系。具体说来，行为人主观上有使他人死亡的故意，客观上也导致了他人因自焚而死亡，侵害了他人生命权利，应以故意杀人罪论处。据此，最高人民法院、最高人民检察院在1999年10月的《关于办理组织和利用邪教组织犯罪案件具体应用法律若干问题的解释》以及2001年6月的《关于办理组织和利用邪教组织犯罪案件具体应用法律若干问题的解释（二）》中规定，组织和利用邪教组织制造、散布迷信邪说，指使、胁迫其成员或者其他人实施自杀行为的，或者组织、策划、煽动、教唆、帮助邪教组织人员自杀的，以故意杀人罪处罚。

邪教虽然与千百年来那种奠基于迷信与巫术的文化传统息息相关，但是现代生活带给人们精神上的不安定感以及多元文化的冲击所带来的困惑感，才是邪教组织乘虚而入的真正原因。要彻底杜绝类似惨案的发生，必须大力普及科学知识，破除迷信活动，并且倡导祥和安定的社会氛围，为人们的精神世界重构一个和谐的社会。为此，我们还有很长一段路要走。

法条链接

刑法第232条：故意杀人的，处死刑、无期徒刑或者10年以上有期徒刑；情节较轻的，处3年以上10年以下有期徒刑。

根据1999年10月30日最高人民法院、最高人民检察院《关于办理组织和利用邪教组织犯罪案件具体应用法律若干问题的解释》第4条，组织和利用邪教组织制造、散布迷信邪说，指使、胁迫其成员或者其他人实施自杀、自伤行为的，分别依照刑法第232条、第234条的规定，以故意杀人罪或者故意伤害罪定罪处罚。

根据2001年6月4日最高人民法院、最高人民检察院《关于办理组织和利用邪教组织犯罪案件具体应用法律若干问题的解释（二）》第9条，组织、策划、煽动、教唆、帮助邪教组织人员自杀、自残的，依照刑法第232条、第234条的规定，以故意杀人罪、故意伤害罪定罪处罚。

2.6 人体植入器官，刑法如何保护？

随着科技和医疗技术的发展，人体植入器官在生活中被广泛运用。它在给人们带来方便和美观的同时，也引起了人们对人体植入器官的法律思考。张某和李某因琐事发生争执，张某朝李某眼部猛击一拳，致使李某移植的人工晶状体破裂，并损伤视网膜，造成李某不能再行植入人工晶状体手术，最终导致失明的严重后果。司法机关对张某的行为如何处理产生分歧，有人认为，李某受伤害的眼睛本身就经过移植才复明的，其后失明不是张某行为直接所致，张某损害的只是李某移植的人工晶状体，不属于人身伤害，只构成财物侵权；有人认为，张某的行为构成人身侵权，但法医鉴定没有参考标准，伤残等级不好鉴定，无法追究其刑事责任。

从医学上讲，移植的器官可分为功能性器官和美观性器官：移植肝脏和肾脏，包括上述案件提到的人工晶状体等器官，移植后在人体替代原有器官，发挥了原有器官（自体器官）的功能，属于功能性器官，而且这些器官移植后便成为人体的有机部分；假肢、假眼球和种植的假牙等是为了人的美观而设，便属于美观性器官。当然，也有两者兼而有之的器官，如再造手、种植的假牙和移植假肢（医学上称为“安装”）既有起美观的作用，也能替代原有器官发挥一定的功能。从再移植的可能性上，还可分为可逆性移植器官和不可逆性移植器官：医学上有的器官一次移植后便不能再行移植，如上述案例中李某的人工晶状体损毁后，其视网膜受损而不能再行移植，属于不可逆性移植器官；有的移植器官损毁后还可再行移植，便属于可逆性移植器官。

从刑法学的角度讲，所谓的伤害他人身体健康，应指使他人的生理健康遭受实质的损害，其具体表现为两个方面：一是破坏他人身体组织的完整性，以致身体健康受伤害。如砍掉手指，割掉耳朵等。二是虽然不破坏身体组织的完整性，但使身体某一器官机能受到损害或者丧失。如视力、听力降低或丧失等。

因此，对于类似的损害人体植入器官的案件，应考察被损害的器官在人的生命、健康权中所起的作用和发挥的功效。在人体中发挥了与原有器官一样的功能，已经成为人体的有机组成部分，侵犯这样的器官和侵犯人体原有器官在性质上是一样的。此时，不论其是否为可逆性移植器官，也不论其是否为人工器官，对之损毁的行为都是对生命和健康法益的侵犯，危害后果严重的都有可能触犯刑法所规定的相应罪名。对故意或过失实施侵害行为，导致在人体发挥重要功能的植入性移植器官损毁的，构成轻伤以上程度的，构成故意伤害罪；过失导致他人重伤的构成过失致人重伤罪；导致被害人死亡的，构成过失致人死亡罪；明知会致人死亡而故意实施的构成故意杀人罪。如果仅仅是损毁了美观性移植器官，如加害他人致其假肢、假牙、假眼球损毁，只是导致这些特殊对象物的损毁，并没有侵犯他人的健康和生命权，侵犯的只是被害人的美观和精神，就不能认定为故意伤害罪或过失致人重伤罪，所以可以按照侵犯财产来处理。当然，如果兼有美观作用和功能价值的移植器官（如种植的假牙），便要分析其所发挥的功能程度，如果损毁发挥很大的功能器官的，还是可以构成伤害犯罪或过失犯罪，在处罚上酌情从轻；对主要是起美观作用，功能价值很小的，仍应当按侵犯财产的民事行为来处理。

法条链接

刑法第 232 条：故意杀人的，处死刑、无期徒刑或者 10 年以上有期徒刑；情节较轻的，处 3 年以上 10 年以下有期徒刑。

第 233 条：过失致人死亡的，处 3 年以上 7 年以下有期徒刑；情节较轻的，处 3 年以下有期徒刑。本法另有规定的，依照规定。

第 234 条：故意伤害他人身体的，处 3 年以下有期徒刑、拘役或者管制。

犯前款罪，致人重伤的，处 3 年以上 10 年以下有期徒刑；致人死亡或者以特别残忍手段致人重伤造成严重残疾的，处 10 年以上有期徒刑、无期徒刑或者死刑。本法另有规定的，依照规定。

第 235 条：过失伤害他人致人重伤的，处 3 年以下有期徒刑或者拘役。本法另有规定的，依照规定。

2.7 艾滋病病毒感染者咬伤人如何定罪?

2005年11月21日，四川省青神县做铁屑生意的郑志刚在美食街吃宵夜，艾滋病感染者陈铁军向其索要20元钱遭拒后将郑志刚右脸颧骨咬伤，鲜血直流。之后，郑志刚整日茶饭不思，担心自己会感染艾滋病。据四川省疾病控制中心的李医生表示，郑志刚是否会感染上艾滋病病毒还无法确定。被咬伤后、4周后、8周后、12周后和半年后要做5次抽血检查，做完第12周的检查后，会同前面3次检查结果，才能初步断定是否感染了艾滋病病毒。这个过程对郑志刚而言，将是个巨大的精神折磨，因为艾滋病是一种非常特殊的病，对人体的伤害非常大，甚至会导致人最终死亡。从目前的医学水平来看，属于不治之症。在某种程度上讲，陈铁军的行为可以说是慢性杀人。(本案例选自:“新华网”,http://news.xinhuanet.com/legal/2005-11/25/content_3834581.htm。)

当地公、检、法三机关对这一案件进行研究后，发现竟遭遇法律空白，国家还没有明确的法律规定可对陈的行为治罪。刑法上对“明知自己有传染性性病而进行卖淫嫖娼，构成犯罪”有明确规定，可以构成传播性病罪，而对“明知自己有艾滋病而对他人进行传播”却没有规定，加上郑志刚是否会感染艾滋病病毒还不确定，按照我国刑法中的罪刑法定原则，法律没有明文规定为犯罪的，不能加以处罚。因此从法律的角度，还无法对陈定罪。然而，对于这种遭遇到法律空白而又具有严重的社会危害性的行为，如果不加以处罚，显然让被害人和普通的老百姓接受不了。

对“艾滋病病毒感染者咬伤他人”真的无法规制吗？事实上陈铁军的行为可以定性为故意伤害，即故意伤害他人身体健康的行为，依照我国刑法第234条规定的故意伤害罪追究其刑事责任。本案中陈铁军明知自己携带有艾滋病病毒以及自己的咬人行为可能导致他人也感染上艾滋病，而出于报复目的咬人，所以应当定性为故意伤害罪。同时，我国刑法对故意伤害罪规定了较宽的量刑幅度：从拘役或者管制到有期徒刑、无期徒刑，甚至最高可以达到动用死刑，完全可以惩罚各种故意传播艾滋病病毒的行为。因此，不管最后郑志刚是否感染艾滋病，陈铁军的行为都可以定性为故意伤害罪，所不同的是在量刑上有所差别。没有感染上，对行为人可能在量刑上要轻一些，可以按照故意伤害未遂处理。如果被害人脸上伤势较重，构成了毁容，在刑法上属于重伤，同样构成故意伤害罪，而且量刑也会更重一些。

目前社会上这类艾滋病病毒感染者犯罪的问题已屡见不鲜，对他们不能一味地考虑如何处罚，更要设身处地地为他们着想，消除人们对他们的恐惧和歧视，积极帮助他们治疗，让他们感到社会的温暖，打消他们对社会的仇视，成为正常的社会群体。

法条链接

刑法第234条：故意伤害他人身体的，处3年以下有期徒刑、拘役、或者管制。犯前款罪，致人重伤的，处3年以上10年以下有期徒刑；致人死亡或者以特别残忍手段致人重伤造成严重残疾的，处10年以上有期徒刑、无期徒刑或者死刑。本法另有规定的，依照规定

2.8 “婚内强奸”也是犯罪吗？

我国自古就有“三纲五常”、“三从四德”的说法，意即做妻子的要无条件服从丈夫的一切要求，包括性的要求。这种情况下，也就无所谓丈夫强奸妻子的说法了。受这种传统思想的影响，我国在很长一段时间内并不承认婚内强奸的说法。而2000年的一个司法审判却改变了这一惯例，在全国掀起了有关“婚内强奸”的讨论。

2000年上海青浦区人民法院以王某在双方婚姻关系处于非正常存续状态的情况下违背其妻钱某意志强行性交为理由，首次以“婚内强奸”的形式判定王某犯有强奸罪而判处有期徒刑3年，缓刑3年；无独有偶，在2001年南江县人民法院对于吴某在双方离婚诉讼的一审判决尚未生效的情形下，认定其强行与王某发生性关系的行为不构成犯罪。对于同一性质的案件，法院做出不同判决，让民众觉得不可思议。使得“婚内强奸”这一话题超出了法学的范围，延伸到社会学、伦理学等范畴。（本案例选自：“找法网”，http://www.findlaw.cn/club/viewthread.php? tid=11762。）

“婚内强奸”，指的是在婚姻关系的存续期间，丈夫采用暴力、胁迫或者其他手段，违背妻子的意志，强行与妻子发生性关系的行为。而从我国刑法第236条有关强奸罪的规定来看，强奸罪的主体只能是丈夫以外的其他人，丈夫对自己的妻子而言是不可能构成强奸罪的。在司法实践中，否认婚内强奸的解释是：“在司法实践中，对丈夫用强制手段与妻子发生性行为的行为不作为刑事案件追究，有利于家庭和社会的稳定，也符合我国的国情。”这主要是从家庭的稳定和有序方面考虑的，认为婚内性行为是夫妻间极为隐秘的私事，婚内强奸更多应当用伦理和道德教化去解决，而法律不宜干涉，以免使矛盾社会化，造成家庭的破裂。

20世纪60年代掀起了一场在美国兴起而席卷全球的女权主义运动，其不仅带来了性自由，而且使妇女的性主体意识开始复苏。人们对婚内强奸行为的社会危害性的否定性评价更加深刻，婚内强奸更作为一个女权主义的问题被提了出来，不少国家在立法中相继承认了婚内强奸构成犯罪。在这种立法的冲击下，我国也对婚内强奸展开激烈争论：有人主张一律不构成强奸罪，有人主张一律构成强奸罪，也有人主张在提起离婚诉讼期间或分居期间构成强奸罪。笔者认为目前承认婚内强奸还为时尚早：1. 我国不少地方还普遍存在包办婚姻的情况，丈夫不顾妻子的意愿强行与其发生性关系的现象还很多，如果一概以强奸罪论处，不适合我国的国情。2. 取证难问题，由于夫妻关系的特殊性，使得外人无法了解双方的纠葛，而且一旦发生“强奸”，仅有女方的一面之词，很难认定“强奸罪”，这种情况下将其作为强奸罪来处罚，也难以使一般民众接受。3. 如果认为这种婚内强迫性行为构成强奸罪，那么势必会使得丈夫经常处于提心吊胆的状态，会给家庭生活带来不稳定的因素，而且可能导致妻子歪曲或者捏造夫妻生活的真相，使妻子报复丈夫的手段合法化。

应该看到，夫妻间发生强迫性行为的原因是十分复杂的，即使当时违背了一方的意愿，事后也极有可能和好如初。在这种情况下，刑法的不适当介入反而可能破坏原本稳定的家庭关系，甚至可能使本来可以和睦相处的双方，反目成仇。从目前民众的法感情来看，也不宜承认婚内强奸。

法条链接

刑法第236条：以暴力、胁迫或者其他手段强奸妇女的，处3年以上10年以下有期徒刑。

2.9 女性强奸男性如何定罪?

一直以来，妇女都是作为社会的弱势群体存在，随着女权运动的高涨，妇女地位扶摇直上，妇女的各种权益都受到法律的严密保护。无论在我国，还是在世界上，男性与女性的地位正悄悄发生着变化。近年来越来越多的男性在遭受具有某种“强势”的妇女的“性侵犯”，使人们不得不重新思索人权与法律的关系。

据《法制早报》报道：2004 年 6 月 13 日中午，刚走出教室的哈尔滨某高中男学生张某被一个黎姓的女教师叫住，并被带到黎某上课的教室，在黎某的引诱下，张某被迫与其发生了性关系，事后，黎某还威胁张某不要说出去。此后，黎某更加猖狂，长期“性控制”张某，致使张某学习成绩严重下滑，并且身心俱损。张某家人咨询律师，律师称没有相关法律制裁黎某对张某的“性侵犯”。张某以该女教师“强奸”自己为名报案，但是派出所工作人员则以无法立案为由拒绝立案。诸如此类的侵犯男性性权利的案件，在我国不断发生，对于男性身心健康造成巨大伤害，却得不到法律的惩罚。男性被害人往往告状无门或陷入尴尬境地，显示出我国法律的缺陷。本案例选自："法治早报网"http://www.chinalegalnews.com.cn/legaltimes/20050905/0601.htm。）

从我国目前的刑法规定来看，强奸罪的被害人只能是妇女或者幼女，男性不可能成为强奸罪的被害人。刑法中唯一可以对相关行为做出处罚的就是第237条的猥亵儿童罪，该条规定猥亵不满14周岁的幼男的可构成犯罪。这对于保护男性的性权利而言显然是隔靴搔痒，因为我国刑法对于性质更严重的妇女猥亵14周岁以上的男子如何处罚，以及强奸男性如何处罚都没有规定。此外，按照我国刑法的有关规定，妇女对幼男实施性交以外的行为构成猥亵儿童罪，而妇女与幼男发生性交的反而不构成犯罪，这显然是不合理的。

我们经常说法律面前人人平等，也包括每个人都应该平等地受到法律的保护。男性的性权利应当和女性的性权利一样在法律中得到严密的保护。放眼西方很多国家，都有对男性性权利保护的法律规定，如美国得克萨斯州就规定有"奸淫幼男罪"，条文中规定"……以及任何妇女同18岁以下不是其丈夫的男孩性交的，处罚如下……"。当前各国有关强奸罪的改革倾向是把受害对象宽泛化，不再强调性别区别。例如，德国1975年刑法典的强奸罪还是仅指"强迫妇女"，但其1998年新版刑法典就只规定"强迫他人"；法国1810年刑法典未对强奸罪下定义，传统刑法判例和刑法理论认为强奸罪的加害者须是男性，受害者须是女性，但1994年重订刑法典第222～223条将强奸罪的受害者明文规定为"他人"，意即包括男人和女人。事实上我国对涉及性关系的一些违法犯罪中也已采用中性称呼。分散在刑法各章中的强迫卖淫罪，引诱、容留、介绍卖淫罪，协助组织卖淫罪，聚众淫乱罪，猥亵儿童罪等，都是使用“他人”、“儿童”等中性称呼。建议以后在立法中将我国刑法中强奸罪的对象改为“他人”为妥。

当然，在目前立法出现缺位的情况下，出于对男性性权利的保护，如果侵害行为符合相应的犯罪构成可以按照“故意伤害罪”、“猥亵儿童罪”、“侮辱罪”、“虐待罪”等相关规定定罪处罚，如果不构成犯罪则只能按照侵权行为来提起民事诉讼获得相应赔偿。

法条链接

刑法第236条：以暴力、胁迫或者其他手段强奸妇女的，处3年以上10年以下有期徒刑。

2.10 现代版“童养媳”，法律允许吗？

“童养媳”是封建社会的一种畸形婚姻，是女孩在儿童时期，就被订了亲，送到公婆家抚养、劳作，长大后完婚。过去贫困的人家，因子女众多无力抚养，愿将未成年的女孩送给人家做童养媳，以减轻生活负担，也算是一种谋生的手段。随着社会的发展，文明的进步，解放后我国禁止了这种婚姻方式。然而，在21世纪的今天，现代版的“童养媳”再次闯入人们的视野，法律会袖手旁观吗？

小芳（化名）的母亲是痴呆病人，兄长未成年，父亲已经病故，2002年上半年，一家三口便来到其姨娘家生活。姨娘感到负担不起，就通过旁人给小芳介绍男朋友。经中间人的撮合，胡、罗两家经小芳和罗某同意后商定，小芳给罗某为妻。由于小芳年龄太小，罗某就以其父亲罗某某抱养女为名将小芳带回家中，待到结婚年龄时再办理结婚手续。其间，小芳的姨娘告诉罗某，小芳的年龄只有13岁。2002年10月13日，罗某将未满13周岁的幼女小芳带回家中作媳妇。当晚和次日晚，罗某与小芳自愿发生性关系。案发后，被告人罗某与小芳共同外出打工，共同在一起生活。2005 年 10 月 13 日，重庆江津市人民法院不公开开庭审理了罗某强奸案，并当庭宣判，被告人罗某犯强奸罪，免予刑事处罚。（本案例选自："东方网"，http://news.eastday.com/eastday/node79841/node79860/node95603/userobject-lai1587055.html。）

我国刑法规定的强奸罪包括两种类型：一类是普通的强奸罪，即违背妇女意志，使用暴力、胁迫或其他手段，强行与妇女发生性交的行为；另一类是奸淫幼女，即与不满 14 周岁的幼女发生性交的行为。法律禁止强奸是为了保护妇女的性自由权利。由于幼女缺乏鉴别和决定性行为的能力，因此，与幼女发生性交的行为，即使征得其同意，也应认为侵犯了其性的自己决定权。根据 2003 年 1 月 8 日最高人民法院《关于行为人不明知是不满 14 周岁的幼女双方自愿发生性关系是否构成强奸罪问题的批复》，行为人明知是不满 14 周岁的幼女而与其发生性关系，不论幼女是否自愿，均应依照刑法第 236 条第 2 款的规定，以强奸罪定罪处罚；行为人确实不知对方是不满 14 周岁的幼女，双方自愿发生性关系，未造成严重后果，情节显著轻微的，不认为是犯罪。

具体到本案中来，法院认为，奸淫幼女是指与不满 14 周岁的幼女发生的性行为。被告人罗某已与未满 14 周岁的幼女小芳发生了性行为，其行为即构成强奸罪。但是，本案的男女双方在发生性行为时都把对方当作自己的配偶，而且后来一直生活在一起；被告人罗某的强奸行为与那种为了满足自己的私欲，侵犯女性性权利的强奸行为有着很大的区别；同时被告人罗某的强奸行为未造成严重后果，情节轻微。法院做出了对被告人罗某免予刑事处罚的判决。

法条链接

刑法第236条：以暴力、胁迫或者其他手段强奸妇女的，处3年以上10年以下有期徒刑。奸淫不满14周岁的幼女的，以强奸论，从重处罚。

2.11 与智力障碍的精神病人发生性关系犯法吗？

精神病人在可能成为潜在危害源的同时，更有可能成为被害人。其对自己的行为没有认识和控制能力，不懂得鉴别好坏，也不懂得自我保护，因而成为不法分子的目标，最终成为被害人。尤其是对女性精神病人而言，更是如此。

2000 年 9 月 1 日，经辽宁省盖州市检察院立案监督并提起公诉，四名老年被告人杨合旭（78 岁）、李守春（72 岁）、徐克安（68 岁）、李树岭（70 岁）因强奸罪分别被判处有期徒刑 7 年。杨合旭等四名被告人均系该市陈屯乡杨店村农民，1994 年以来，以给零花钱或牙膏、牙刷、小手绢等物为诱饵，先后多次分别强奸本村患有精神痴呆症的女村民田某。1996 年 7 月 9 日，李树岭在自家果园里与田某发生两性关系，被田某的丈夫撞见，遂告发到当地派出所，该派出所未予立案，只对李、杨等人作了罚款处理。去年群众举报后，该院经调查取证和司法精神病鉴定，确认田某精神发育迟滞，是无性防卫能力的精神病患者，认定杨合旭等人已涉嫌强奸犯罪，应予追究刑事责任，依法予以立案监督，并及时批准逮捕、移送起诉。

也许有人会奇怪：我国刑法规定的强奸罪，是指违背妇女意志，强行与妇女发生性关系的行为。而本案中的四位被告人均是在田某自愿的情况下与其发生性关系的，并没有违背其意志，怎么构成强奸罪呢？这里需要注意的是，与女性精神病人性交的定性不能以女性是否表示同意为标准来判定，而应以男方是否明知妇女是或可能是精神病人以及妇女对自己的行为是否有辨认、控制能力来综合认定。如果男子明知妇女是或可能是精神病人，而妇女无辨认、控制能力的，无论男子采用何种手段与之发生性行为的，均应认定为强奸罪。但如果妇女尚未完全丧失辨认或控制自己行为能力的，经妇女同意而发生的性行为，则一般不宜定为强奸罪；行为人与间歇性的精神病妇女，在妇女精神病正常时自愿发生的性行为，也不构成强奸罪。而如果男子的确不知女方是精神病人，将妇女的挑逗、纠缠误认为是女性放荡、作风不好而乘机与之发生性行为的，也不能以强奸罪定罪。本案中的四位被告人，就是乘被害人是精神病人，不能辨认和控制自己的行为的情况下，诱惑其与自己发生性关系，应认定为强奸罪。

法律是保护弱者的武器，尤其是对精神病人这一弱势群体而言，任何试图侵犯精神病人合法权益的行为，最后都必将受到法律的处罚。所以，罪恶之手应当慎行。

法条链接

刑法第236条：以暴力、胁迫或者其他手段强奸妇女的，处3年以上10年以下有期徒刑。

2.12 现代版“杀富济贫”也是犯罪吗？

俗话说，君子爱财，取之有道。随着我国经济的发展，贫富差距日益扩大，有的人越来越富，相比较之下，有的人越来越穷，而且穷得不安心。因此，不少人在仇富心理下，以绑架他人勒索财物作为脱贫致富的捷径，很多罪犯为了毁灭证据甚至杀人灭口。然而，这一在我国古代具有侠义风范的杀富济贫行为，现在却是严重侵犯公民人身权利的犯罪行为，不仅得不到法律的承认，反而会受到法律的严惩。

2005 年 12 月 20 日 18 时许，范增平、范正平、郭喜平、米强龙纠集在一起，在内蒙古大学校园内桃李湖宾馆附近，将正在回家途中的中国工程院院士、内蒙古大学校长旭日干强行劫持到位于新城区红山口村村北一山洞内，采取恐吓、威胁手段逼迫旭日干与单位、家人联系，索要人民币现金 500 万元。21 日 7 时许，公安人员在新城区毫沁营大桥附近将前来取赎金的被告人范正平、米强龙抓获。随后将范增平、郭喜平抓获。2006 年 9 月 20 日，内蒙古呼和浩特市中级人民法院对绑架旭日干的七名涉案被告人进行公开宣判。七名被告人分别被处无期徒刑和 20

年至9个月不等的有期徒刑，使得备受公众关注并且引起极大恐慌的绑架勒索案告一段落。（本案例选自："民主法制网"，http://mzfz.gov.cn/fzwq/48/2006-09-20/200609205370.html。）

生活中这种绑架案件时有发生，对老百姓的生活造成了极大的恐慌。因此，我国刑法第239条规定的绑架罪，是指利用被绑架人的近亲属或者其他人对被绑架人安危的忧虑，以勒索财物或满足其他不法要求为目的，使用暴力、胁迫或者麻醉方法劫持或以实力控制他人的行为。绑架罪的典型特征就是行为人以扣押人质为手段，以杀伤人质为要挟，勒令在一定时间内交付一定数额的金钱或满足一定要求为条件以换取人质，因此它同时侵犯了人质的人身自由，生命健康权，也包括公私财产的所有权。考虑到不管行为人是否勒索到财物或实现了其他要求，其绑架行为都已经给被害人的人身与自由造成了严重的侵害而且给被绑架人的近亲属或其他人造成了痛苦和担忧，是一种极为严重的犯罪，我国刑法规定犯绑架罪的，最低处10年以上有期徒刑或者无期徒刑，并处罚金或者没收财产；致使被绑架人死亡或者杀害被绑架人的，也就是我们所说的"撕票"，处死刑，并处没收财产。

合法财富的取得，要靠自己的辛苦劳动和合法经营，国家保护公民的合法财产。那些古代英雄豪杰所谓的"均贫富"的杀富济贫行为，已成为不少暴徒试图一夜暴富的非法手段，理应受到法律的制裁。而对于被绑架的人来说，是不是也应反省一下，在拥有巨额的、让人羡慕的财富时，除了关注如何维护财产外，更应考虑如何维护自己的人身安全，不让坏人有机可乘。

法条链接

刑法第 239 条：以勒索财物为目的绑架他人的，或者绑架他人作为人质的，处 10 年以上有期徒刑或者无期徒刑，并处罚金或者没收财产；致使被绑架人死亡或者杀害被绑架人的，处死刑，并处没收财产。

2.13 出卖亲生子女如何处罚？

在人类的发展历史上，曾出现过惨绝人寰的贩卖奴隶的罪行。随着资本主义的发展，人的价值逐渐得到体现，不再被当作商品，不再用来交换买卖，一切买卖人口的行为都是非法的。因此，现在各国都有关于贩卖人口犯罪的规定，我国《刑法》也规定了拐卖妇女、儿童罪和收买被拐卖妇女、儿童罪。但是偏偏有人却出卖自己的儿女，这种发生在旧社会的迫不得已的惨剧，今天却以另一种形式出现了。

据报道，在山西怀仁县，有不少人靠出卖亲生子女"脱贫"，在河北正定县公安局侦办的一起涉及110余名山西儿童的特大拐卖儿童案中，却很少有父母前来要求解救，原来这些孩子都是为"致富"而特意生的，人贩子只要设个收购站，便会有人抱着自己出生仅1个月甚至十几天的幼儿送上门来。对这种灭绝人性的出卖亲子行为，法律该如何处罚？（本案例选自："法律教育网"，http://www.chinalawedu.com/news/21605/11700/119/2003/12/li3493234734142130021883 40_99096.htm。）

我国刑法第240条规定了拐卖妇女、儿童罪，即对于以出卖为目的，拐骗、绑架、收买、贩卖、接送、中转妇女、儿童的行为。一般认为这里的“妇女、儿童”并不包括亲属，因此很长一段时间内，司法机关对于这种卖子行为并不处罚。然而，即使是亲属的妇女、儿童，只要独立存在，就有作为人的人身自由权和人格尊严权，不应排除在本罪之外；况且，随着社会发展及我国计划生育工作的深入，出卖亲生子女现象也已由中华人民共和国成立初因家境贫困，为孩子生存和自救的被迫之举，转变为纯粹的出卖牟利行为。其社会危害性并不亚于出卖非亲生子女，应该被纳入刑法的调整范围。

有鉴于此，最高人民法院在1999年10月27日《全国法院维护农村稳定刑事审判工作座谈会纪要》中阐述：对于买卖至亲的案件，要区别对待。以贩卖牟利为目的“收养子女”的，应以拐卖儿童罪处理；对那些迫于生活困难，受重男轻女思想影响而出卖亲生子女或收养子女的，可不作为犯罪处理；对于出卖子女确属恶劣的，可按遗弃罪处罚。后来司法实践中普遍认为，对出卖亲生子女的行为以遗弃罪处罚显然过轻。因为现行刑法规定拐卖儿童罪一般判处5年至10年有期徒刑并处罚金，重者可判10年以上有期徒刑、无期徒刑甚至死刑；而对于遗弃罪，刑法规定只处5年以下有期徒刑、拘役或管制，这显然不利于打击生活中的出卖亲生子女的犯罪行为。因此最高人民法院、最高人民检察院、公安部、民政部、司法部和全国妇联在2000年3月20日《关于打击拐卖妇女儿童犯罪有关问题的通知》中规定：“出卖亲生子女的，由公安机关依法没收非法所得，并处以罚款；以营利为目的的，出卖不满14周岁子女，情节恶劣的，借收养名义拐卖儿童的，以及出卖拾捡儿童的，均应以拐卖儿童罪追究刑事责任。”

脱贫致富，靠的是合法劳动和诚实经营。以出卖亲生子女作为发家致富的手段，损害了人们的勤劳意欲，摧残了人伦亲情，于情于理都应受到法律的制裁。

法条链接

刑法第240条：拐卖妇女、儿童的，处5年以上10年以下有期徒刑，并处罚金；有下列情形之一的，处10年以上有期徒刑或者无期徒刑，并处罚金或者没收财产；情节特别严重的，处死刑，并处没收财产：（一）拐卖妇女、儿童集团的首要分子；（二）拐卖妇女、儿童3人以上的；（三）奸淫被拐卖的妇女的；（四）诱骗、强迫被拐卖的妇女卖淫或者将被拐卖的妇女卖给他人迫使其卖淫的；（五）以出卖为目的，使用暴力、胁迫或者麻醉方法绑架妇女、儿童的；（六）以出卖为目的，偷盗婴幼儿的；（七）造成被拐卖的妇女、儿童或者其亲属重伤、死亡或者其他严重后果的；（八）将妇女、儿童卖往境外的。拐卖妇女、儿童是指以出卖为目的，有拐骗、绑架、收买、贩卖、接送、中转妇女、儿童的行为之一的。

2.14 光棍万元买老婆，未进洞房进班房？

生活中很多商品都是买卖相向的，有买才有卖，有卖才有买。因此，对那些犯罪的买卖行为来说，有的不仅应处罚卖主，对买主也应进行处罚。拐卖妇女、儿童罪和收买被拐卖的妇女、儿童罪就是这样一种对向的犯罪行为。

王某是福建省浦城县人，年过40尚未婚配，王母十分着急，便托弟媳为王某介绍对象，王母的弟媳又转托被告人李某代为物色。因王某年纪已大，就近难以找到合适的对象，李某就向一位认识的江西籍男子打听，得知江西省上饶市有被拐卖的妇女。2005年8月30日，结婚心切的王某与李某等人一起到江西省上饶市信州区朝阳镇，向三名江西男子收买被拐卖的妇女聂某并支付了1.4万元。随后王某等人将聂某带回武夷山市，准备回浦城结婚。因天色已晚，三人就入住武夷山市闽东旅社，由王某在房间看管聂某。次日凌晨，王某终于抵不住睡意，打起了瞌睡，聂某乘机逃脱后迅速向公安机关报案。王某、李某随即被抓获。日前，福建省武夷山市人民法院依法判处收买被拐卖妇女的被告人王某、李某拘役4个月零15天。欢欢欢喜喜盼着结婚的王某，尚未进洞房就先进了班房。（本案例选自："东方网"，http://news.eastday.com/eastday/node79841/node79860/node113247/userobjectlail803389.thml。）

人作为社会主体，不应当作为商品被买卖，因此古往今来，买卖人口的行为一直是法律所禁止的。买卖人口不仅侵犯了被拐卖的妇女、儿童的人身自由和人格尊严，而且还影响了被拐卖者的家庭稳定，制造了不少家庭悲剧。对拐卖人口者进行处罚自不必说，对收买被拐卖人口者而言，因为这种收买行为在客观上助长了拐卖妇女、儿童的犯罪活动，有的犯罪分子之所以大胆地进行拐卖妇女、儿童的活动，是因为有人收买，有的甚至是在找到买方后才开始实施拐卖妇女、儿童的犯罪活动。因此，对收买者进行处罚，有利于从源头上遏制住拐卖妇女、儿童的行为。

我国刑法第241条规定的收买被拐卖妇女、儿童罪，是指不以出卖为目的，明知是被拐卖的妇女、儿童而予以收买的行为。实践中多表现为以金钱或其他具有经济价值的财物作为交换代价，从拐卖者处将被拐卖的妇女、儿童占为己有的行为。我国刑法同时规定，收买被拐卖的妇女、儿童，按照被买的妇女的意愿，不阻碍其返回原居住地的，对被买儿童没有虐待行为，不阻碍对其进行解救的，可以不追究刑事责任。这里要注意的是，司法实践中收买被拐卖的妇女、儿童的行为人，往往会对妇女、儿童实行其他犯罪行为，如对买来的妇女、儿童进行奸淫、非法拘禁、伤害、侮辱、虐待等。应将这些行为分别定为强奸罪、非法拘禁罪、故意伤害罪、侮辱罪、虐待罪，然后和收买被拐卖妇女、儿童罪实行数罪并罚。

收买被拐卖的妇女、儿童的案件大多发生在我国法制建设比较落后的偏远山区，娶不到老婆的就买老婆，没有子女的就买别人的子女。享受人伦之乐是每个人的愿望，但是，自己的幸福岂能建立在他人的痛苦之上？寻求合法的途径解决这一问题才是关键所在。

法条链接

刑法第241条：收买被拐卖的妇女、儿童的，处3年以下有期徒刑、拘役或者管制。收买被拐卖的妇女，强行与其发生性关系的，依照本法第236条的规定定罪处罚。收买被拐卖的妇女、儿童，非法剥夺、限制其人身自由或者有伤害、侮辱等犯罪行为的，依照本法的有关规定定罪处罚。收买被拐卖的妇女、儿童，并有第2款、第3款规定的犯罪行为的，依照数罪并罚的规定处罚。收买被拐卖的妇女、儿童又出卖的，依照本法第240条的规定定罪处罚。收买被拐卖的妇女、儿童，按照被买妇女的意愿，不阻碍其返回原居住地的，对被买儿童没有虐待行为，不阻碍对其进行解救的，可以不追究刑事责任。

2.15 诬告他人犯罪，自己也构成犯罪吗？

2002年8月，穆某以帮姜某找工作为借口，住进了姜某租住的房子。此后，穆某未替姜某找到工作。2003年2月10日，两人为此争吵后，姜某催促穆某尽快搬出。为了继续住在这里，穆某先后3次向公安机关举报，称"姜某指挥、操纵了发生在清华大学的爆炸案"，并有贩毒、贩枪、杀人等违法犯罪行为。接到报案后，民警进行了多方查证，最后发现全系穆某随口瞎编的。随后北京市西城检察院对穆某以涉嫌诬告陷害罪批准逮捕。（本案例选自："人民网"，http://www.people.com.cn/GB/shehui/45/20030414/971455.html。）

生活中类似"泼脏水"的例子不少，不少人因为挟嫌报复，妒贤忌能而诬告陷害他人。这种行为不仅有损他人声誉，给他人造成恶劣的社会影响，而且误导和干扰了司法机关正常的司法活动，浪费国家司法资源。因此，不少国家对此类诬告陷害行为作了规定。我国宪法第38条规定："中华人民共和国公民的人格尊严不受侵犯。禁止用任何方法对公民进行侮辱、诽谤和诬告陷害。"行为人公然贬低他人人格、破坏他人名誉，情节严重构成犯罪的，应当负刑事责任。相应的，我国刑法第 243 条规定了诬告陷害罪，即捏造事实，向司法机关或者有关单位、组织告发，意图使他人受刑事追究，情节严重的行为。捏造事实包括以下四种情况：（1）无中生有、完全杜撰，行为人凭空虚构完全不存在的犯罪事实。（2）在存在一定的犯罪事实的情况下，行为人捏造证据，对他人予以栽赃陷害。如行为人利用现有的他人作案的犯罪事实予以栽赃陷害，上述案例中穆某的行为即属于此种类型。（3）借题发挥，把他人的不道德行为、错误行为或违法违纪行为等非犯罪行为上升为犯罪事实。（4）行为人故意歪曲，将构成轻罪的事实扩大为重罪的事实，以期加重他人的犯罪行为。

诬告陷害罪的犯罪对象即被害人，各国一般规定为“他人”，自我诬告一般不构成犯罪。但对于诬告单位的行为如何处罚？一般地，单纯诬告单位的行为不会使某个公民的人身权利受到损害，故不构成本罪。但如果单位是个体企业、外商独资企业、私有企业等，诬告单位犯罪事实上也是诬告这些企业的业主犯罪。此时，诬告单位犯罪的，也可以构成本罪。

这里要将诬告陷害罪和错告、检举失实区分开来，错告、检举失实的行为人也可能是出于报复、邀功请赏等动机，但他们并不捏造、歪曲事实，之所以出现错告、检举失实，主要是行为人误信他人传言或认识上出现偏差所致。由于行为人主观上不具有意图使他人受刑事追究的目的，因而对这种行为不应作犯罪处理。此外，要注意到行为人诬告陷害的目的是使被害人受到刑事追究，如果行为人只是想被害人受到刑事追究以外的处分，如受到上级领导的批评，或者受到行政处罚等，也不构成本罪。

法条链接

刑法第 243 条：捏造事实诬告陷害他人，意图使他人受刑事追究，情节严重的，处 3 年以下有期徒刑、拘役或者管制；造成严重后果的，处 3 年以上 10 年以下有期徒刑。国家机关工作人员犯前款罪的，从重处罚。不是有意诬陷，而是错告，或者检举失实的，不适用前两款的规定。

2.16 制造现代“包身工”也是犯罪?

夏衍笔下的“包身工”是20世纪30年代的纺织业中出现的，是旧中国变相贩卖奴隶的方式，“干得比驴累，吃得比猪差”是对包身工生活的真实写照。没有人身自由，低工资，动则被打骂等不人道待遇，本应随着旧社会一同消失，现在却在我国很多地方出现，尤其是处在社会底层的民工们，已是现代版“包身工”，不得不引起人们的重视。

2006年1月24日，强迫职工劳动的河南两窑场主闫迎春、龚合中，被河南省驻马店市驿城区人民法院各判处有期徒刑8个月，并处罚金人民币1万元。据悉，2005年初，河南省南阳市淅川县盛湾镇土地岭村22组农民闫迎春，与驻马店市高新技术开发区关王庙乡孙吴庄村民宋东签订了一份承包合同，由闫迎春承包孙吴庄窑场，负责该窑场的用工及生产。在承包后的生产过程中，闫迎春和龚合中、龚合亭、贾国朝、杨勇（三人均在逃）等人管理该窑场，采用强迫劳动、对工人进行殴打、夜间锁门限制工人随意出入等方法限制工人人身自由，使工人进行长时间的无偿劳动。直至2005年5月26日，公安机关到该窑场进行突击检查时，才将50余名被困工人成功解救。（本案例选自："河南报业网"，http://www.dahe.cn/hnxw/yw/t20060125_397625.htm。）

劳动是每个社会个体的权利，我国劳动法规定，劳动者应享有平等就业和选择职业的权利、取得劳动报酬的权利、休息休假的权利和获得劳动安全卫生保护的权利等劳动权利，并规定用人单位应当保障劳动者享有劳动权利。以限制人身自由的方法强迫职工劳动的行为，不仅侵犯了职工的劳动权利，而且同时侵犯了他人的人身自由。劳动法第96条规定，用人单位有下列行为之一，由公安机关对责任人员处以15日以下拘留、罚款或者警告；构成犯罪的，对责任人员依法追究刑事责任：(1)以暴力、威胁或者非法限制人身自由的手段强迫劳动的；(2)侮辱、体罚、殴打、非法搜查和拘禁劳动者的。相应的，我国刑法第244条规定了强迫职工劳动罪，是指用人单位违反劳动管理法规，以限制人身自由方法强迫职工劳动，情节严重的行为。实践中，强迫职工劳动一般是表现为加大劳动者的劳动强度或延长劳动时间，迫使其劳动。情节严重，主要是指长时间强迫职工劳动；以暴力、侮辱等手段强迫职工劳动；对职工身心健康造成严重损害；多次、一贯强迫他人劳动等情形。

本案经驻马店市驿城区人民法院审理认为，被告人闫迎春作为与职工建立劳动关系的窑场的承包人，与直接负责该窑场的管理人员即被告人龚合中违反劳动管理法规，采取对窑场职工进行殴打、非法限制职工人身自由的方法，强迫职工劳动而不给报酬，在社会上造成恶劣影响，情节严重，已构成强迫职工劳动罪。

法条链接

刑法第244条：用人单位违反劳动管理法规，以限制人身自由方法强迫职工劳动，情节严重的，对直接责任人员，处3年以下有期徒刑或者拘役，并处或者单处罚金。

2.17 “口不留情”也犯法？

曾在报纸上看到这么一个案例：田某因自己的丈夫与其同办公室的李某有私情，怀恨在心，总想找机会教训教训李某。一天，田某到丈夫办公室发现只有她丈夫和李某在室内说笑，便醋意顿生，揪住李某，把其拖出室外，骂她是“骚狐狸”、“臭妖精”等，引起单位多人围观。此后田某多次到李某单位去骂李某，在街道上遇见时也侮辱咒骂李某。李某因此精神失常，曾试图自杀，因抢救及时未遂。后李某诉之法院，法院认定田某的行为构成侮辱罪。接到判决书后，田某气愤难平，认为自己维护合法的夫妻关系怎么犯法了？

这是一个典型的侮辱罪的案件。人格尊严和社会名誉是社会对个人的评价，也是每个人参加社会活动的基础，因此，应该受到法律的保护。我国宪法第38条规定：“中华人民共和国公民的人格尊严不受侵犯。禁止用任何方法对公民进行侮辱、诽谤和诬告陷害。”行为人公然贬低他人人格、破坏他人名誉，情节严重构成犯罪的，应当负刑事责任。我国刑法第246条规定了侮辱罪，是指以暴力或者其他方法，公然贬低他人人格、破坏他人名誉，情节严重的行为。这里的“暴力”是指为使他人人格尊严遭受到损害而采取强制手段，而非直接对被害人实施殴打、伤害等，如强行扒光被害人的衣裤、撩开衣裙当众羞辱，强行给被害人浇灌粪便，强迫被害人与尸体接吻，强迫被害人做难堪的动作等。“其他方法”是指以文字或语言的方式，如采取张贴、传阅大字报、小字报、漫画或者口头对他人进行挖苦、辱骂、嘲笑等。构成本罪必须是“公然”实施，即侮辱的行为必须当众实施，不仅指当着被害人的面，还包括当众进行，或者采用其他能使公众看到或听到的方式进行。同时必须“情节严重”，即侮辱行为手段恶劣，动机卑鄙，造成严重后果或恶劣社会影响等。

刑法同时规定本罪属于告诉才处理的犯罪，因为侮辱行为一般发生在家庭成员、邻居、同事之间或者日常生活中，多数场合下可以通过调解方式予以解决；而且被害人往往不愿意更多的人知道自己受到侮辱的事实，是否起诉交由被害人决定更合适。但对于“严重危害社会秩序和危害国家利益”，即侮辱行为引起被害人精神失常甚至自杀身亡等严重后果导致被害人无法告诉或者失去告诉能力的情形下，或者侮辱国家领导人、外国元首、外交使节等特定对象的情形下，可由检察机关提起诉讼。

对那些正处在婚变的痛苦深渊之中，对“第三者”有着切齿痛恨的丈夫或者妻子，本案或许多少有些借鉴作用。在自己的合法婚姻关系遭到第三者的挑战时，如何用法律手段维护自己的合法权益，如何同第三者竞争，是个斗智斗勇的过程。如果在一时冲动之下采取过激行为，很可能使一个受害者转变为加害者，而导致法律的天平倾向另一方，这一点我们必须提防。

法条链接

刑法第246条：以暴力或者其他方法公然侮辱他人或者捏造事实诽谤他人，情节严重的，处3年以下有期徒刑、拘役、管制或者剥夺政治权利。前款罪，告诉的才处理，但是严重危害社会秩序和国家利益的除外。

2.18 写小说也能构成诽谤罪?

因涉嫌以小说的形式诽谤他人，63岁的湖北大学教授涂某被13名“对号入座”者告上法庭，近日武汉市武昌区法院以诽谤罪一审判处涂某拘役6个月。2003年8月，涂某创作的长篇小说《人殃》出版，小说讲述的是一所大学各方势力在“文革”前后的争斗。小说面世后，湖北大学的老教授、老干部共13人认为《人殃》写的就是自己，但纯属捏造事实，丑化他们，给其人格、声誉带来严重的影响，遂提起刑事附带民事诉讼，将作者告上法院。法院判决称，小说虽未写真实姓名，但根据作品能够推知出特定的诽谤对象，而且影响恶劣。据此，法院认为涂某的行为已构成诽谤罪，判处他6个月拘役。本案引起了公众对言论自由环境下作家的话语权利的质疑，但在这里，笔者只想谈谈什么是诽谤罪，以及写小说能否构成诽谤罪。（本案例选自：“正义网”，http://www.jcrb.com/n1/jcrb894/ca470096.htm。）

人格尊严和社会名誉是社会对个人的评价，也是每个人参加社会活动的基础，因此，应该受到法律的保护。我国宪法第38条规定：“中华人民共和国公民的人格尊严不受侵犯。禁止用任何方法对公民进行侮辱、诽谤和诬告陷害。”行为人公然贬低他人人格、破坏他人名誉，情节严重构成犯罪的，应当负刑事责任。我国刑法第246条规定了诽谤罪，是指捏造并散布事实，足以败坏他人名誉，情节严重的行为。这里的“捏造”是指无中生有，凭空杜撰，编造谎言。此外，对捏造的事实必须同时向他人公布，使相当范围内的人了解知道，并产生一定的恶劣的社会影响。本罪属于告诉才处理的犯罪，但严重危害社会秩序和国家利益的由检察机关起诉。

诽谤既可以用书面文字的形式，如利用报纸、杂志、大小字报、广告、著作等；也可以用非文字形式，如沿街叫骂，利用演讲、讲话、讲课等。一般而言，文字性的诽谤较非文字性的诽谤扩散范围较广，社会危害程度严重。针对文字形式的诽谤的危害性，1998年12月最高人民法院发布的《关于审理非法出版物刑事案件具体应用法律若干问题的解释》第6条特别规定了，在出版物中捏造事实诽谤他人，情节严重的，应当依照诽谤罪定罪处罚。

可见，在我国对以写小说形式来诽谤他人的行为定为诽谤罪，是有法可依的。但要考察两个方面：一是能否依据小说的内容推知特定的诽谤对象；二是小说捏造的情节是否严重背离事实，给特定对象的人格、名誉造成严重损害。上述案例中，法院认为依据该小说可以推知特定的诽谤对象，严重背离事实并且给被害人造成了恶劣的社会后果，才判定作者的行为成立诽谤罪。

法条链接

刑法第246条：以暴力或者其他方法公然侮辱他人或者捏造

事实诽谤他人，情节严重的，处3年以下有期徒刑、拘役、管制或者剥夺政治权利。前款罪，告诉的才处理，但是严重危害社会秩序和国家利益的除外。

2.19 刑讯逼供犯罪嫌疑人，自己也成阶下囚？

刑讯逼供是古今中外的一种普遍现象，无论是在古代的神明裁判里，欧洲中世纪的法定证据制度下，在中国封建狱讼中，还是在当今文明世界里，都存在这种冠冕堂皇的人类暴行。他们都打着除暴安良、匡复正义的旗帜，急于寻找案件线索，不惜摧残犯罪嫌疑人、被告人的身心。

石家庄市行唐县公安局南桥刑警中队中队长杨建文在河北是一个知名度很高的警察，被誉为“破案大王”。2002年2月，南桥刑警中队宣称，他们破获了一起18人参与的特大团伙犯罪案件，该犯罪团伙涉嫌轮奸、抢劫、抢夺、盗窃、窝赃5项罪名，共涉案160起。如果指控罪名成立，这起案件将是河北省历史上少有的团伙犯罪案件。为此，破案有功的南桥刑警中队向上级申报了集体一等功。然而，这起号称“铁证如山”的案件在移交至石家庄检察院提起公诉后，却引起了办案人员的怀疑：案件中仅有犯罪嫌疑人的口供，而无其他有力证据。经查，检察院最后只认定了两起盗窃案，7人被提起公诉，结果只有4人被判一年以下的有期徒刑，另外3人被宣告无罪。

同时，检察机关掌握了杨建文等人刑讯逼供的确凿证据，在办案期间对犯罪嫌疑人采取吊打、恐吓等手段获取口供。2004年7月26日，法院一审判决：认定杨建文犯有刑讯逼供罪，判处有期徒刑2年6个月。（本案例选自："人民网"，http://he.people.com.cn/GB/channel7/48/200410/18/2614.html。）

司法工作人员使用刑讯手段收集口供证据，不仅会侵犯犯罪嫌疑人、被告人的人身权利，而且通过刑讯逼供获取的犯罪嫌疑人、被告人的口供多不真实，容易造成冤、假、错案，会直接影响司法公正。因此，在人权呼声日益高涨的今天，不少国家都规定了对刑讯逼供犯罪的处罚。我国刑事诉讼法第43条规定："审判人员、检察人员、侦查人员必须依照法定程序，收集能够证实犯罪嫌疑人、被告人有罪或者无罪、犯罪情节轻重的各种证据。严禁刑讯逼供和以威胁、引诱、欺骗以及其他非法的方法收集各种证据……"我国刑法第247条规定，刑讯逼供罪是指司法工作人员对犯罪嫌疑人、被告人使用肉刑或者变相使用肉刑，逼取口供的行为。实施刑讯逼供罪的主体只能是司法工作人员，包括侦查、检察、审判、监管职责的工作人员，如果是机关、事业单位内部的保卫人员，农村各级治保干部怀疑他人犯罪而对其进行刑讯逼供，不构成本罪。刑讯逼供罪的对象仅限于犯罪嫌疑人、处于侦查、起诉和审判过程中的刑事被告人以及正在服刑的罪犯。司法实践中，不少司法人员出于邀功请赏、发泄权欲、挟私报复、急于结案等动机，常常会使用刑讯逼供，其手段包括："肉刑"，主要是指直接施加于犯罪嫌疑人、被告人身体器官或肌体的审讯措施与方法，如捆绑、吊打、针扎、火烫等；"变相肉刑"是指"肉刑”之外不直接伤害身体但造成肉体痛苦与精神折磨的手段，如长时间罚冻、罚跪、罚晒、罚站、罚饿，“疲劳战”、“车轮战”审讯等；“肉刑”与“变相肉刑”并用，以达到逼供的目的。

我国法律规定刑讯逼供只有情节严重者才构成犯罪。最高人民检察院《关于人民检察院直接受理案件立案标准的规定试行》（1998年8月6日）中规定，司法工作人员对犯罪嫌疑人、被告人使用肉刑、变相肉刑逼取口供，涉嫌下列情形之一的，应予立案：（1）手段残忍、影响恶劣的；（2）致人自杀或者精神失常的；（3）造成冤、假、错案的；（4）三次以上或者对三人以上进行刑讯逼供的；（5）授意、指使、强迫他人刑讯逼供的。对于达到上述标准的刑讯逼供行为应予追究刑事责任。

法条链接

刑法第247条：司法工作人员对犯罪嫌疑人、被告人实行刑讯逼供或者使用暴力逼取证人证言的，处3年以下有期徒刑或者拘役。致人伤残、死亡的，依照本法第234条、第232条的规定定罪从重处罚。

2.20 中国版“虐囚”事件，法律能容忍吗?

前不久美国“虐囚”事件引起了世界范围内对虐待被监管人问题的广泛讨论。可以说虐待囚犯是每个国家在司法实践中都普遍存在的问题，它既来源于监管人员对囚犯的歧视，也与监狱管理体制的不透明有关。在我国，也有少数司法人员打着“匡复正义”“为民除害”的旗帜，歧视甚至虐待被监管人。在他们看来，犯人干了坏事受到这种待遇是罪有应得。这种赤裸裸的暴行因为打着“司法”的招牌，披上合法的外衣，很难为外人所察觉。

2005年6月19日16时30分许，身为广西壮族自治区未成年犯管教所司法警察的滕寿添在广西壮族自治区未成年犯管教所三监区生产车间值班期间，在处理罪犯刘家付消极怠工违纪时，用脚踹踢刘家付，又罚其下跪，致使刘家付左下颌体骨折。案发后，滕寿添投案自首，并赔偿刘家付全部经济损失。2005年10月21日，南宁市茅桥地区人民检察院向法院提起公诉。2005年12月16日，滕寿添因暴力对待所监管的犯人，被广西南宁市青秀区人民法院以虐待被监管人罪判处有期徒刑2年缓期2年执行。(本案例选自:“中国法院网”, http://www. chinacourt. org/public/detail. php? id=189373。)

自从我国于1988年正式加入《禁止酷刑和其他残忍、不人道或有辱人格的待遇或处罚公约》，就对国际社会做出了反酷刑的法律承诺，并在国内司法中予以执行。同时在我国警察法、法官法、检察官法、国家安全法、监狱法中都规定了禁止虐待被监管人，以保障特定公民的人权。我国刑法第248条也规定虐待被监管人罪，是指监狱、拘留所、看守所等监管机构的监管人员殴打、体罚虐待被监管人或者指使被监管人殴打或体罚虐待其他被监管人，情节严重的行为。一般认为，“殴打”是指造成被监管人肉体上的暂时痛苦的行为，“体罚虐待”是指殴打以外的，能够对被监管人肉体或精神实施摧残或折磨的一切方法，如罚跪、罚晒、罚冻、罚饿、辱骂，强迫超体力劳动等非人手段。同时只有达到情节严重的程度，才能以犯罪论处。根据1999年8月6日最高人民检察院《关于人民检察院直接受理立案侦查案件立案标准的规定（试行)》，虐待被监管人，涉嫌下列情形之一的，应予立案：（1）造成被监管人轻伤的；（2）致使被监管人自杀、精神失常或其他严重后果的；（3）对被监管人3人以上或3次以上实施殴打、体罚虐待的；（4）手段残忍、影响恶劣的；（5）指使被监管人殴打、体罚虐待其他被监管人的。

和谐社会是一个法纪严明而充满人情温馨的社会。即使是囚犯，其合法权益也应得到法律的充分保障。因此，对被监管人这一特殊群体，也应保障其基本的人权，不容歧视虐待。

法条链接

刑法第248条：监狱、拘留所、看守所等监管机构的监管人员对被监管人进行殴打或者体罚虐待，情节严重的，处3年以下有期徒刑或者拘役；情节特别严重的，处3年以上10年以下有期徒刑。致人伤残、死亡的，依照本法第234条、第232条的规定定罪从重处罚。监管人员指使被监管人殴打或者体罚虐待其他被监管人的，依照前款的规定处罚。

2.21 领导给“穿小鞋”也犯法？

在封建时代，我国汉族妇女一直沿袭着缠足陋习，脚缠得越小就认为越美，而美其名曰“三寸金莲”。过去婚姻大事全凭父母之命，媒妁之言，男女双方根本互不相见，所以，只能依照脚的大小，来衡量女人的俊丑。因此，在媒婆说媒时，必先请男方看女方的鞋样儿，以示女方脚的大小，一旦男方同意了亲事，就留下此鞋样儿了，按此样尺寸做一双绣鞋连同订婚礼物一起送到女方家，成亲那天，新娘必须穿上这双绣鞋，以防脚大而受骗。如果当初故意把尺寸弄小，自然就穿着不舒服，甚至穿不上，从而女方出丑。后来，人们把这一风俗引申到社会生活中，用来专指那些在背后使坏点子整人，或利用某种职权寻机置人于困境为“给人穿小鞋”。而现在，一般把上级对下级或人与人之间进行打击报复，称之为“穿小鞋”。

某县副县长李某，曾多次将家人看病的医药费、到外地旅游的住宿费、车费等到县政府公务费中报销。县政府办公室王某从会计那得知此事后，向县领导反映了李某的问题。李某为此受到县领导的批评，并退回了所占公款。半年后，县政府进行干部考核，李某借口王某工作能力不够，撤销了王某的主任职务，并以收到有关群众检举王某生活作风不正的检举信为借口，责令王某停职检查。本案中，李某利用手中职权对检举自己的王某进行报复陷害，经审理认定为报复陷害罪。

在今天的民主社会与法治国家的建构中，我国各地纷纷设立了很多举报机构，以方便广大群众参与国家事务的管理，加强人民的监督意识。但随着举报事件的增多，各地报复陷害举报人的现象也时有发生，有些国家工作人员并不虚心地反省自己的错误，而是对检举人怀恨在心，伺机报复，也就是我们所说的“穿小鞋”、“权大于法”、“以权压人”。报复手段五花八门，有的甚至残忍地杀害了举报人。

我国宪法规定，任何公民都有控告、申诉和批评监督的权利。国家机关工作人员滥用职权，打击报复陷害控告人、申诉人、批评人、举报人的行为，既违背了国家工作人员的应尽职责，又侵犯了公民的控告权、申诉权、批评监督权等民主权利，同时也妨害了国家机关的正常活动。因此，国家机关工作人员利用职权打击报复，情节严重的，应负刑事责任。我国刑法规定了报复陷害罪，是指国家机关工作人员滥用职权、假公济私，对控告人、申诉人、批评人实行报复陷害或者对执法人员和检举人员、证人进行打击报复的行为。司法实践中，很多国家机关工作人员不仅为了自己，有时为了小集团、小集体的利益，也会滥用职权，制造种种“理由”以合法或非法形式对控告人、申诉人、批评人或举报人进行报复陷害。常见的方式包括：制造种种“理由”和“借口”，非法克扣、停发工资、奖金或其他福利；调动工作，降职降薪甚至免除职务、开除公职；压制提职晋级和学术、技术职称的评定；借口“工作需要”，故意制造生活的困难；栽赃陷害，小题大做，歪曲事实欺骗有关领导和单位，使被害人受到行政处罚或刑事处罚等。

人都会犯错误，身为国家机关的工作人员也是如此，但是犯错后要虚心接受批评，并及时加以改正才能正确行使职权，而不是打击报复。这种报复陷害行为是对民主权利的扼杀，是违法犯罪行为乃至政治腐败的一种具体表现。

法条链接

刑法第254条：国家机关工作人员滥用职权、假公济私，对控告人、申诉人、批评人、举报人实行报复陷害的，处2年以下有期徒刑或者拘役；情节严重的，处2年以上七年以下有期徒刑。

2.22 暴力干涉婚姻自由如何处罚?

自由选择终生伴侣，恐怕是每个步入婚姻殿堂的年轻人的最大希望。而做父母的则更相信“门当户对”这一千百年来的至理名言。于是，不同年龄的人对于婚姻便产生了代沟，如果有一方愿意妥协的话，也就万事大吉，倘若双方都不愿意妥协，甚至有一方态度过于激烈，就会造成不少悲剧。

张某与李某在同一单位上班，两人互生好感后确立了恋爱关系。2002 年元旦两人正式向双方家长提出结婚的想法，不料却遭到李某父母的坚决反对，认为张家太穷，自己的女儿嫁过去会吃亏。为断绝女儿的念头，李某父母将李某关在房间里，不许出门，并对其进行打骂。身心疲惫的李某因得不到父母理解无法与心爱的人在一起，绝望之下选择了服毒自杀。后法院审理认为李某父母的行为构成暴力干涉婚姻自由罪，判处有期徒刑 4 年。

这是一个典型的暴力干涉婚姻自由罪。我国宪法规定禁止破坏婚姻自由；婚姻法规定实行婚姻自由、一夫一妻、男女平等的婚姻制度，禁止包办、买卖婚姻和其他干涉婚姻自由的行为。妇女权益保障法进一步明确规定：国家保护妇女的婚姻自主权。禁止干涉妇女的结婚、离婚自由。暴力干涉妇女的婚姻自由，侵犯了妇女的婚姻自由权和人身权利，使得妇女不能按自己的意愿结婚或离婚，身心遭受伤害，甚至造成妇女自杀、精神失常、离家出走等严重后果。因此，对于情节严重的暴力干涉婚姻自由行为，应当追究刑事责任。根据我国刑法第257条规定，暴力干涉他人婚姻自由，是指以捆绑、殴打、禁闭、强抢等暴力手段，阻挠和干涉他人结婚、离婚自由的行为。用暴力干涉是构成暴力干涉婚姻自由罪的重要特征，如果没有使用暴力的，如仅是谩骂、断绝经济供给、断绝亲属关系等，不构成本罪。刑法同时规定，犯本罪时告诉才处理。这是因为被害人和被告人往往具有亲密关系，具有亲属血缘关系，而且案件大多涉及了被害人的隐私。因而法律不应过多的干预，而将是否诉诸法律的权利交给被害人行使。

对于抢婚是否构成暴力干涉婚姻自由罪？在我国某些少数民族地方有抢婚习俗，虽然从形式上看也具有暴力干涉婚姻自由的种种特征，但它只是民间的一种结婚仪式，并不具有本罪所应有的社会危害性，因而一般情况下不能以暴力干涉婚姻自由罪论处。如果因向女方求婚遭到拒绝，而纠集多人使用暴力将女方劫持或绑架于男方家中，强迫女方与之结婚的，构成暴力干涉婚姻自由罪。如果因向女方求婚遭到拒绝，为造成既成事实，而纠集多人使用暴力将女方劫持或绑架在男方家中，男方强行与女方发生性关系的，构成强奸罪。

法条链接

刑法第257条：以暴力干涉他人婚姻自由的，处2年以下有期徒刑或者拘役。犯前款罪，致使被害人死亡的，处2年以上7年以下有期徒刑。第1款罪，告诉的才处理。

2.23 “齐人之福”不可享？

《孟子》中的齐人，虽无甚本事，却有一妻一妾，千百年来不知羡煞多少人。我国自古也有一夫多妻的婚姻制度，在这种传统文化的沿袭下，生活中包二奶的现象普遍存在，“家里红旗不倒，外面彩旗飘飘”已成为有些成功男士的标志。还有我国农村的有些地方，出于传宗接代的考虑，一夫多妻的现象也不少见。

一夫一妻是我国婚姻法的一项基本原则，它要求任何人在婚姻存续期间只能有一个配偶，不允许一夫多妻或一妻多夫现象存在，否则势必会给婚姻的另一方带来痛苦，影响家庭关系，有违公序良俗。对于一夫一妻的婚姻关系的维护，无论是我国婚姻法，还是刑法都有规定。根据2001年4月28日修正后的婚姻法第8条规定：“要求结婚的男女双方必须亲自到婚姻登记机关进行结婚登记。符合本法规定的，予以登记，发给结婚证。取得结婚证，即确立夫妻关系。未办理结婚登记的，应当补办登记。根据我国刑法第258条的规定，重婚罪是指有配偶而重婚的，或者明知他人有配偶而与之结婚的。简单来说，就是前后两个婚姻关系的重叠。

从民法理论上来讲，婚姻可以分为事实婚和法律婚，法律婚是指符合婚姻法规定的结婚的实质要件，并且经过登记的婚姻关系；而事实婚虽然客观存在，但是否为法律承认则有所区分。根据最高人民法院《关于适用〈中华人民共和国婚姻法〉若干问题的解释》第5条规定，未按婚姻法第8条规定办理结婚登记而以夫妻名义共同生活的男女，起诉到人民法院要求离婚的，应当区别对待：（1）1994年2月1日民政部《婚姻登记管理条例》公布实施以前，男女双方已经符合结婚实质要件的，按事实婚姻处理。（2）1994年2月1日民政部《婚姻登记管理条例》公布实施以后，男女双方符合结婚实质要件的，人民法院应当告知其在案件受理前补办结婚登记；未补办结婚登记的，按解除同居关系处理。在上述第一种情况下，事实婚具有与法律婚相同的法律效力，在第二种情况下，法律则是有限制的承认事实婚姻的效力，即要求符合结婚实质要件的应补办结婚登记。归纳起来，目前我国婚姻关系（夫妻关系）的法律形态共有两种：一是登记（包括补登记）婚姻关系；二是1994年2月1日前符合结婚法定条件的事实婚姻关系。最高人民法院1994年12月14日《关于〈婚姻登记管理条例〉施行后发生的以夫妻名义同居的重婚案件是否以重婚罪定罪处罚的批复》规定："新的《婚姻登记管理条例》（1994年1月12日国务院批准，1994年2月1日民政部发布）发布施行后，有配偶的人与他人以夫妻名义同居生活的，仍应按重婚罪定罪处罚。"

婚姻是夫妻双方合意的结果，不是一纸婚书就可以固定的。重婚罪的发生，大多是夫妻中的一方已背叛了原有的协议。法律只能从外在的调节夫妻关系，如何在这个诱惑颇多的社会保持良好的夫妻关系，恐怕不是法律所能解决的了。

法条链接

刑法第258条：有配偶而重婚的，或者明知他人有配偶而与之结婚的，处2年以下有期徒刑或者拘役。

2.24 养母不堪养子虐待跳湖自尽该如何处罚?

2006 年 8 月 4 日上午，北京市怀柔区人民法院审结了一起虐待养母致养母跳湖自杀案，被告人李某犯虐待罪被判处有期徒刑三年。据悉，被告人李某从一周岁的时候就被其婶婶王某收养。随着李某的长大成人，老两口本以为晚年有指望了，可没想到李某自从 1987 年就开始对其养父母进行打骂，两位老人觉得家丑不可外扬，就默默地忍受着。李某的养父在 1996 年去世后，李某更是肆无忌惮地对其养母进行打骂。2006 年 4 月，被告人李某酒后再次对其养母进行打骂。其养母王某再也无法忍受了，跳入了雁栖湖中，自杀身亡。北京市怀柔区检察院以虐待罪对李某提起了公诉。怀柔区人民法院认为，被告人无视国法，虐待养母，致养母自杀身亡，情节恶劣，故依法做出上述判决。(本案例选自:“爱法网”,http://www.5281aw.com/show.asp? id=1501。)

我们常说家是人心灵的港湾，少有所养，老有所依，更是每个人对家庭生活的期待。因此，对于与自己朝夕相处有血缘关系的家庭成员，我们更应关怀呵护。而现实生活中，偏偏有些人却出于种种原因，不顾人伦之情，对家庭成员动则打骂，理应受到道德的谴责与法律的惩罚。

我国刑法中规定的虐待罪是指对共同生活的家庭成员，经常以打骂、饿冻、禁闭、强迫过度劳动、有病不给治疗、限制自由、凌辱人格等手段，从肉体上和精神上进行摧残、折磨，情节严重的行为。虐待行为侵犯了共同生活的家庭成员在家庭生活中的平等权利和被害人的身心健康，在家庭功能失调的家庭经常发生，其结果是使被害人身心遭受摧残，甚至重伤、死亡，但这种结果是日积月累造成的。虐待罪侵犯的对象只能是共同生活的家庭成员，按家庭关系的来源主要包括：(1) 因婚姻关系而形成的家庭成员，包括丈夫与妻子、继父母与继子女。(2) 因血缘关系而形成的家庭关系，包括两类：一是由直系血亲关系而联系起来的父母、子女、孙子女、曾孙子女以及祖父母、曾祖父母、外祖父母等，前者不因成家立业以及经济上的分开而解除家庭成员的法律地位；二是由旁系血亲而联系起来的兄、弟、姐、妹、叔、伯、姑、姨、舅等家庭成员，后者随着成家立业及经济上的分开而丧失原家庭成员的法律地位。(3) 因收养关系而形成的家庭成员，即养父母与养子女。如本案中的被害人与被告人的关系即如此。

我国刑法同时规定，虐待家庭成员，情节恶劣的，处 2 年以下有期徒刑、拘役或者管制，但被害人告诉才处理。这种一般的虐待罪之所以告诉才处理，是因为行为人与被害人之间往往有一定的亲属或收养关系，并共同生活在一个家庭，而且被害人在经济上往往得依靠行为人，在这种情况下，通过其他方法解决这个问题会更好些。只有当被害人不堪忍受虐待而提出告诉时，司法机关才处理。但被害人因受强制、威吓无法告诉或无能力告诉的，人民检察院或其近亲属也可以告诉。如果被害人经常受虐待逐渐造成身体的严重损伤或导致死亡，或者由于被害人不堪忍受虐待而自杀、自伤，造成死亡或重伤的，对行为人处2年以上7年以下有期徒刑，并且不适用告诉才处理。

法条链接

刑法第260条：虐待家庭成员，情节恶劣的，处2年以下有期徒刑、拘役或者管制。犯前款罪，致使被害人重伤、死亡的，处2年以上7年以下有期徒刑。第1款罪，告诉的才处理。

2.25 当“丐帮”帮主也犯法吗？

在繁华的大都市，时常会看到一些沿街乞讨的儿童，出于同情、怜悯，过往的行人会施舍给他们些钱物。殊不知有些犯罪分子也把邪恶的目光盯向了这些乞讨儿童。竟然以各种手段专门找来残疾儿童，暴力威逼他们沿街乞讨，而乞讨所得全部留给自己，从而坐享其成。这种现代版的“丐帮”已成为各大城市的污点，是政府惩治的重点。

现年34岁的李某是湖北省汉川市农民，虽然只有小学文化，却很有“头脑”。看到本村的村民一个个先后都富裕起来，盖起了小楼，心里逐渐不平衡起来，梦想“一夜暴富”。但是自己既无技术，又怕吃苦，于是想出了组织残疾儿童去大城市乞讨，而自己每天可以“坐地收钱”的办法。抱着这个发财梦，他“好心”收养了不少残疾儿童，带到武汉，威逼利诱他们整日沿街乞讨，并要求每天上缴乞讨所得。对不从者或完不成“创收”任务的儿童，采取殴打辱骂、不给饭吃等手段进行惩罚。从2003年4月至2005年5月，李某威逼这些残疾儿童乞讨达两年之久，获取财物数万元。这种当代版的“丐帮”，已为法律和社会所不容。（本案例选自："正义网"，http://www/jcrb.com/n1/jcrb840/ca389983.htm。）

流浪乞讨是一个世界性的社会问题，有其历史的、经济的、社会的等诸方面原因。我国正处于经济转轨、社会转型的特殊历史时期，应当妥善处理流浪乞讨问题：对生活无着的人员应当给予及时救助；对以反复纠缠、强行讨要或者以其他方式滋扰他人的方式乞讨，或者胁迫、诱骗或者利用他人乞讨的，应当依照治安管理处罚法的规定，给予治安管理处罚。考虑到残疾人由于有生理缺陷或障碍，自我保护能力较弱；未成年人由于心智发育不健全，认识社会事物和辨别是非的能力有限，在受到侵害时往往不敢反抗，人身自由、人格尊严极易受到侵犯，应当给予特别保护。因此，对用暴力、胁迫手段组织残疾人、未成年人乞讨等严重侵犯他人人身自由的行为，情节严重的，应当追究刑事责任。《刑法修正案（六）》第 17 条规定，在刑法第 262 条后增加一款"组织乞讨罪"，作为第 262 条内容之一："以暴力、胁迫手段组织残疾人或者不满十四周岁的未成年人乞讨的，处三年以下有期徒刑或者拘役，并处罚金；情节严重的，处三年以上七年以下有期徒刑，并处罚金。"

我们应该看到，法律法规只能惩治那些组织幼儿乞讨的恶徒，却无法从根本上杜绝乞讨现象，这背后显示的是社会救济的缺位。社会救济作为最基础、最低层次的社会保障，如果不能及时帮助那些没有生存能力、无家可归的残疾人或未成年人，现代版的"丐帮"还会继续存在，街头乞讨的那一幕也会继续出现。面对这一切，我们的政府所要做的恐怕不仅仅是制定一两部法律法规的问题。

法条链接

刑法第262条：以暴力、胁迫手段组织残疾人或者不满14周岁的未成年人乞讨的，处3年以下有期徒刑或者拘役，并处罚金；情节严重的，处3年以上7年以下有期徒刑，并处罚金。

2.26 盼子心切，偷盗他人婴儿抚养犯法吗？

子孙满堂，享天伦之乐是每个人的愿望。尤其是在传宗接代观念还很浓厚的农村，很多人不生儿子誓不罢休；也有膝下无子女者，担心自己老无所养，于是对别人的孩子打起主意来，贪图自己的天伦之乐而舍他人的骨肉之情，制造了不少家庭悲剧，理应受到法律的制裁。

23 岁的杨某自 2003 年 9 月结婚后，双方父母和丈夫一直想要个孩子。2004 年 5 月，杨某因身体有异以为自己怀孕了，未经医院检查就“宣告”自己怀孕，家人为此非常高兴。不久，杨某就发现自己其实并未怀孕。为不让家人伤心，她隐瞒实情把衣物等塞在外衣下，假装“一切正常”。2005 年 5 月 31 日，她借口“检查”，独自来到秦皇岛市妇幼医院，将一婴儿车内刚出生 4 天的婴儿偷走，然后到另一医院，打电话告诉丈夫自己生了。之后，她与丈夫高高兴兴地回到家。后杨某则因拐骗儿童罪被河北省秦皇岛市海港区法院判处拘役五个月。（本案例选自“正义网”，http://www/jcrb.com/nl/jcrb840/ca389983.htm。）

这是一个典型的拐骗儿童罪的案例。虽然年幼的儿童对自己的人身自由没有意识，但这种拐骗行为还是侵犯了儿童的人身权利，并且给被害人家庭带来巨大的痛苦，因此，应该对这种行为追究刑事责任。我国刑法第 262 条规定了拐骗儿童罪，是指采用蒙骗、利诱或其他方法，使不满 14 周岁的未成年人脱离家庭或者监护人的行为。实践中往往表现为蒙骗、利诱，以及将儿童偷走、抢走。和拐卖儿童贩卖牟利不同的是，行为人拐骗儿童并不是为了出卖获得金钱，而是为了收养或使唤、奴役，等等。这种拐骗的行为虽然没有将儿童作为商品买卖，但是也侵犯了儿童的人身自由，以及被害人家庭的稳定，因此也构成犯罪，只是处罚上比拐卖妇女、儿童罪要轻些。我国刑法规定，犯拐骗儿童罪的，处 5 年以下有期徒刑或者拘役。

这里需要注意的是，司法实践中，有人用暴力手段抢来他人的孩子，但并不出卖，而是自己抚养，对这种行为该如何处罚呢？一般认为，根据“举轻以明重”的道理，如果采用蒙骗、利诱的方法将儿童拐走构成犯罪，那么比蒙骗、利诱危害更为严重的暴力手段抢来儿童的行为更应构成犯罪，而且从犯罪的性质上讲二者都是相同的。因此，对用暴力手段抢来儿童自己抚养的行为，也应认定为拐骗儿童罪。

法条链接

刑法第 262 条：拐骗不满 14 周岁的未成年人，脱离家庭或者监护人的，处 5 年以下有期徒刑或者拘役。

3. 经济黑洞知多少

我国正处于经济高速发展时期，改革不断推进，开放也越来越广。在这种大背景之下，一些经济发展中的问题也随之不断涌现出来，成为阻碍社会经济发展的顽疾。这些问题的解决当然离不开我国法制、环境、文化等各方面的发展和完善，但是在现实的法制环境之下，我们可以拿起法律的武器，用刑法来与这些不法行为作斗争，维护国家正常的经济秩序。

在本部分中，我们通过一些案例，介绍了在生活中经常发生的一些经济案件，分析了这些案件的法律依据，并告诉人们认识这些行为和与它们作斗争的方法。根据这些认识，老百姓可以对这些经济犯罪有大概的了解，并自觉遵守法律的规定，按法律的规定办事。

要点提示

- 伪劣产品是人们在日常生活中深恶痛绝的东西。这些挂羊头卖狗肉的所谓产品，不仅不能满足人们正常的生活需求，甚至有时候在使用过后会造成灾难性的后果，给群众的生活造成极大的损害。国家针对伪劣产品的不法行为专门规定了一系列犯罪，包括了各种生产、销售假冒、伪劣产品的行为，使这些犯罪行为无所遁形。
- 走私行为不仅破坏了海关的监管秩序，而且造成了国家关税的流失，一些禁止或控制进出口的物品的走私行为也对我国的自然环境、人民生活及安全造成了恶劣的影响，国家严厉打击各类走私行为。
- 在对公司企业的管理上，国家规定了一系列的法律法规，公司企业的工作和管理人员在公司企业的运营过程中应该严格依法办事，维护正常的管理秩序，而不能弄虚做假，欺骗他人。我国刑法针对公司企业活动中的违法行为规定了一系列的犯罪，包括非法经营同类营业罪、为亲友非法牟利罪等。

- 现代的经济建立在稳定的金融秩序之上。金融秩序的稳定与健康与否关系到一个国家整个经济运行的状况。为了维护正常的金融管理秩序，我国刑法规定了破坏金融管理秩序的犯罪，包括伪造货币罪、高利转贷罪、非法吸收公众存款罪等。
- 金融诈骗罪是一类特殊的诈骗行为，我国刑法将其专门作为一节规定了不同形式的金融诈骗罪，这显示了国家对金融诈骗行为的重视。
- 公民个人或单位在市场中从事生产和经营应该维护正常的市场秩序，弄虚做假，坑蒙拐骗，强买强卖等行为都是不允许的。

3.1 “挂羊头，卖狗肉”，行吗？

2007年4月下旬，国家旅游局就我国赴欧洲游客携带假名牌被罚一事发出通知，要求中国赴欧洲旅游的游客不要携带假冒名牌物品，以免此类事情再次发生。一时间，假名牌成为国人街谈巷议的热门话题。

刘某以每瓶70元和50元的价格，向胡某购买用红尖庄酒灌制的假冒新包装五粮液酒。自2004年1月至3月，胡某先后3次将30余箱假五粮液酒送至刘某家中。在此期间，刘某利用担任青云物资商场经理的便利，将假五粮液酒分批销售给商场，共计253瓶，销售假五粮液酒收入总计人民币38.514万元。（本案例选自：国家法官学院编：《中国审判案例要览》，中国人民大学出版社1998年版，第101页。）

对于这种行为，我国刑法规定了生产、销售伪劣产品罪。根据法律规定可知，我国现行的法律主要打击的是假冒产品的生产和销售活动，对消费者购买和使用的行为，还没有相关的法律法规予以制止和处罚。而且对于生产、销售伪劣产品，其销售金额必须达到5万元才构成犯罪，这在我国刑法里称为

“数额犯”。没有达到定罪数额的，只能是一般的违法行为，只能给予行政处罚。

由于上述“五粮液”同时也是一种注册商标，因此对于上述行为，我国刑法还规定了假冒注册商标罪和销售假冒注册商标的商品罪。未经注册商标所有人许可，在同一种商品上使用与其注册商标相同的商标，情节严重的，构成假冒注册商标罪。销售明知是假冒注册商标的商品，销售金额数额较大的，构成销售假冒注册商标的商品罪。如果一行为同时触犯上述两个罪名，按我国刑法的规定，只按照其中处罚较重的罪名定罪处理。

其实，上述案例只是假冒名牌的一个具体事例，目前市场上假名牌遍地开花，你只要随便走到繁华的大街上，都可以看到贴着“最后三天，亏本处理”、“血本无归”、“狂降、降、降”等条幅的店面，里面挂满了“皮尔卡丹”、“梦特娇”、“鳄鱼”、“老爷车”等名牌衣服，或者是“耐克”、“阿迪达斯”、“彪马”、“李宁”等运动服饰。真可谓是制假、卖假者生意兴隆、热火朝天；买假、用假人互相介绍，车水马龙。大家都有这样一个共识，首先觉得假名牌质量不错，款式新颖，价格还低，从内到外透着两个字“实惠”，而且真假别人也难看出，可以满足自己的虚荣心。制假售假者也正是瞅准了这个庞大的消费群体，抓住了消费者的心理实施其制假售假计划的。而且我国不少地方对本地区制造销售假冒产品还存在着地方保护主义，这些都极大地干扰了法律的实行。

应看到，假冒产品的风行，除了群众法律意识淡薄外，主要原因还在于我国目前经济的落后，广大群众无法消费那些昂贵的商品，只能借助于假冒产品来满足自己的消费欲望。因此，只有提高经济水平和群众收入，同时加强法制宣传，用市场的手段让制假售假者没有立足之地，假名牌才能得到遏止。希望我们广大消费者早日对假名牌说“不”！

法条链接

刑法第140条：生产者、销售者在产品中掺杂、掺假，以假充真，以次充好或者以不合格产品冒充合格产品，销售金额5万元以上不满20万元的，处2年以下有期徒刑或者拘役，并处或者单处销售金额50%以上2倍以下罚金；销售金额20万元以上不满50万元的，处2年以上7年以下有期徒刑，并处销售金额50%以上2倍以下罚金；销售金额50万元以上不满200万元的，处7年以上有期徒刑，并处销售金额50%以上2倍以下罚金；销售金额200万元以上的，处15年有期徒刑或者无期徒刑，并处销售金额50%以上2倍以下罚金或者没收财产。

第213条：未经注册商标所有人许可，在同一种商品上使用与其注册商标相同的商标，情节严重的，处3年以下有期徒刑或者拘役，并处或者单处罚金；情节特别严重的，处3年以上7年以下有期徒刑，并处罚金。

第214条：销售明知是假冒注册商标的商品，销售金额数额较大的，处3年以下有期徒刑或者拘役，并处或者单处罚金；销售金额数额巨大的，处3年以上7年以下有期徒刑，并处罚金。

3.2 假药、劣药，杀人不见血的刀？

药可以治病救人，但药亦可以害人。假药、劣药更是可以对人体健康造成严重危害。但是，有钱能使鬼推磨，在巨额利润的驱动下，假药、劣药还是时常在市面上抛头露面，给广大消费者特别是病患者带来无尽恐慌和忧患。

2003 年，熊某提供穿心莲片，谢某请人将穿心莲片用三金片的包装进行分瓶包装，共计包装好 180 件假三金片。6 月 20 日，熊某与某医药工业公司的兰某联系，向其谎称该批药是从桂林三金药业集团公司内部得到的正宗三金片，兰某信以为真，购得该 180 件假三金片，共付货款 216 000 元。（本案例选自：《刑事审判参考》，法律出版社 2001 年版，第 8 页）

某制药厂生产链霉素针剂一批，有效期至 2001 年 10 月。至 2001 年 10 月，有 600 箱链霉素针剂仍未能售出。制药厂将有效期改至 2002 年 10 月，将 600 箱针剂销售给某西药房，销售金额 8 万元。后造成用该针剂的患者李某病情恶化，经医院全力抢救，才脱离生命危险。（本案例选自：《刑事审判参考》，法律出版社 2002 年版，第 179 页。）

我国刑法针对假药、劣药的生产经营行为规定了生产、销售假药罪和生产销售劣药罪。按照药品管理法的规定，典型的假药有两种：一种是药品所含成分的名称与相关药品标准规定不符合；另一种是以非药品冒充药品或者以他种药品冒充此种药品。典型的劣药也有两种：一是药品成分的含量与相关药品标准不符合；二是超过有效期的。可见，穿心莲片代替三金片是生产、销售假药的行为，生产、销售过期链霉素是生产、销售劣药的行为。对于生产销售假药的行为，我国刑法的定罪标准是“足以严重危害人体健康”，也就是说只要具备严重危害人体健康的可能性就可以了，并不要求实际发生严重危害人体健康的结果才定罪。而对于劣药，刑法规定的定罪标准是“对人体造成严重危害”，即因服用劣药延误病情诊疗，致使病情加剧造成身体健康受损、甚至伤亡的结果，这在刑法里称为“结果犯”。熊某用穿心莲片冒充三金片，虽然穿心莲片本身对人体无害，但对需要服用三金片来治疗的人来说，一旦服用穿心莲片，就会贻误病情，并可能造成损害健康的严重后果，因此构成了生产、销售假药罪；超过有效期的劣药给患者带来的严重危害是很明显的，因此某制药厂构成了生产、销售劣药罪。

药品与我们每个人的生活都密切相关，假药、劣药可以要人的命，假药制造者、销售者也会因此丢了命，假药、劣药，杀人不见血的刀！在此提醒那些利欲熏心的人，不要为了贪图钱财而生产、销售假药、劣药，否则，不知道哪一天，你或者你的亲人、朋友将成为这些假药、劣药的受害者！

法条链接

刑法第141条：生产、销售假药，足以严重危害人体健康的，处3年以下有期徒刑或者拘役，并处或者单处销售金额50%以上2倍以下罚金；对人体健康造成严重危害的，处3年以上10年以下有期徒刑，并处销售金额50%以上2倍以下罚金；致人死亡或者对人体健康造成特别严重危害的，处10年以上有期徒刑、无期徒刑或者死刑，并处销售金额50%以上2倍以下罚金或者没收财产。

本条所称假药，是指依照《中华人民共和国药品管理法》的规定属于假药和按假药处理的药品、非药品。

第142条：生产、销售劣药，对人体健康造成严重危害的，处3年以上10年以下有期徒刑，并处销售金额50%以上2倍以下罚金；后果特别严重的，处10年以上有期徒刑或者无期徒刑，并处销售金额50%以上2倍以下罚金或者没收财产。

本条所称劣药，是指依照《中华人民共和国药品管理法》的规定属于劣药的药品。

3.3 病从口入，罪不容赦？

中国是一个餐饮文化大国，有着几千年的饮食文化，长期以来由于地理环境、气候物产、文化传统以及民族习俗等因素的影响，形成了鲁菜、川菜、湘菜等“八大菜系”，加上京菜和鄂菜，即为“十大菜系”。可见，中国人对吃确实还是颇有一番讲究。可是你是否想过，你所吃的东西是否安全呢？如果食品中添加了有毒、有害物质，你还能安心享受这些美味吗？下面就是一个发生在我们经常食用的猪肉上的事例。

2001年8月，被告人俞某用人民币200元向他人购得1公斤“瘦肉精”（用于治疗支气管哮喘、肺气肿等疾病的人用药品，将其作为饲料添加剂饲养肉猪后，会在肉猪组织中形成残留，其肉制成品被人食用后会导致人体中毒）。俞某明知“瘦肉精”是国家有关部门明文禁止使用的养殖添加剂，但为了提高其饲养肉猪的瘦肉率以牟取非法利益，连续1周用该添加剂掺入饲料中喂养100多头肉猪，后俞某将其中4头肉猪出售，致使多个乡镇的170多名消费者食用后出现不同程度的头痛、头晕、肌肉抽搐。（本案例选自：《刑事审判参考》，法律出版社2002年版，第11页。）

我想只要大家看到这个案例，肯定都会有毛骨悚然的感觉，并且很有一段时间会对猪肉望而生畏。其实我们的国家同样也害怕这种事情发生，并且用刑法预防和惩罚生产、销售有毒、有害食品行为，而且惩罚力度是很大的。首先，只要有生产、销售有毒、有害食品的行为，哪怕没有造成食物中毒事件或者是源性疾病的后果，也构成犯罪。这里的有毒、有害食品是指掺有有毒、有害的非食品原料的食品，如果食品由于腐败变质或原料掺入过量而对人体有害，则由于其中没有掺入食品原料以外的有毒、有害物质，只能是不符合卫生标准的食品，只能构成生产、销售不符合卫生标准的食品罪。如果生产、销售不符合卫生标准的食品，则只有在足以造成严重食物中毒事故或者其他严重食源性疾患的危险才构成犯罪。这在刑法中称为“危险犯”。其次，生产、销售有毒、有害食品的行为如果致人死亡或者对人体健康造成特别严重危害的，很可能因此丢了性命。案例中，俞某用“瘦肉精”喂养生猪的实际结果必然导致在猪肉中含有有毒物质，与在猪肉中直接掺入有毒物质并无二致。而且俞某销售肉猪之后，导致了众多消费者食物中毒的严重后果，因此，俞某的行为构成了生产、销售有毒、有害食品罪。

掺有苏丹红的辣椒酱、注射了致癌物质的红心咸鸭蛋、加有漂白剂的馒头和面条……中国人对这些向来不陌生，而且似乎这些掺在食品中的有毒有害物质越来越多，让人防不胜防，除非你不吃饭、不喝水。为什么很多案件都要造成严重后果后才引起人们的注意呢？我们谴责小商小贩的不道德、灭绝人性的行为，那些对食品负有监管职责的行政机关是否也应受到谴责呢？

法条链接

刑法第143条：生产、销售不符合卫生标准的食品，足以造成严重食物中毒事故或者其他严重食源性疾患的，处3年以下有期徒刑或者拘役，并处或者单处销售金额50%以上2倍以下罚金；对人体健康造成严重危害的，处3年以上7年以下有期徒刑，并处销售金额50%以上2倍以下罚金；后果特别严重的，处7年以上有期徒刑或者无期徒刑，并处销售金额50%以上2倍以下罚金或者没收财产。

第144条：在生产、销售的食品中掺入有毒、有害的非食品原料的，或者销售明知掺有有毒、有害的非食品原料的食品的，处5年以下有期徒刑或者拘役，并处或者单处销售金额50%以上2倍以下罚金；造成严重食物中毒事故或者其他严重食源性疾患，对人体健康造成严重危害的，处5年以上10年以下有期徒刑，并处销售金额50%以上2倍以下罚金；致人死亡或者对人体健康造成特别严重危害的，依照本法第141条的规定处罚。

3.4 “亡羊补牢”，为时晚吗？

近些年，我国建筑领域一些人靠权力、关系、金钱承包建筑工程已成为公开的“秘密”。许多承包单位没有建筑资格，或是承揽项目太多，纷纷将项目转包出去，以致造成层层承包，层层剥皮，制造了一个个偷工减料、以次充好的“豆腐渣”工程。让我们掀起记忆的一角，来看看曾经轰动一时的四川彩虹桥倒塌事件。

1994年至1995年间，在建设重庆市綦江县彩虹桥工程中，被告人刘泽均作为工程主拱钢管构件的供货方，明知提供的主拱钢管质量不合格，经串通做假，致使不符合安全标准的产品用于彩虹桥主体；被告人胡开明在负责彩虹桥主拱钢管的加工中，不认真履行职责督促工人严格按标准加工，致使主拱钢管焊接质量低劣，并在发现质量不合格时，串通做假，致使不符合安全标准的产品用于彩虹桥主体；被告单位重庆通用工业技术服务部在承揽彩虹桥主拱钢管加工业务中，不按标准加工，其法定代表人王远凯不监督加工人员按标准加工，不督促进行质量检测，在发现质量不合格时，以该部名义出具实验报告单，致使不符合安全标准的产品用于彩虹桥主体。彩虹桥工程竣工投入使用后，于1999年突然垮塌，造成50余人死伤的严重事故。经鉴定，主拱钢管焊接接头低劣，是导致彩虹桥整体垮塌的直接原因。（本案例选自：《刑事审判参考》，法律出版社2002年版，第187页。）

我国刑法第146条规定了生产、销售不符合安全标准的产品罪，即生产不符合保障人身、财产安全的国家标准、行业标准的电器、压力容器、易燃易爆产品或者其他不符合保障人身、财产安全的国家标准、行业标准的产品，或者销售明知是以上不符合保障人身、财产安全的国家标准、行业标准的产品，造成严重后果的行为。“豆腐渣”工程其实既是不符合安全标准的产品，也是伪劣产品，是伪劣产品的特定种类。因此生产、销售不符合卫生标准的产品的行为属于特殊法调整范围，生产、销售伪劣产品的行为属于一般法调整范围，但行为人的行为同时构成两罪时，一般按特别法论处。如果行为人生产、销售不符合卫生标准的产品，没造成严重后果，不能构成生产、销售不符合卫生标准的产品罪，但是销售金额达到了5万元，那么就构成我们前面所说的“生产、销售伪劣产品罪”。案例中，刘泽均等人在承揽彩虹桥主拱钢管加工、供货业务中，明知钢管构件专用于彩虹桥主体部分，涉及行人生命、财产安全，却不按国家标准、行业标准进行加工生产，并串通做假，最终导致彩虹桥垮塌致多人伤亡的重大事故，以生产、销售不符合卫生标准的产品罪受到处罚。

记忆犹新的四川彩虹桥倒塌给我们敲响了警钟，“建筑蛀虫”不知道侵吞了多少不义之财，“豆腐渣”工程的黑洞不知道吞噬了多少无辜的生命和财产。即便“建筑蛀虫”要用自由、用金钱为“豆腐渣”工程“埋单”，但逝去的生命、损失的财产不能挽回。亡羊补牢，为时晚矣！祈求类似四川彩虹桥倒塌的“豆腐渣”工程悲剧不再重演！我们真的承受不起这样的代价！

法条链接

刑法第146条：生产不符合保障人身、财产安全的国家标准、行业标准的电器、压力容器、易燃易爆产品或者其他不符合保障人身、财产安全的国家标准、行业标准的产品，或者销售明知是以上不符合保障人身、财产安全的国家标准、行业标准的产品，造成严重后果的，处5年以下有期徒刑，并处销售金额50%以上2倍以下罚金；后果特别严重的，处5年以上有期徒刑，并处销售金额50%以上2倍以下罚金。

3.5 坑农害农，法理难容？

河姆渡一直被称作是我国农业文明的发源地，因为7 000年前河姆渡人就开始种植水稻了。然而，到了2004年的夏天，就在河姆渡这片土地上，却发生了一件怪事儿，村民们惊讶地发现，他们祖祖辈辈耕种的稻田里，竟然打不出一粒粮食。风调雨顺的好年景，水稻竟然唱起了空城计。表面看上去这一切仅仅是一个农民丰收的希望破灭了，然而在这背后其实隐藏着一起惊天大案。

2002年，杭州苏杭农化有限公司和江苏东宝农药化工有限公司签订了农药经销合作协议，由苏杭公司提供生产所需主要原料，东宝公司负责加工生产“东宝”牌稻卷宁农药，东宝公司授权苏杭公司负责浙江地区总经销。2004年7～8月，由于东宝公司供货不及时等原因，苏杭公司业务负责人杭新根决定自己生产加工“东宝”牌稻卷宁农药，并与杭州西湖农药化工厂管理粉碎车间的朱金荣私下联系粉碎加工稻卷宁原料事项，朱金荣在未取得稻卷宁农药登记证、生产许可证情况下，同意为其加工，并约定加工费2 300元每吨。与此同时，苏杭公司先后采购了生产农药的原材料，其中包括一批含量不符标准的乙酰甲胺磷原药和一批除草剂原料。朱金荣则根据苏杭公司的要求，未经任何检测，为其加工粉碎了共7余吨稻卷宁农药。苏杭公司将该种自行生产的含有除草剂成分的稻卷宁农药销售给余姚的公司。余姚、上虞地区农户购得此药后即在晚稻田使用，因该农药含有除草剂的有害杂质，于8月底出现大面积的晚稻药害。该案涉及受害水稻田近15 000亩，受害农户达5 617户，仅余姚地区有16个乡镇（街道）水稻减产就达到4 628 051.5公斤，损失870余万。（本案例选自："聪慧网"，http://info. chem. hc360. com/HTML/001/001/027/83996. htm。）

我国刑法第147条规定了生产、销售伪劣农药、兽药、化肥、种子罪，即生产假农药、假兽药、假化肥，销售明知是假的或者失去使用效能的农药、兽药、化肥、种子，或者生产者、销售者以不合格的农药、兽药、化肥、种子冒充合格的农药、兽药、化肥、种子，使生产遭受较大损失的行为。生产假兽药、假化肥、假农药在客观外在表现上与生产真的农药、兽药、化肥并无什么差异，有时生产假农药、兽药、化肥表现为简单接卸加工或化学处理，不像生产真的农药、兽药、化肥那样工艺精细、操作严格。当然辨别其是否假农药、假兽药、假化肥，通过化验便可明了。这里立法并没有规定生产假种子的行为，因为假种子是不必要生产的，以非种子冒充种子，或者此种子冒充彼种子即可。"失去使用效能"表明原来该产品具备使用效能，"不合格"即可因不具备使用效能而不合格，也可因其他指标达不到标准而不合格。但因不具备使用性能而不合格是指原本就不具备使用效能，而非失去使用效能。案例中杭某等人生产、销售伪劣农药，给农户造成了特别重大损失，构成了生产、销售伪劣农药罪。

中国是世界上名列前茅的农业大国，中国有9亿多农民养活了13亿多的中国人，除了农民的辛勤耕耘外，优质的农药、化肥、种子、兽药都是必不可少的。在“科技兴农”的政策号召下，国家也从一系列环节对农药等的生产加工和销售进行了规范，以期有效防止坑农害农的事件发生。但是仍然有人以身试法，希望相关部门进一步加大监管力度和执法力度，不要再让假农药、假种子、假化肥、假兽药卷走农民的希望！这里也警告坑农者，坑农害农天理难容，坑农害农法理难容！

法条链接

刑法第147条：生产假农药、假兽药、假化肥，销售明知是假的或者失去使用效能的农药、兽药、化肥、种子，或者生产者、销售者以不合格的农药、兽药、化肥、种子冒充合格的农药、兽药、化肥、种子，使生产遭受较大损失的，处3年以下有期徒刑或者拘役，并处或者单处销售金额50%以上2倍以下罚金；使生产遭受重大损失的，处3年以上7年以下有期徒刑，并处销售金额50%以上2倍以下罚金；使生产遭受特别重大损失的，处7年以上有期徒刑或者无期徒刑，并处销售金额50%以上2倍以下罚金或者没收财产。

3.6 化妆品，美丽的毁灭者？

有着诸如刘嘉玲、郑秀文等大牌明星代言的SKⅡ可以说是风靡亚洲“贵族”女性们的至爱化妆品，被标榜为“神仙水”。这种珍贵的护肤品不断被众多美女明星演绎，从而造就了一种流行，然而随着时间的发展，越来越多的用户开始提出了质疑：SKⅡ中到底有没有含激素和腐蚀性材料？江西南昌消费者吕萍以使用宝洁公司SKⅡ紧肤抗皱精华乳引起脸部不适为由，把经销该产品的江西凯美百货投资管理有限公司、以及SKⅡ的总经销——广州浩霖贸易有限公司告上了法庭。此次“烧碱风波”再次引起了人们对SKⅡ这一高级化妆品安全性的高度关注，化妆品到底是美丽的缔造者还是毁灭者也再度引起了人们的争论。

被告人辛某从外地采购一批某某牌美容霜，后技术监督部门抽查确定为不符合卫生标准的不合格产品，辛某并未按规定立即封存而是在自己经营的商店继续销售，销售金额达1 000元，致使6名消费者在使用美容霜一段时间后，有的脸上出现了黑黄斑，有的真皮受损，毁了容貌。（本案例选自：蒋勇主编：《破坏社会主义市场经济秩序罪》，法事出版社 2000 年版，第 67 页。）

针对生产、销售不符合卫生标准的化妆品行为，我国刑法规定了生产、销售不符合卫生标准的化妆品罪，即生产不符合卫生标准的化妆品，或者销售明知是不符合卫生标准的化妆品，造成严重后果的行为。本罪侵犯了国家化妆品市场的管理秩序和广大消费者的健康权，只有造成严重后果才构成犯罪。所谓严重后果一般是指使用该化妆品致使使用人容貌，皮肤受损，生产、销售的伪劣化妆品批量大、质量差、销售额高，受害人涉及的地域广或者人数多，或造成被害人精神失常、自杀等其他严重后果。行为人实施生产、销售中任何一个行为都构成本罪，如果只有生产行为，就构成生产不符合卫生标准的化妆品罪；如果只有销售行为，就以销售不符合卫生标准的化妆品罪论处；如果既有生产行为，也有销售行为，则按生产、销售不符合卫生标准的化妆品罪处罚，而不是数罪并罚。案例中辛某明知所售美容霜是不符合国家卫生标准的化妆品仍予以出售，并已造成多人受损的严重后果，其行为已经触犯了销售不符合卫生标准的化妆品罪，要依法受到相应的处罚。

爱美之心人皆有之，随着社会的发展，越来越多的人，特别是女士希望并试图用化妆品缔造自己的美丽，留住自己的青春，日常生活中很少有女人不用化妆品，事实似乎也证明化妆品是美丽的缔造者，但仍然有不少人对化妆品心灰意冷，但愿化妆品行业能固守自己应有的角色，保持在广大爱美者心中的美好形象，不要让化妆品成为魔鬼，成为美丽的毁灭者！

法条链接

刑法第148条规定：生产不符合卫生标准的化妆品，或者销售明知是不符合卫生标准的化妆品，造成严重后果的，处3年以下有期徒刑或者拘役，并处或者单处销售金额50%以上2倍以下罚金。

3.7 花钱买东西也有罪吗？

走私是一个“链条”，走私分子载着走私物品偷运入境当然是“走私链”中的主要环节，但贪小便宜购买走私物品，也是“走私链”中的一环。要是没有人购买走私物品，“走私链”就会从中断开，走私活动也难以继续。偏偏在市民心中，走私品因无关税而价格比同等产品低很多，因此受到大多数市民的青睐。我们知道，政府对进口商品征收关税，不仅保护了本国企业的竞争力，还增加了国库收入，而走私行为却减少了国家财政收入，因而我国刑法对走私行为动用了严厉的刑罚。那么对于购买走私物品的行为呢？

王某听说贩卖走私物品利润很大，遂找到常年走私的朋友谢某说明了来意。谢某满口答应，并将手头刚刚走私来的一批手机和电脑配件卖给了王某。（本案例选自：“免费考研网”，http://law.freekaoyan.com/xingfa/20070305/11730813381103_4.shtml。）

案例中，王某并没有参与走私行为，只是向走私人收购了一批走私物品，王某的行为要不要受到刑法的处罚呢？我国刑法第 155 条规定了间接走私行为，即直接向走私人非法收购国家禁止进口物品的，或者直接向走私人非法收购走私进口的其他货物、物品，数额较大的行为。间接走私并不是单独的罪名，要根据走私的对象和有关条件，确定构成何种走私罪。构成间接走私必须是走私物品的“第二手交易”，即直接向走私人收购，不直接向走私人收购的，不能以走私罪论处。间接走私的对象分为国家禁止进口的物品、不禁止进口的物品。对于禁止进出口的物品，没有数额的限制，对于不禁止进口的物品，其偷逃税额必须达到 5 万元才构成犯罪。

本来商品的自由买卖是市场经济的一大特征，但这指的是法律允许自由买卖的东西，除此之外还有限制流通物，即法律禁止或限制自由买卖的物品。自由地购销限制流通物是法律禁止的，走私物品属于违反海关法规，逃避海关监管，非法进出国境的货物，购买走私品是违法的。但不能把所有的过错都推向购买者，因为不可能要求所有的购买者都是鉴别是否走私物品的行家，如果在购买物品的时候时时刻刻担心会不会因为买了这个物品而受罚，必然影响整个市场的流通。因此，刑法只规定了直接向走私人非法收购国家禁止进口物品的，或者直接向走私人非法收购走私进口的其他货物、物品，数额较大的行为才以走私罪论处，对于其他购买走私物品的行为，刑法并没有插手。案例中，王某直接向走私人谢某收购了国家不禁止进口的走私物品手机和电脑配件，其行为是否以走私罪论处就要看此批走私物品的偷逃税额是否达到 5 万元。如果没有达到这个数额，最多只能是违法行为，而不是犯罪行为。

通常的购买走私物品虽然不犯罪，但是往往要自己咽下购买走私物品带来的质量无保证的苦果，这大概就是所谓的打掉大牙含血往肚里吞吧！因此还是希望大家不要贪图便宜，心存侥幸，购买来路不明的东西，否则到头来，只能是“竹篮打水一场空”！

法条链接

刑法第155条：下列行为，以走私罪论处，依照本节的有关规定处罚：（一）直接向走私人非法收购国家禁止进口物品的，或者直接向走私人非法收购走私进口的其他货物、物品，数额较大的；（二）在内海、领海、界河、界湖运输、收购、贩卖国家禁止进出口物品的，或者运输、收购、贩卖国家限制进出口货物、物品，数额较大，没有合法证明的。

最高人民法院2000年9月26日颁布的《关于审理走私刑事案件具体应用法律若干问题的解释》第8条：刑法第155条规定的“直接向走私人非法收购走私进口的其他货物、物品，数额较大的”，是指明知是走私行为人而向其非法收购走私进口的其他货物、物品，应缴税额为5万元以上的。

3.8 存在的就是合理的？

医生利用处方权收取回扣早已是“公开的秘密”，而且在医院内部被认定为是“行规”，是医生的生财之道。通常医生与医药代表在集体讨价还价中定下“回扣”比例，医药代表更是毫无忌惮地在上班时间、在医生办公室，当着众多医生和护士的面发放“回扣”款，完全是一方“明目张胆”行贿，一方“泰然处之”受贿。医药回扣成为药品经销活动中的“潜规则”被普遍认可，即使一些资质好、实力强的企业或是正直的人，都不得不屈从于这个游戏规则，否则将在市场的竞争中被无情淘汰出局。那么对于这种公开的、又似乎无奈的回扣行为，是否应该被法律原谅呢？存在的是不是就一定是合理的呢？

> 某公司医药代表刘某为了保证所代理的美沙星、典沙、脑素、来切利等药品的销量，给成都某郊县人民医院有药品处方权的医生许以10%到20%的高额回扣。就是在这些回扣的诱惑下，涉案的6名医生全都“栽在”了刘某的手里。6名涉案医生多数都是从2000年起收受刘某的回扣的，共收取回扣约12万元，其中收得最多的高

达3万多元，最少的也有8千多元。(本案例选自:"放心医苑网",http://www.fx120.net/ypsj/yp-dt/200411040859594983.htm。)

10%到20%的医药回扣，肥了医生，肥了医药企业，却苦了患者。因此，医生利用处方权，收取医药回扣的情形，长期以来一直都是民间讨伐的对象，回扣行为最终也并没能得到法律的原谅。今年6月29日，我国《刑法修正案（六)》对刑法第163条、第164条进行了修改，将公司、企业人员受贿罪的主体扩大到公司、企业以外的其他单位（非国有）的工作人员。这意味着医生收取回扣的行为和医药代表提供回扣的行为也能够名正言顺地得到刑法的制裁，而无需像以前一样由于刑法没有明确的规定，难以从刑法上对这样的行为定性。刑法修改之后，发生在医疗机构的药品、器械采购中的商业贿赂行为，如收取药品回扣、赞助费、新药推荐费等，发生在教材采购过程中的商业贿赂行为等，数额较大的，都将以公司、企业人员受贿罪和对公司、企业人员行贿罪被追究刑事责任。

市场上回扣风行，这种行业中的不正当竞争手段不仅严重地扰乱了市场正常秩序，损害了公平正义，而且损害了其他共同竞争的经营者的合法权益，也损害了消费者的合法权益，因为回扣最终会平摊在群众购买的商品上。倘若仅限于道德和良心谴责，远远不能刹住对收受回扣和提供回扣的歪风，也不足以平“民愤”，其他行业的回扣之风也将愈演愈烈。

医生收受回扣，最吃亏的是我们这些老百姓，因为这些钱是从我们兜里掏出去的，而且因为这些回扣导致很多老百姓看不起病，长久遭受病魔的折磨。刑法将收受回扣和提供回扣的行为归入犯罪，可以说对猖獗的回扣行为是“敲山震虎”，而且只要谁胆敢当“老虎”，刑罚将最终敲到他身上！医药回扣也因此无需再以“无奈的选择”为借口而存在!

法条链接

刑法第163条:公司、企业或者其他单位的工作人员利用职务上的便利,索取他人财物或者非法收受他人财物,为他人谋取利益,数额较大的,处5年以下有期徒刑或者拘役;数额巨大的,处5年以上有期徒刑,可以并处没收财产。

公司、企业或者其他单位的工作人员在经济往来中,利用职务上的便利,违反国家规定,收受各种名义的回扣、手续费,归个人所有的,依照前款的规定处罚。

第164条规定:为谋取不正当利益,给予公司、企业或者其他单位的工作人员以财物,数额较大的,处3年以下有期徒刑或者拘役;数额巨大的,处3年以上10年以下有期徒刑,并处罚金。

3.9 “偷鸡不成，反蚀一把米”？

现代社会，一身兼数职，一人充当数种不同角色的情况相当普遍，这被认为是最大限度实现自己价值的良方妙药。那么是不是任何人都可以没有限制地追求自身价值的最大化呢？

嘉陵—本田发动机有限公司是中国嘉陵工业股份有限公司（国有公司）与日本本田株式会社等额出资组建的合资公司，被告人杨文康是该公司主管销售零件和售后服务的营业部副部长。2000 年 7 月，在销售任职公司指定某型机油的过程中，杨以其母赖某等人名义注册成立重庆嘉本物资销售公司，并以所任职公司营业部的名义，委托嘉本物资销售公司销售该机油，并指定汇款直接汇入嘉本物资销售公司账户，共计向嘉陵—本田发动机有限公司的用户销售机油 1 684 件，获利 11 万元。（本案例选自：《刑事审判参考》，法律出版社 2002 年版，第 1 页。）

公司法有规定，凡是公司的董事、高级管理人员未经股东会或者股东大会的同意，不得利用职务便利为自己或者为他人谋取属于公司的商业机会，自营或者为他人经营与所任职公司同类的业务，否则所获收益要归公司所有。此即为公司董事、高级管理人的竞业禁止义务。那么，违反公司竞业禁止义务的行为要受到公司法的规制，那么违反竞业禁止义务的行为要不要受到刑法的制裁呢？

我国刑法针对违反竞业禁止义务的行为规定了非法经营同类营业罪，即国有公司、企业的董事、经理利用职务便利，自己经营或者为他人经营与其所任职公司、企业同类的营业，获取巨大非法利益的行为。非法经营同类营业罪的主体比较特殊，必须是国有公司、企业的董事、经理才构成本罪，而且一般认为这里的“经理”不包括部门经理、项目经理、业务经理等，而是指由董事会聘任，对董事会负责，负责公司的生产经营管理工作，组织实施董事会议决议、公司的投资方案等的高级管理人员，俗称“总经理”。值得注意的是，这里的入罪标准是“数额巨大”，即 10 万元以上。对于国有公司之外的公司、企业董事、高级管理人员违反竞业禁止义务的行为，刑法并没有干涉，而是按照公司法，将所得收入归公司所有。因此并不是所有违反公司竞业禁止义务的行为都要受到刑法的追究。刑法之所以要规定非法经营同类营业罪，是由国有公司、企业的董事、经理的职权决定的，他们的职权意味着他们掌握着国有公司、企业的重大信息和经营方略，如果在此之外经营同类营业，势必造成对所任职国有公司、企业的非正常竞争状态，损害所任职国有公司、企业的利益。案例中，被告人杨某所任职的公司是合资公司，不属于国有公司，因此，对于杨某的行为不能以非法经营同类营业罪定罪处罚，只能将获利的 11 万元归入合资公司所有。

因此，公司董事、经理如果想在工作之余开展同类营业赚取利润，将是偷鸡不成反蚀一把米！除了公司的董事、高级管理人员外，其他的人员（国家工作人员当然除外）只要法律没有特别规定，可以在工作之余另开小灶，另创收入！

法条链接

刑法第165条：国有公司、企业的董事、经理利用职务便利，自己经营或者为他人经营与其所任职公司、企业同类的营业，获取非法利益，数额巨大的，处3年以下有期徒刑或者拘役，并处或者单处罚金；数额特别巨大的，处3年以上7年以下有期徒刑，并处罚金。

最高人民检察院、公安部2001年4月18日颁布的《关于经济犯罪案件追诉标准的规定》第10条：国有公司、企业的董事、经理利用职务便利，自己经营或者为他人经营与其所任职公司、企业同类的营业，获取非法利益，数额在10万元以上的，应予追诉。

3.10 一人得道，鸡犬升天？

通常一人得势，与之有关者亦随之发迹，为亲友谋取利益似乎是天经地义的事情，因此我们常说：一人得道，鸡犬升天，事实果真如此吗？

2001年4月，中科院研究生院将该院网站建设中的网站服务器的购买工作交由被告人李某负责，李某利用职务之便，随即通过其母亲是法定代表人的中科物恒中心，以47.65万元的价格，购买了IMB服务器3台、IMB硬盘12块，经价格认证中心对上述物品作出价格鉴定为人民币10.329万元，给中科院研究生院造成经济损失为37.321万元。（本案例选自：阮齐林、康瑛编著：《刑法案例研习教程》，高等教育出版社2005年版，第274页。）

被告人李某为其母亲谋取利益，看似其孝心的体现，那么这种体现孝心的方式能得到法律的支持吗？我国刑法第166条规定了为亲友非法牟利罪，即国有公司、企业、事业单位的工作人员，利用职务之便，在经营管理中为亲友非法牟利，使国家利益遭受重大损失的行为。根据法条的规定，并不是任何人都可以犯此罪，只有国有公司、企业、事业单位的工作人员才有此资格，而且只要是工作人员即可，不要求是董事、高级管理人员。同时刑法明文规定了为亲友非法牟利的三种方式，即将本单位的盈利业务交由自己的亲友进行经营，以明显高于市场的价格向自己的亲友经营管理的单位采购商品或者以明显低于市场的价格向自己的亲友经营管理的单位销售商品的，向自己的亲友经营管理的单位采购不合格商品的。所谓“盈利业务”，是指能够产生经济效益、获取利润的业务。所谓“亲友”，从字面意义上讲，亲友是亲属、亲戚和朋友的合称，范围很广。本罪中的“亲友”应本着宽窄适中的原则掌握，既不可仅限于直系亲属、三代以内的旁近亲属、长期交往的朋友这些范围，但又不可将那些与行为人仅有一面之交的人都划入亲友圈内，否则会扩大打击面。案例中，李某是国有事业单位的工作人员，其以明显高于市场的价格向自己的母亲为法定代表人的单位采购商品，致使中科院研究生院损失达37万余元，其行为触犯了为亲友非法牟利罪。

可见，为亲友牟利是无可厚非的，但是如果你是国有公司、企业、事业单位的工作人员，如果你利用手中的职务之便为自己的亲友牟利，那么你将很可能闯入刑法这一禁地，受到刑法处罚。因为这种情况下为亲友牟利是以牺牲国家的利益为代价的，法律从来不能容忍为了追求自己的利益而牺牲整体利益！

法条链接

刑法第166条：国有公司、企业、事业单位的工作人员，利用职务便利，有下列情形之一，使国家利益遭受重大损失的，处

3年以下有期徒刑或者拘役，并处或者单处罚金；致使国家利益遭受特别重大损失的，处3年以上7年以下有期徒刑，并处罚金：（一）将本单位的盈利业务交由自己的亲友进行经营的；（二）以明显高于市场的价格向自己的亲友经营管理的单位采购商品或者以明显低于市场的价格向自己的亲友经营管理的单位销售商品的；（三）向自己的亲友经营管理的单位采购不合格商品的。

最高人民检察院、公安部2001年4月18日颁布的《关于经济犯罪案件追诉标准的规定》第11条：国有公司、企业、事业单位的工作人员，利用职务便利，为亲友非法牟利，涉嫌下列情形之一的，应予追诉：（一）造成国家直接经济损失数额在10万元以上的；（二）致使有关单位停产、破产的；（三）造成恶劣影响的。

3.11 欠债的大爷，讨债的孙子？

我们经常说：有借有还，再借不难，在这样的逻辑下，我们实现钱的周转。但目前社会上流传一句话：欠债的大爷，讨债的孙子，这给人一种“只借不还”的感觉，也似乎预示着社会信用的沦丧。法律是一种规范，能够规范人们的行为，面对“只借不还”的行为，法律又是怎样规范的呢？

A公司法定代表人在成功贷取银行1 000万元贷款后，将所贷款项用于个人消费，并承担了虚构债务达800万元，其后，A公司以公司经营状况恶化，公司资不抵债为理由，申请破产。（本案例选自：“新华网”，http://news.xinhuanet.com/fortune/2004-10/22/content_2127131.htm。）

破产意味着企业的死亡，常言道，两眼一闭，一了百了，因此，破产之后没有得到清偿的债权将随着企业的破产而消失。因此，近年来，一些公司、企业采取各种手段，造成不能清偿到期债务或者资不抵债的假象，申请进入破产程序，“破产”经常被一些企业用作逃避债务的幌子。结果企业破产了，企业负责人卷款而走，债权人和利益相关人碍于“破产”这个幌子，债权却永远得不到实现了。“假破产，真逃债”的情况在经济生活中不乏其例。“破产” 难道真的可以作为企业肆意逃避债务的手段吗？

《刑法修正案(六)》颁布之前,对于这样的现象提升到刑法的层面上来处理确实还不是一件容易的事,因为谁都摆脱不了死亡的自然规律,企业也确实有破产的权利！但《刑法修正案(六)》新增了破产诈骗罪,揭开了盖在企业头上的“破产”面纱,即便企业“破产”了,“死”了,哪怕追到阎王府,也要让其把“前生”的债务了结。刑法修正案明文列举了企业虚假破产的具体方法,即隐匿财产、承担虚构的债务或者以其他方法转移、处分财产。根据法条的规定,必须要因为虚假破产行为严重损害债权人或者其他人的利益才构成犯罪,而且破产诈骗罪只处罚直接负责的主管人员和其他直接责任人员,不处罚单位。因为企业一旦破产,就不再具备主体资格,也没有了资产。而且企业假破产,真逃债,实际上是肥了主管人员和直接责任人员,害了债务人。于情于理都只能处罚主管人员和直接责任人员。案例中,A 公司企图以承担虚假的债务来逃避真正的债务,天理不容!

如果说《刑法修正案（六)》颁布以前，破产还可以成为企业逃避债务的借口的话，那么，《刑法修正案（六)》颁布之后，这一借口将被严严实实堵住，如果有谁想打开一个缺口，等待他的将是法律这把利剑！

法条链接

刑法第 162 条：公司、企业通过隐匿财产、承担虚构的债务或者以其他方法转移、处分财产，实施虚假破产，严重损害债权人或者其他人利益的，对其直接负责的主管人员和其他直接责任人员，处 5 年以下有期徒刑或者拘役，并处或者单处 2 万元以上 20 万元以下罚金。

3.12 假币有容身之地吗？

如今社会上流传这样一句话：有什么不能有病，没什么不能没钱！可见人们对金钱的渴求，从而也导致了假币的诞生和流通。如果假币能轻而易举地当真币使用，那么真币将失去其应有的价值，金钱也将不再是财富的象征，国家的货币管理制度也将遭到践踏！如今，我们无论是在商场，还是在银行，随处可见验钞机，随处可见“发现假币，一律没收”等标语，在这样的大环境下，假币还能有容身之地吗？

邹某利用电子仿真技术伪造了面值100元的货币共计10 000元，并以每张10元的价格卖给了武某50张，武某以假币购买价值4 500元的电脑时被发现。后邹某又用手中的假币购买香烟时被店主识破。

王某和陈某夜晚在路上散步，发现路边有一个黑色提包，打开一看，里面有假人民币20余捆，面值20余万元，两人即将假币予以瓜分持有放置家中意图使用。（本案例选自：“北大法律信息网”，http://vip. chinalawinfo. com/Case/displaycontent. asp? gid=117447060。）

邹某、武某、王某、陈某的行为都与假币有关，他们的行为是否都犯罪呢？我国刑法规定了伪造货币罪，出售、购买、运输假币罪，持有、使用假币罪。伪造货币是指没有货币发行权的人，仿照真币的特征，以各种手段制造出足以使人误认为真的假货币，意图使之进入流通领域的行为。出售、购买、运输假币罪，是指出售、购买伪造的货币或者明知是伪造的货币予以运输，数额较大的行为。行为人只有在主观上明知是伪造的货币，才能构成此罪。所谓“持有”，是指行为人实际支配、控制数量较大的假货币的一种持续状态，如随身携带、放置家中等。所谓“使用”，是指将伪造的货币投入流通领域，作为一种支付手段而购买商品或者接受服务等。行为人伪造货币的目的通常是为了在社会上出售或使用，因此伪造货币又持有、使用、运输、出售自己伪造的货币，属于吸收犯，只定伪造货币一罪从重处罚。如果行为人既伪造了货币，又持有、使用、运输、出售他人伪造的货币，应按伪造货币罪和有关犯罪实行数罪并罚。因为购买假币一般是为了使用，因此，购买假币后使用的，仅按购买假币罪从重处罚。行为人出售、运输假币构成犯罪，同时有使用假币行为的，以出售、运输假币罪和使用假币罪实行数罪并罚。邹某伪造货币并出售、使用，只能以伪造货币罪定罪处罚；武某购买假币并使用，只能以购买假币罪定罪处罚；王某和陈某捡到假币，本应该交有关机关处理，但是他们却放置家中意图使用，构成了持有、使用假币罪。

可见，我国对假币从其产生到出售、运输、购买、持有、使用的各个流通环节都设置了制裁的关卡，全方位阻止假币的存在，在我国，假币是没有容身之地的！

法条链接

刑法第170条：伪造货币的，处3年以上10年以下有期徒刑，并处5万元以上50万元以下罚金；有下列情形之一的，处10年以上有期徒刑、无期徒刑或者死刑，并处5万元以上50万元以下罚金或者没收财产：（一）伪造货币集团的首要分子；（二）伪造货币数额特别巨大的；（三）有其他特别严重情节的。

第171条第1款：出售、购买伪造的货币或者明知是伪造的货币而运输，数额较大的，处3年以下有期徒刑或者拘役，并处2万元以上20万元以下罚金；数额巨大的，处3年以上10年以下有期徒刑，并处5万元以上50万元以下罚金；数额特别巨大的，处10年以上有期徒刑或者无期徒刑，并处5万元以上50万元以下罚金或者没收财产。

第3款：伪造货币并出售或者运输伪造的货币的，依照本法第170条的规定定罪从重处罚。

第172条：明知是伪造的货币而持有、使用，数额较大的，处3年以下有期徒刑或者拘役，并处或者单处1万元以上10万元以下罚金；数额巨大的，处3年以上10年以下有期徒刑，并处2万元以上20万元以下罚金；数额特别巨大的，处10年以上有期徒刑，并处5万元以上50万元以下罚金或者没收财产。

最高人民检察院、公安部2001年4月18日颁布的《关于经济犯罪案件追诉标准的规定》第16条：伪造货币，总面额在2 000元以上或者币量200张（枚）以上的，应予追诉。

第17条：出售、购买伪造的货币或者明知是伪造的货币而运输，总面额在4 000元以上的，应予追诉。

第19条：明知是伪造的货币而持有、使用，总面额在4 000元以上的，应予追诉。

3.13 借鸡生蛋，鸡飞蛋打？

借鸡生蛋是商人常用的经营方法，这个方法是不是在任何情况下都可以用呢？

> 被告人赵某是某县粮食经营公司总经理，为牟取高额利息，与某县散热器公司签订向其贷款2 000万元，利率为同期贷款利率3倍的合同，后赵某以粮食经营公司须周转资金收购农产品为由向农业银行申请贷款2 000万元，农行批准了贷款。2002年1月2日，粮食经营公司将此笔贷款全部以联营投资为名划入某县散热器厂账户，粮食公司按月收取盈利，至2002年6月共获非法利益200万元。（本案例选自：蒋勇主编：《破坏社会主义市场经济秩序罪》，法律出版社2000年版，第269页。）

粮食公司借农行贷款牟取高额利息，是典型的借鸡生蛋，借力生财，粮食公司的这种行为真的能给它带来财富吗？我国刑法第175条规定了高利转贷罪，根据规定，高利转贷必须是行为人以转贷牟利为目的套取金融机构贷款，并以高于银行贷款利率转贷给他人，并且还必须要求行为人因高利转贷所获非法收益数额较大，即个人违法所得5万元以上，单位违法所得10万元以上。高利转贷侵犯了国家对金融信贷资金的管理秩序。信贷资金，是指通过银行或非银行金融机构积聚起来的、以偿还为条件、专供借贷使用的货币资金。根据我国有关金融管理法律法规，对于用作发放贷款的信贷资金，贷款申请人必须说明贷款的合法用途、偿还能力、还款方式，原则上还应提供担保人或质押、不动产抵押等，经银行及其他金融机构有关工作人员审查、评估后，方能确认是否贷款。因此，所谓“套取”，是指行为人在不符合贷款的前提下，以虚假的贷款理由或者贷款条件，向金融机构申请贷款，并且获取由正常程序无法得到的贷款。所谓“高利”，是指利率高于中国人民银行规定的贷款利率的上限。所谓“他人”既包括自然人，也包括单位。本罪只能是故意，而且必须具有转贷牟利的目的。上述粮食公司借鸡生蛋的行为构成了高利转贷罪，这并不能给它带来财富，反而会遭致刑法的处罚，这正是印证了“借鸡生蛋，鸡飞蛋打”的俗语。

在法律没有禁止规定的领域，借鸡生蛋确实是生财的好办法！但高利转贷这种借鸡生蛋，借力生财的方法扰乱了国家的金融秩序，因而应受到法律的制裁。

法条链接

刑法第175条：以转贷牟利为目的，套取金融机构信贷资金高利转贷他人，违法所得数额较大的，处3年以下有期徒刑或者拘役，并处违法所得1倍以上5倍以下罚金；数额巨大的，处3年以上7年以下有期徒刑，并处违法所得1倍以上5倍以下罚金。单位犯前款罪的，对单位判处罚金，并对其直接负责的主管人员和其他直接责任人员，处3年以下有期徒刑或者拘役。

最高人民检察院、公安部2001年4月18日颁布的《关于经济案件追诉标准的规定》第23条：以转贷牟利为目的，套取金融机构信贷资金高利转贷他人，涉嫌下列情形之一的，应予追诉：（一）个人高利转贷，违法所得数额在5万元以上的；（二）单位高利转贷，违法所得数额在10万元以上的；（三）虽未达到上述数额标准，但因高利转贷，受过行政处罚二次以上，又高利转贷的。

3.14 “栽种摇钱树”，也有罪？

在我国，集资必须按照法定的条件和程序进行，如果未经有关机关批准，向社会公众募集资金，则是非法集资行为。社会上集资现象频繁发生，哪些是非法集资哪些是合法集资有待我们细细甄别。集资诈骗和非法吸收公众存款都和非法集资有关，那么两者有什么不一样呢？

曹某从1996年以来，在未经任何主管部门批准的情况下，以借款为名，编造购原料、进设备等理由，以月息1%至10%的高额利息为诱饵，向社会公众非法集资。在随后的数年间，曹某以工厂效益良好为借口，用后骗得的集资款还先前骗得的集资款少量本金及利息的方法，取得了众多人的信任，并因此骗得了大量的集资款。为吸收社会公众的更多资金，曹某采用支付中间人回扣、重复抵押、甚至用假房产证作抵押等手段，并授意其弟弟、父亲、弟媳、丈夫广为传播其可以支付高额利息的虚假事实，大肆向社会公众非法集资。至案发时，累计向200余人（户）非法集资共计2 097.255万元，偿还本金337万余元，支付利息324万余元，尚有1 435万余元集资款不能归还被害人。(本案例选自:“国法网”,http://www.law.com.cn/lcs/program/html/news_content.php? ItemID=889334330&ID=7040。)

很明显，曹某的行为是非法集资行为，但究竟是集资诈骗还是非法吸收公众存款，有待我们进一步分析。我国刑法规定了集资诈骗罪和非法吸收公众存款罪。集资诈骗是指以非法占有为目的，使用诈骗方法集资，数额较大的行为。集资诈骗名为集资，实为以集资为幌子侵占吸收的巨额资金。非法吸收公众存款罪是指非法吸收公众存款或者变相吸收公众存款，扰乱金融秩序的行为。我国对吸收公众存款实行特许经营制度，非法吸收公众存款的行为，既损害了有权吸收存款的金融机构的利益，更主要的是，埋下金融风险的祸种，导致大量社会资金失控，损害广大储户的利益。值得注意的是，非法吸收公众存款不能具有非法占有的目的，否则将可能构成非法集资罪。非法吸收公众存款罪是利用资金周转运作赚取收益。简单说来，集资诈骗就是为了钱，而吸收公众存款是为了让钱生钱，但对钱并不具有占有意图。上述案例中，由于绝大多数的人都落得血本无归，因此法院最终认定曹某具有非法占有集资款的目的，以集资诈骗罪追究了曹某的刑事责任。

上述案件虽然已经告一段落，但是投出去的钱始终收不回来，人们心中的伤疤依旧隐隐作痛，这也可以说是用巨额资金买了一个教训：我们不要盲目投资，不要轻信他人提供的过高利率，要清楚自己将钱交给了谁，对方是否合法，而不要在求富心切的驱动下盲目投机，帮助他人栽种摇钱树，致使自己陷入非法投机的泥潭，落得血本无归的苦果!

法条链接

刑法第 192 条：以非法占有为目的，使用诈骗方法非法集资，数额较大的，处 5 年以下有期徒刑或者拘役，并处 2 万元以上 20 万元以下罚金；数额巨大或者有其他严重情节的，处 5 年以上 10 年以下有期徒刑，并处 5 万元以上 50 万元以下罚金；数额特别巨大或者有其他特别严重情节的，处 10 年以上有期徒刑或者无期徒刑，并处 5 万元以上 50 万元以下罚金或者没收财产。

第 176 条第 1 款：非法吸收公众存款或者变相吸收公众存款，扰乱金融秩序的，处 3 年以下有期徒刑或者拘役，并处或者单处 2 万元以上 20 万元以下罚金；数额巨大或者有其他严重情节的，处 3 年以上 10 年以下有期徒刑，并处 5 万元以上 50 万元以下罚金。

3.15 "黑钱"合法化，法律能容忍？

日常生活中我们经常洗衣服、洗菜、洗水果……但在我们刑法中却有个罪名叫"洗钱罪"，大家不禁纳闷，钱也能洗吗？"黑钱"被"洗"之后，真的就能成为合法收入？真的就能被人泰然处之地享用？

游某是某银行职员，1994年8月9日参加毒品犯罪、黑社会组织的贾某（另案处理）突然找到被告人游某说："老兄，这一阵子风声很紧，你也知道，以前我制造、贩卖那玩艺弄了几个钱，生怕有点闪失，枉费了几年的心血，以后也没有了依靠。所以，我想让你帮个忙，给我那几个钱找个保险的方法，也免了我的后顾之忧，即使事发坐牢，也没有什么怕的了。"游某由于跟贾某素来以兄弟相称，碍于情面，于是便帮他在银行立了10万元的账户。之后不久，案发，贾某供述了自己的犯罪及其所得金钱在何处，游某也随即被捕审判。（本案例选自："法律教育网"，http://www.chinalawedu.com/news/2004_5%5C20%5C1309029095.htm。）

如果游某建立账户的行为没有东窗事发，那么很可能贾某就能泰然处之地享用这“合法”收入。其实这里的洗钱是一个比喻的说法，就是通过一定的方法把黑钱变成合法的收入。洗钱活动最早出现在20世纪20年代，当时美国芝加哥的一名黑手党成员开了一家洗衣店，在每晚计算当天的洗衣收入时，他把那些通过赌博、走私、勒索获得的非法收入混入洗衣收入中，再向税务部门纳税，扣去应缴的税款后，剩下的非法所得就成了他的合法收入，这就是“洗钱”一词的由来。

我国刑法第191条规定了洗钱罪，即单位或个人明知是毒品犯罪、黑社会性质的组织犯罪、恐怖活动犯罪、走私犯罪、贪污贿赂犯罪、破坏金融管理秩序犯罪、金融诈骗犯罪的违法所得及其产生的收益，为掩饰、隐瞒其来源和性质，提供资金账户、协助将财产转换为现金或者金融票据、通过转账或者其他结算方式协助资金转移的、协助将资金汇往境外的及以其他方式掩饰、隐瞒犯罪的违法所得及其收益性质和来源的行为。《刑法修正案（六）》颁布之前，洗钱罪的上游犯罪只有毒品犯罪、黑社会性质的组织犯罪、恐怖活动犯罪、走私犯罪四种，《刑法修正案（六）》增加了贪污贿赂犯罪、破坏金融管理秩序犯罪、金融诈骗犯罪，这对维护金融管理秩序，保障金融安全和打击腐败、及时制止资金外流意义非常重大。而且毒品犯罪、走私犯罪等上游犯罪行为不再构成洗钱罪，因为洗钱行为是毒品犯罪等上游犯罪的自然延伸，应包含在上游犯罪的同一行为中。案例中，游某明知是毒品犯罪所得的黑钱，而为其提供资金账户，使得其转变为合法收入，是典型的洗钱行为，构成了洗钱罪。

这里提醒大家，“黑钱”是不能洗清白的，如果你顾及情面或者是贪图钱财，硬要去洗，不仅不能使“黑钱”合法化，而且将会给自己带来牢狱之灾！

法条链接

刑法第191条第1款：明知是毒品犯罪、黑社会性质的组织犯罪、恐怖活动犯罪、走私犯罪、贪污贿赂犯罪、破坏金融管理秩序犯罪、金融诈骗犯罪的所得及其产生的收益，为掩饰、隐瞒其来源和性质，有下列行为之一的，没收实施以上犯罪的所得及其产生的收益，处5年以下有期徒刑或者拘役，并处或者单处洗钱数额5%以上20%以下罚金；情节严重的，处5年以上10年以下有期徒刑，并处洗钱数额5%以上20%以下罚金：（一）提供资金账户的；（二）协助将财产转换为现金、金融票据、有价证券的；（三）通过转账或者其他结算方式协助资金转移的；（四）协助将资金汇往境外的；（五）以其他方法掩饰、隐瞒犯罪所得及其收益的来源和性质的。

3.16 现代版“杨白劳”，犯罪吗？

经济生活中，贷款是人们解决经济困难的常见融资方式之一，有的行为人为申请和获取银行贷款，可能或多或少地使用欺诈手段，因此很多贷款行为介乎贷款诈骗和合法贷款行为之间，贷款诈骗行为和正常贷款行为都发生在贷款过程中，都存在丧失还本付息的可能，而且一般是在贷款到期不能偿还的时候才会考虑行为人是不是贷款诈骗。那么，是不是贷款到期不还就构成犯罪呢？

2003 年 5 月份，被告人李军在负债数万元的情况下，仍欲购买轿车，为此向中国农业银行某支行申请消费贷款 14 万元。为取得贷款，李军用虚假的房产证作抵押赢得某支行的信任，从而成功贷款 14 万元。到 2004 年 2 月份，李军共还本金 28 962.28 元。因无力偿还余下本金 111 037.72 元，李军潜逃他乡，在潜逃过程中将所购的帕萨特轿车抵押给他人，并将所得抵押款 4 万元挥霍。2003 年 10 月 11 日，被告人李军以做生意为名，使用假身份证，以本人为借款人，以吉锋、葛辉为担保人，在泗阳县王集信用社借款 2 万元，贷款被李军使用，至今未归还。(本案例选自:“东方法眼网”,http://www.dffy.com/sifashijian/al/200607/20060728112110.htm。)

李军的两个贷款行为中都存在欺诈行为，而且最终都不能偿还贷款，那么这两个行为都是否犯罪呢？我国刑法第193条规定了贷款诈骗罪，简而言之，贷款诈骗罪是以非法占有为目的，骗取金融机构贷款，数额较大的行为。刑法明确规定了五种贷款诈骗的方式：（1）编造引进资金、项目等虚假理由骗取贷款；（2）使用虚假的经济合同骗取贷款；（3）使用虚假的证明文件骗取贷款；（4）使用虚假的产权证明作担保或者超出抵押物价值重复担保骗取贷款；（5）以其他方法诈骗贷款，即行为人利用以上四种方式以外的其他方法诈骗金融机构贷款。

正是因为贷款过程中可能或多或少使用欺诈行为，正是因为由于各种条件的限制，往往有人不能如期偿还贷款，因此在司法实践中，不能单纯以行为人使用欺诈手段实际获取了贷款或者贷款到期不能归还，就认定行为人主观上具有非法占有贷款的目的，就认定行为人构成贷款诈骗罪。贷款到期不还到底是不是犯罪，关键看行为人对贷款有没有非法占有的目的。行为人明知自己没有偿还能力仍大量贷款，贷款后用于挥霍、犯罪活动甚至逃跑、隐匿，贷款到期后不积极酬资还贷，可以认定具有非法占有贷款的目的。非法占有贷款目的的时间应是在贷款整个过程，既可以产生于申请贷款时也可以产生于归还贷款时。因此，案例中李某的第一个贷款行为显然是贷款诈骗犯罪行为；而李某的第二个贷款行为，提供了合法担保人，若仅以其最终未能自己归还贷款来认定犯有贷款诈骗罪，理由显然不充分。

经济生活中，投资风险无处不在，法律当然不能仅仅因为借钱不能偿还就让行为人承担刑法的后果。杨白劳是因为真穷根本还不起黄世仁的钱，其行为肯定不是犯罪；现代版“杨白劳”却是有钱不想还，想赖账，不仅“黄世仁”不会放过他，国家的法律也不会姑息他！

法条链接

刑法第193条：有下列情形之一，以非法占有为目的，诈骗银行或者其他金融机构的贷款，数额较大的，处5年以下有期徒刑或者拘役，并处2万元以上20万元以下罚金；数额巨大或者有其他严重情节的，处5年以上10年以下有期徒刑，并处5万元以上50万元以下罚金；数额特别巨大或者有其他特别严重情节的，处10年以上有期徒刑或者无期徒刑，并处5万元以上50万元以下罚金或者没收财产：（一）编造引进资金、项目等虚假理由的；（二）使用虚假的经济合同的；（三）使用虚假的证明文件的；（四）使用虚假的产权证明作担保或者超出抵押物价值重复担保的；（五）以其他方法诈骗贷款的。

3.17 冒用信用卡，该当何罪？

当代社会，信用卡的使用是相当广泛的，不论是商界的朋友，抑或是非商界的普通人士，几乎都是信用卡的使用者，随之贪婪的黑手也不断向信用卡伸来！

2005年的一天，李某在某工商银行的一家储蓄所内排队等候取款。当时在李某前面的一个女士正在用信用卡取款，由于没有按规定在“1米线”外等候，李某看见前面这个女士输入的银行卡密码。等这个女士离开后，轮到李某取款时，李某突然发现那位女士居然把信用卡遗落在了柜台上。李某顿生贪念，立即用胳膊压住银行卡，等自己取完钱以后，顺势把这张卡夹在了自己的存折里，匆匆离开了银行。之后，李某来到另一家银行的自动取款机上输入密码，当即取出5 000元，然后连钱带卡都带回了家。回到家后，李某将此事告诉了妻子，并提出将卡上的钱转账到自家户头上的想法。同样贪心的妻子非但没有阻止丈夫，反而向他提供了一个别人的账户，让丈夫将钱转到这个账户里。晚上，特地换了一身衣服的李某在一个自动取款机上，将拾得卡中的32 000元转到妻子提供的账户上。之后，他把卡扔到了垃圾箱里。第二天，李某从这个账户里将32 000元全部取出来，存在了自己的名下。（本案例选自："中国法院网"，http://oldfyb. chinacourt. org/public/detail. php? id=96743。）

捡到东西应该归还失主，这是三岁娃娃都知道的规矩，但偏偏李某夫妇财迷心窍，破坏这一贯的规矩，试图将捡到的信用卡变现为自己的钱财。李某夫妇的行为会有什么后果呢？我国刑法第196条规定了信用卡诈骗罪，即指使用伪造的信用卡或者使用以虚假的身份证明骗领的信用卡、使用作废的信用卡、冒用他人信用卡或者恶意透支，进行信用卡诈骗活动，数额较大的行为。所谓“透支”是指在银行及其他金融机构设立账户的客户在账户已无资金或资金不足的情况下，经过银行批准，允许客户以超过其账户上自己的额度支用款项的行为。信用卡透支有善意和恶意之分。持卡人讲求信誉，在规定的时间里及时归还透支款项及利息是善意透支。持卡人以非法占有为目的，超过规定限额或者规定期限透支，并且经发卡银行催收后仍不归还的行为是恶意透支。刑法法条清楚具体地规定了信用卡诈骗的方式，冒用他人信用卡是信用卡诈骗的方式之一。但是如果盗窃信用卡并冒用的，构成盗窃罪，应以实际取得的数额确定盗窃罪的构成类型。因为根据一般人的逻辑，盗窃信用卡就是为了获得信用卡里的资金，因此，盗窃之后的冒用行为可以被盗窃行为所吸收，仍是一个犯罪行为，只构成一罪。

自以为这件事干得天衣无缝的李某夫妇最终还是东窗事发，难逃法网，换来的是法院判处的有期徒刑和无尽的悔恨。我们常说，狐狸虽然狡猾，但是再狡猾的狐狸也斗不过猎人！

法条链接

刑法第196条：有下列情形之一，进行信用卡诈骗活动，数额较大的，处5年以下有期徒刑或者拘役，并处2万元以上20万元以下罚金；数额巨大或者有其他严重情节的，处5年以上10年以下有期徒刑，并处5万元以上50万元以下罚金；数额特别巨大或者有其他特别严重情节的，处10年以上有期徒刑或者无期徒刑，并处5万元以上50万元以下罚金或者没收财产：（一）使用伪造的信用卡，或者使用以虚假的身份证明骗领的信用卡的；（二）使用作废的信用卡的；（三）冒用他人信用卡的；（四）恶意透支的。

前款所称恶意透支，是指持卡人以非法占有为目的，超过规定限额或者规定期限透支，并且经发卡银行催收后仍不归还的行为。

盗窃信用卡并使用的，依照本法第264条的规定定罪处罚。

3.18 舍得孩子，套得住狼？

我们常说，“舍不得孩子套不住狼”、“舍不得媳妇套不住色狼”，有人将这种思路用在追求自己的致富之路上。为了发财，想骗保；为了骗保成功，不惜牺牲亲人的生命、自己的财产。问题是：舍得孩子，就能套得住狼吗？

为了骗取巨额钱财，假律师陈某骗取了王某的信任和爱情。陈某上午领取了结婚证之后，中午就以给新婚妻子送生日礼物为由，为妻子投了高达150万元的巨额保险。其后，陈某花4万元雇佣水果商王某某将其妻杀死。后来王某某不堪忍受良心的煎熬投案自首。（本案例选自：“新华网”，http://www.bj.xinhuanet.com/bjpd-sdzx/2004-08/26/content-2750777.htm。）

为筹钱还车债，车主杨某与其司机贾某打起骗取其汽车保险的歪主意。一天下午，杨、贾二人预谋后在赤峰市某配货站装了满满一车西瓜驶向承德，行至茅荆坝梁上时二人选定路段，由贾双手缠衣服驾车，杨在车下指挥将车开下深沟摔毁，贾某在跳车过程中将腿摔伤。之后，杨、贾二人便向保险公司打电话报案。保险公司理赔勘查人员来到事发地点，勘查后发现疑点，并会同警方揭穿骗局。（本案例选自："新浪网"，http://www.sina-cf.com/xwzx/shwx/2006-9-7/112523.shtml。）

一个八面玲珑的假律师，一个丰韵犹存的美妇人，加上一个穷困潦倒的水果贩子，在金钱的驱使下，共同演绎了一场震动京城的雇凶杀妻骗保奇案；为了还债，车主和司机共同演绎了一场毁车骗保案。那么，我国刑法对这两种骗保行为的态度有没有不同呢？

我国刑法第198条规定了保险诈骗罪，即以非法占有为目的，进行保险诈骗活动，数额较大的行为。刑法法条还对骗保的手段进行了详细的规定：其一，投保人虚构保险标的，骗取保险金。其二，投保人、被保险人或者受益人对发生的保险事故编造虚假的原因或者扩大损失的程度，骗取保险金。其三，投保人、被保险人或者受益人编造未曾发生的保险事故，骗取保险金。其四，投保人、被保险人故意造成财产损失的保险事故，骗取保险金。其五，故意造成被保险人死亡、伤残或者疾病，骗取保险金。这些手段根据处罚的不同可分为两类：一类是单以保险诈骗罪论处，另一类是以保险诈骗罪和相关罪名数罪并罚。除了故意毁坏财物和故意伤害、故意杀人的手段行为构成犯罪的情况下，其他情况的骗保行为都只以保险诈骗罪一罪论处。陈某使用杀人的方式骗保，根据我国刑法的规定，这种行为是两个犯罪，一个杀人罪一个保险诈骗罪，要数罪并罚。杨某和贾某为了骗取保险金，故意造成财产损失的保险事故，但是其故意毁坏的是自己的财物，没有构成其他的犯罪，因此，只需依照保险诈骗罪定罪处罚。

上述雇凶杀妻骗保案也好，毁车骗保案也罢，其结果都是竹篮打水一场空，不仅没获得钱财，反而失去了亲人或钱财，并最终还要接受刑法的处罚，真是赔了夫人又折兵！仅此警戒那些企图通过骗保致富的人，“舍不得孩子套不住狼”，舍得孩子，同样套不住狼！

法条链接

刑法第198条：有下列情形之一，进行保险诈骗活动，数额较大的，处5年以下有期徒刑或者拘役，并处1万元以上10万元以下罚金；数额巨大或者有其他严重情节的，处5年以上10年以下有期徒刑，并处2万元以上20万元以下罚金；数额特别巨大或者有其他特别严重情节的，处10年以上有期徒刑，并处2万元以上20万元以下罚金或者没收财产：（一）投保人故意虚构保险标的，骗取保险金的；（二）投保人、被保险人或者受益人对发生的保险事故编造虚假的原因或者夸大损失的程度，骗取保险金的；（三）投保人、被保险人或者受益人编造未曾发生的保险事故，骗取保险金的；（四）投保人、被保险人故意造成财产损失的保险事故，骗取保险金的；（五）投保人、受益人故意造成被保险人死亡、伤残或者疾病，骗取保险金的。

有前款第4项、第5项所列行为，同时构成其他犯罪的，依照数罪并罚的规定处罚。

3.19 吃水能忘挖井人?

从小我们就知道，吃水不忘挖井人，滴水之恩当涌泉相报，人生在世应该怀有一颗感恩的心。作为公民，是国家为我们提供了安家乐业的大环境，也是国家在维持着安家乐业的大环境，因此，缴税是每个公民的义务，也是我们吃水不忘挖井人的表现。那么，如果吃水忘记挖井人，不按时按量缴纳税款，又会有什么后果呢?

2006 年 5 月至 6 月由于生意下滑，贾某顾不上交税，在税务机关通知申报纳税后仍旧拒绝纳税。后来被税务稽查局查到，定为偷税。其偷税数额高达 2 万元，被移交到公安机关，最终被法院定性为偷税罪。(本案例选自:“法律图书馆图”,http://www.law-lib.com/lw/lw_view.asp? no=7892。)

李某从 2006 年 6 月开始经营,未进行税务登记,也未申报纳税,后来被税务机关发现,定为“不申报纳税”,仅仅进行了相应的行政处罚,并没有将之移交到公安部门。按照纳税标准,李某应缴纳 2 万元的税款。(本案例选自:“法律图书馆网”,http://www.law-lib.com/lw/lw_view.asp? no=7892。)

同样都是不缴税，而且数额都一样，为什么贾某的行为构成偷税罪，而李某的行为不构成犯罪？答案只能在我国刑法的具体规定中寻找了。我国刑法第201条规定了偷税罪，即纳税人、扣缴义务人采取伪造、变造、隐匿、擅自销毁账簿、记账凭证，在账簿上多列支出或者不列、少列收入，经税务机关通知申报而拒不申报或者进行虚假的纳税申报的手段，不缴或者少缴应纳税款，情节严重的行为。根据刑法的规定，未进行税务登记，也未进行纳税申报，又未经税务机关通知申报而拒不申报的，不属于偷税行为，既然不是偷税行为，就不可能构成偷税罪，只能按照税收征管法的相关规定处罚。我想这可能是考虑到不知纳税义务的人不具有非难的可能性吧。贾某是经税务机关通知申报后拒不纳税，是偷税行为之一；李某是根本就没有进行纳税申报，也没经税务机关通知申报，不属于刑法中的偷税行为，这就是为什么同是不缴税，而处罚结果却有本质区别的原因所在！

不缴税不一定都是偷税行为，因此，也就不一定都能构成偷税罪，但是，对于不缴税的行为都要受到相关的行政处罚，而且国家税务总局曾经有对不申报纳税问题的回复，回复中将以不申报纳税为手段的不缴纳税款的行为以偷税论处，虽然此文件现已废止，但难保其影响销声匿迹，对于纳税人来讲还是应该依法申报依法纳税，以免引起不必要的麻烦！“挖井人”给“吃水人”设置了一些义务，违背这些义务，必将受到相应的惩罚，我想我们还是应该明确自己“吃水人”的身份，恪守“吃水不忘挖井人”的传统美德吧！

法条链接

刑法第201条：纳税人采取伪造、变造、隐匿、擅自销毁账簿、记账凭证，在账簿上多列支出或者不列、少列收入，经税务机关通知申报而拒不申报或者进行虚假的纳税申报的手段，不缴或者少缴应纳税款，偷税数额占应纳税额的10%以上不满30%并且偷税数额在1万元以上不满10万元的，或者因偷税被税务机关给予二次行政处罚又偷税的，处3年以下有期徒刑或者拘役，并处偷税数额1倍以上5倍以下罚金；偷税数额占应纳税额的30%以上并且偷税数额在10万元以上的，处3年以上7年以下有期徒刑，并处偷税数额1倍以上5倍以下罚金。

3.20 “老鼠”竟然敢咬“猫”？

猫是老鼠的天敌，自古使然。可是如今的老鼠似乎越来越猖狂，而猫却似乎越来越退化，老鼠竟然不怕猫，老鼠竟然敢咬猫，这说出来恐怕三岁小孩都难以接受！可事实还真如此！

2000 年，被告人姚某被税务机关检查发现偷税 8 000 余元，税务部门下发“催缴通知书”，当税务人员陈某等二人去催款时，姚某蛮不讲理，出口不逊，并借机撒泼、哭骂，并动手打了陈某几个耳光，抓伤陈某的鼻子，经鉴定，陈某构成了轻伤。（本案例选自：黎海滨、张俊岐主编：《人民法院疑难判例评析》，吉林人民出版社 1999 年版，第 140 页。）

偷税人和收税人俨如老鼠与猫，对于“老鼠咬猫”的行为，我国刑法第 202 条规定了抗税罪，即以暴力、威胁方法拒不缴纳税款的行为。结合我国刑法和司法解释的规定，我们得出一个结论：如果在抗税过程中暴力行为仅仅致人轻伤的，就作为抗税罪的一个严重情节，提高处罚的法定刑；如果暴力行为致人重伤、死亡的，则依照故意伤害罪或故意杀人罪定罪处罚。故意伤害致人轻伤构成故意伤害罪、故意伤害致人重伤、死亡也是构成故意伤害罪，为什么在抗税过程中要因为导致的伤害后果不同而区别对待呢？法律这样规定自然有它的道理！我们知道，抗税罪的法定最高刑为 7 年，故意伤害致人轻伤的法定最高刑为 3 年，故意伤害致人重伤或死亡的，法定最高刑为死刑。抗税致人轻伤可以判处 3 年以上 7 年以下有期徒刑，完全可以把抗税行为和致人轻伤的行为评价进去，抗税过程中的暴力毕竟是为了抗税，因此以抗税罪定罪处罚比较合适；而抗税罪的法定刑显然不能涵盖抗税致人重伤或死亡，如果抗税致人重伤或死亡仅以抗税罪追究刑事责任，则会放纵罪犯，违背罪刑相均衡原则。

案例中，姚某的行为涉嫌偷税、抗税和故意伤害，由于我们前面讲了，构成偷税罪的定罪标准之一是偷逃税额达到 1 万元，8 000 元显然没达到偷税罪的定罪标准，而姚某的抗税行为又只导致陈某轻伤，因此，对姚某的行为只要以抗税罪从重处罚就行了。

抗税过程的暴力行为究竟是构成（暴力）抗税罪还是构成故意伤害罪，关键看暴力行为导致的损害后果，不能笼统下结论。其实抗税罪与故意伤害罪只有一步之遥，抗税罪也好，故意伤害罪也罢，都将给自己带来不可弥补的后果，因此，希望广大纳税人还是主动纳税，千万不可以与税务机关抗衡，采取暴力或胁迫的方法拒不缴纳税款，因为老鼠始终斗不过猫！

法条链接

刑法第 202 条：以暴力、威胁方法拒不缴纳税款的，处 3 年以下有期徒刑或者拘役，并处拒缴税款 1 倍以上 5 倍以下罚金；情节严重的，处 3 年以上 7 年以下有期徒刑，并处拒缴税款 1 倍以上5倍以下罚金。

最高人民法院2002年11月5日颁布的《关于审理偷税抗税刑事案件具体应用法律若干问题的解释》第5条：实施抗税行为具有下列情形之一的，属于刑法第202条规定的“情节严重”：（一）聚众抗税的首要分子；（二）抗税数额在10万元以上的；（三）多次抗税的；（四）故意伤害致人轻伤的；（五）具有其他严重情节。

第6条：实施抗税行为致人重伤、死亡，构成故意伤害罪、故意杀人罪的，分别依照刑法第234条第2款、第232条的规定定罪处罚。

3.21 惹不起，逃还不行吗？

我们知道，偷税、抗税在我们国家都是犯罪行为，那么对于逃避追缴所欠税款的行为我国刑法又是如何看待的呢？

> 被告人裴某自行向税务机关申报欠缴税款共计10万元，至2001年3月案发，被告人裴某仍未缴纳所欠税款，税务机关依法进行强制缴纳，但在查封被告人的有关财产时则一无所获。后查明，被告人裴某在税务机关依法强制缴纳所欠税款之前，已将自家财产、银行存款、股票等有关资产全部转移外地，致使税务机关无法强制缴纳其所欠税款。法院经审理，判处裴某有期徒刑3年，并处罚金10万元。（本案例选自：蒋勇主编：《破坏社会主义市场经济秩序罪》，法律出版社2000年版，第475页。）

我国刑法第203条规定了逃避追缴欠税罪，纳税人欠缴应纳税款，采取转移或者隐匿财产的手段，致使税务机关无法追缴欠缴的税款的，将构成逃避追缴欠税罪。其实想想也是，对于否认自己纳税义务的人或者对自己的纳税义务大打折扣的人，我国刑法都不能饶恕，其主要目的无非是可以顺利追缴税款；那么对于纳税义务已经确定的人，又有什么理由可以让其逃避追缴所欠税款呢？如果纳税义务已经确定，税务机关都不能落实应缴税款，那么确定纳税义务又有什么意义呢？那么，纳税人岂不是完全可以以此来规避偷税罪和抗税罪？纳税人完全可以不偷税也不抗税，反正采取种种手段不缴纳所欠税款就万事大吉了！构成本罪首先必须要求纳税人存在欠缴税款的行为。其次要求纳税人实施了转移或隐匿财产的行为。转移财产，通常是从开户银行、其他金融机构中提走存款或转移到其他户头，或者将商品、产品、货物或其他财产转移到他处；隐匿财产，是指将现金、贵重物品、其他财产藏匿起来。最后还要导致税务机关无法追缴欠缴税款。税务机关无法追缴欠缴税款即逃避追缴欠税罪的结果，又是逃避追缴欠税罪的犯罪目的。税务机关无法追缴欠缴税款，是指税务机关不能或不能全额追缴欠缴税款，并非指税务机关一点也没有追缴到欠缴税款。

可见，国家对于税款的征收层层布防，对于通过造成纳税人没有纳税义务或者较少纳税义务的假象，使税务机关没有或失去追缴应纳税款的依据，从而逃避缴纳税款的，国家要以偷税罪追究刑事责任；对于采取暴力、威胁方法拒不缴纳税款的行为，国家要以抗税罪追究刑事责任；而对于纳税人承认其应当缴纳税款的数额或者在税务机关已经掌握其应当缴纳税款数额的情况下，采取转移或者隐匿财产的手段，致使税务机关无法追缴其欠缴税款的行为，国家又要以逃避追缴欠税罪追究刑事责任。因此，希望纳税人不要怀抱占有国家税款的梦想，与其最终受法律制裁，与其吃不到羊肉反惹一身骚，不如最初就舍弃羊肉不要吃，主动履行自己的纳税义务！

法条链接

刑法第203条：纳税人欠缴应纳税款，采取转移或者隐匿财产的手段，致使税务机关无法追缴欠缴的税款，数额在1万元以上不满10万元的，处3年以下有期徒刑或者拘役，并处或者单处欠缴税款1倍以上5倍以下罚金；数额在10万元以上的，处3年以上7年以下有期徒刑，并处欠缴税款1倍以上5倍以下罚金。

3.22 黄鼠狼给鸡拜年，能安好心吗？

盗版在中国泛滥已是不争的事实，你肯定见识过繁华大街上盗版光盘的兜售者，你也肯定见识过大小书店里盗版书籍的贩卖者，当你义正词严地谴责盗版的时候，你使用的软件、图书很有可能就是盗版，盗版越来越像正版，连合法的出版商也趟上盗版的浑水。卖盗版者理直气壮，买盗版者心安理得，盗版制造者、销售者似乎给我们提供了廉价的“礼物”，事实是这样吗？黄鼠狼给鸡拜年，能安好心吗？

在明知自己无复制、发行等权利的情况下，被告人孟祥国与李桂英协商，约定由孟祥国提供盗版图书的印数软片及封皮，李桂英安排工人从事盗版图书的印刷及装订，金利杰将成品输送到孟祥国处，孟祥国接货后将书销往全国各地。自2000年3月至2001年2月期间，三被告人未经许可出版上海外语教育出版社、高等教育出版社享有专有出版权的《大学英语》系列教材、高等教育出版社享有专有出版权的《中专英语综合教程》、《高等数学》等教材共计22万余册，非法经营额达人民币272万余元。(本案例选自：王明主编：《经济犯罪名案精析》，群众出版社2003年版，第161页。）

据调查，教材和教辅领域是盗版的重灾区，不法分子盗版教材教辅等从制作、印刷到发行已经形成了一条龙，而且盗版教材和教辅以低于正版书30%到40%的价格进行销售，已经冲击了市场，以出版教材教育辅导书为主的专业出版社受到的影响更加严重。上述案例也印证了这种调查结果。盗版，盗的是人家的知识产权，从全局而言，损害的是国家知识创新的能力，长此以往，创新的血液就会枯竭，文化生产能力下降，最终损害的还是老百姓的文化利益。对于这种害人又害己的盗版行为，我国刑法是如何规制的呢？

我国刑法第217条规定了著作权罪，第218条规定了销售侵权复制品罪。如果行为人实施侵犯著作权罪又销售该侵权复制品的，前行为吸收后行为，只以侵犯著作权罪定罪处罚；如果行为人仅仅销售侵权复制品构成犯罪的，以销售侵权复制品定罪处罚；如果行为人实施侵犯著作权的行为，又销售他人明知是他人的侵权复制品，构成犯罪的，数罪并罚。上述案例行为人正是未经著作权人许可，复制发行其文字作品，并且进行销售的行为，应以侵犯著作权罪定罪处罚。

可以说盗版真是让人欢喜让人忧！盗版虽然以其低廉的价格迎合了很多人的需求，从而暂时充斥了市场，但是图书也好，电影也好，甚至计算机软件，都是一种智力的投资，当它的回报太低时，大概就很少有人愿意积极主动进行智力活动和智力投入了，到了那个时候，我们又用什么样的书籍、软件来提高自己、充实自己呢？盗版背后是巨额利润的驱使，盗版的最终结果将是文化的退化！这也印证了黄鼠狼给鸡拜年没安好心的俗语。盗版，无孔不入的幽灵；盗版，爬在良心上的虱子！我想这是对盗版最恰当的评价。

法条链接

刑法第217条：以营利为目的，有下列侵犯著作权情形之一，违法所得数额较大或者有其他严重情节的，处3年以下有期徒刑或者拘役，并处或者单处罚金；违法所得数额巨大或者有其他特别严重情节的，处3年以上7年以下有期徒刑，并处罚金：（一）未经著作权人许可，复制发行其文字作品、音乐、电影、电视、录像作品、计算机软件及其他作品的；（二）出版他人享有专有出版权的图书的；（三）未经录音录像制作者许可，复制发行其制作的录音录像的；（四）制作、出售假冒他人署名的美术作品的。

第218条：经营利为目的，销售明知是本法第217条规定的侵权复制品，违法所得数额巨大的，处3年以下有期徒刑或者拘役，并处或者单处罚金。

3.23 跳槽能带走东家的“秘密武器”吗?

常言道，人往高处走，水往低处流，在如今竞争日益激烈的社会中，要想突破个人职业生涯的瓶颈，跳槽是绝大多数人选择的解决之道，跳槽已经成为经济生活中一种司空见惯的现象。那么，跳槽时能带走东家的“秘密武器”——商业秘密，而与东家抗衡吗？曾一度引起广泛关注的“华为前员工窃密案”给了我们答案。

王某、刘某、秦某曾被华为公司聘用为硬件工程师，并参与了华为公司光网络设备的研发工作。2001 年 8 月至同年 9 月间，刘某、秦某、王某分别以个人求学或家庭原因为由，先后申请辞职。同年 11 月 7 日，王某、刘某在上海市成立了沪科公司，并聘用了秦学军等 20 多名原在华为公司从事光网络技术研发的技术人员。同年 11 月 8 日，沪科公司与贝尔公司达成协议：由沪科公司提供盒式 2.5G 的光网络设备技术，贝尔公司则每月向沪科公司提供研发费用人民币 588 010 元，并负责组织生产及销售；产品利润由沪科公司与贝尔公司三七分成。王某等人新办公司的行为引起华为公司的警觉，向警方报了案。

（本案例选自："南方网"，http://www.southcn.com/job/careercenter/topcompany/200412100235.htm。）

此案虽然已经落下帷幕，但其中留给我们的警示却依然萦绕在耳。随着经济的发展，在现有的人才制度下，原企业已经没有什么行之有效的手段来防止人才的流失，也没有什么企业可以让员工的忠诚度永远不变，人才流动的加速虽然使得企业充满了竞争与活力，但也使得企业商业秘密外流成了一个非常难以预防的问题，企业与跳槽者对簿公堂的情形频繁见诸报头。我国刑法第219条规定了侵犯商业秘密罪。要构成商业秘密，必须同时具备不为公众所知悉、能为权利人带来经济利益、权利人采取了保密措施这三个特征。根据我国刑法的规定，下列三种行为是侵犯商业秘密的行为：一是非法获取商业秘密，既可以是采用不正当手段直接从权利人那里获取，也可以是采用不正当手段或其他途径从侵权人那里获取；二是非法披露商业秘密，既可能是采用不正当手段或从非法途径获取商业秘密的人披露，也可能是合法知悉者违反保密义务而披露；三是非法使用商业秘密，既可能是采用不正当手段获取者直接使用，也可能是合法知悉者不经权利人许可而使用，还可能是非法获取者或合法知悉者违反权利人的意愿允许他人使用。但是侵犯商业秘密的行为不一定就要受到刑法的制裁，因为刑法不理会琐细之事，因此要追究侵权人的刑事责任，还必须用侵权行为给商业秘密的权利人造成了重大损失，即造成直接经济损失数额在50万元以上，致使权利人破产或者造成其他严重后果。由上可知，案例中王某等人的行为属于非法使用商业秘密的行为，是侵犯商业秘密行为的一种，法院以侵犯商业秘密罪判处此三人的刑罚体现了刑法对商业秘密的有效保护。

商场如战场，谁掌握的“秘密武器”多谁就有可能立于不败之地，谁掌握的“秘密武器”少谁就可能随时被淘汰，因此，如果你跳槽时胆敢带走东家的秘密武器而与东家抗衡，那么你将随时准备接受法律的制裁。在此有必要提醒跳槽一族，在最大限度实现自己的人生价值时，请妥善处理东家的“秘密武器”！

法条链接

刑法第219条：有下列侵犯商业秘密行为之一，给商业秘密的权利人造成重大损失的，处3年以下有期徒刑或者拘役，并处或者单处罚金；造成特别严重后果的，处3年以上7年以下有期徒刑，并处罚金：（一）以盗窃、利诱、胁迫或者其他不正当手段获取权利人的商业秘密的；（二）披露、使用或者允许他人使用以前项手段获取的权利人的商业秘密的；（三）违反约定或者违反权利人有关保守商业秘密的要求，披露、使用或者允许他人使用其所掌握的商业秘密的。明知或者应知前款所列行为，获取、使用或者披露他人的商业秘密的，以侵犯商业秘密论。

本条所称商业秘密，是指不为公众所知悉，能为权利人带来经济利益，具有实用性并经权利人采取保密措施的技术信息和经营信息。

最高人民检察院、公安部2001年4月18日颁布的《关于经济犯罪案件追诉标准的规定》第65条规定：侵犯商业秘密，涉嫌下列情形之一的，应予追诉：（一）给商业秘密权利人造成直接经济损失数额在50万元以上的；（二）致使权利人破产或者造成其他严重后果的。

3.24 “狗皮膏药”，搬石头砸自己的脚？

打开电视，翻开报纸，琳琅满目的广告，简直令人眼花缭乱，目不暇接，但是，到底有多少内容是真实的呢？到底有多少是合法的呢？中国消费者协会于2006年9月上旬公布了“广告公信度”网上问卷调查。调查结果显示，超过2/3的网民受到过虚假广告的伤害。而医疗、保健食品和药品被认为是虚假违法广告的重灾区。据此，广告也被冠以“狗皮膏药”的“美称”。看看曾经轰动一时“哈佛代高乐”案留给了我们怎样的思考。

“哈佛代高乐”一度被吹成“神奇增高药”，“哈佛代高乐”增高药广告中有多名群众假冒国家机关、事业单位负责人及外籍专家做宣传。而事实上，该药就是五维赖酸片，是一种普通营养补充剂，是普通维生素片，一盒不过十几元，变成“哈佛代高乐”之后，一盒卖到80多元。2004年6月至2005年5月间，共销售12 901盒，销售金额约63万元，违法所得32万元。（本案例选自：“新华网”，http://news. xinhuanet. com/legal/2005-10/18/content _ 3636586. htm。）

“狗皮膏药”当然是为我们所唾弃所不耻的不法行为，那我国刑法对此种行为持什么态度呢？刑法第222条规定了虚假广告罪，广告主、广告经营者、广告发布者违反国家规定，利用广告对商品或者服务作虚假宣传，情节严重的构成虚假广告罪。虚假广告不仅侵犯了国家对广告的管理秩序和正常公平的市场竞争秩序，而且误导了消费者。行为人只能对自己的商品或者服务做虚假宣传，对他人的商品或者服务做虚假宣传的不能构成本罪；而且只能对商品或服务做虚假宣传，对于商品或者服务以外的其他事项进行虚假宣传，除非间接地介绍所推销的商品或者所提供的服务，否则不能认定为虚假广告行为。我国刑法将虚假广告行为作为犯罪来惩处，并且对广告主、广告经营者和广告发布者都进行打击，足见打击面之广，也足见预防虚假广告的决心。案例中，“哈佛代高乐”的全国总经销商也因为涉嫌虚假广告罪受到法律的追究。“哈佛代高乐”案仅仅是虚假广告冰山的一角，“哈佛代高乐”案虽然已经落幕，但是，不知道又有多少“哈佛代高乐”将破土而出。虽然虚假广告背后是巨额利润的驱使，但是虚假广告在伤害了消费者的感情之后，最终损失最大的仍然是虚假广告的始作俑者，他们不仅要承担法律责任，而且会失去消费者的信任，其广告将成为虚假伪劣产品的标签，最终只能将他们的“发财梦”化为泡影！用通俗的话说，“狗皮膏药”就是搬石头砸自己的脚。

“狗皮膏药”毁了老百姓，毁了商家，毁了广告经营者，最终会毁了社会、毁了国家，不能再让“狗皮膏药”存活下去了！

法条链接

刑法第222条：广告主、广告经营者、广告发布者违反国家规定，利用广告对商品或者服务作虚假宣传，情节严重的，处2年以下有期徒刑或者拘役，并处或者单处罚金。

最高人民检察院、公安部2001年4月18日颁布的《关于经济犯罪案件追诉标准的规定》第67条：广告主、广告经营者、广告发布者违反国家规定，利用广告对商品或者服务作虚假宣传，涉嫌下列情形之一的，应予追诉：（一）违法所得数额在10万元以上的；（二）给消费者造成的直接经济损失数额在50万元以上的；（三）虽未达到上述数额标准，但因利用广告作虚假宣传，受过行政处罚两次以上，又利用广告作虚假宣传的；（四）造成人身伤残或者其他严重后果的。

3.25 放长线，就能钓大鱼？

随着经济的发展，合同与人们的生活越来越联系紧密，合同使人们的交易有章可循，合同给人们创造价值，但合同也给人们带来纠纷，与此同时，借签订、履行合同之名，行诈骗钱财之实的行为也与日俱增。

胡某于2004年3月25日注册成立了“新乡市××物资有限公司”，但公司账面上在2004年10月份就已无流动资金，处于倒闭状态。为了弄点钱花，胡某先以物资有限公司的名义与某机器公司签订了5万元的机器零件购销合同，机器零件到货后，胡某马上爽快地交付了货款，赢得了机器公司的信任。机器公司遂与物资有限公司签订了购买价值54.5万元的机器购销合同，机器公司将货款打到胡某的账号上后，迟迟不见物资有限公司发货，胡某也突然中断联系，杳无音讯。（本案例选自：王作富主编：《刑法分则实务研究》（上），中国方正出版社2003年版，第901页。）

案例中，胡某为了弄些钱花，先给了机器公司一点甜头作为诱饵，没想到机器公司这么容易就上钩了。机器公司的疏忽大意固然是其被骗的一个原因，但胡某的“钓鱼术”是最应该受到责难的原因。我国刑法第224条确定了合同诈骗罪，即以非法占有为目的，在签订、履行合同过程中，以虚构事实或隐瞒真相的方法，骗取对方当事人的财物，数额较大的行为。刑法明文规定了合同诈骗的五种行为方式：其一，以虚构的单位或冒用他人名义签订合同骗取对方当事人财物的行为；其二，合同虚假担保的行为，即以伪造、变造、作废的票据或者虚假的产权证明作担保，诱骗当事人与其签订合同、履行合同，从而骗取财物；其三，合同虚假履行，即没有实际履行能力，以先履行小额合同或者部分履行合同方法，诱骗对方当事人继续签订和履行合同的行为；其四，收受对方当事人给付的货物、货款、预付款或者担保财产后逃匿的行为；其五，以其他方法骗取对方当事人财物的行为，即以上四种方法之外的虚构事实、隐瞒真相，骗取对方当事人财物的行为。现实中诈骗行为方式多种多样，立法采取列举式规定穷尽合同诈骗犯罪行为是不可能的，因此，立法专门规定了这个弹性条款，以免犯罪分子逃避法律的制裁。根据司法解释，个人诈骗数额较大是指5 000元至2万元以上；单位诈骗数额较大是指5万元至20万元以上。胡某的行为构成了合同诈骗罪。但合同诈骗不同于合同纠纷，合同诈骗要承担刑事责任，而合同纠纷只是承担民事责任。一般而言，从行为人在签订合同时有无履约能力，行为人在签订和履行合同过程中有无欺骗行为，行为人在签订合同后有无履行合同的实际行动，行为人在违约以后是否愿意承担责任，行为人未履行合同的原因等方面进行区分。

放长线钓大鱼，仅仅是合同诈骗行为方式中的一种，即便有“鱼”不小心上了钩，钓鱼人也不能因此获得所钓之鱼，还要为自己用合同为诱饵的钓鱼行为承担相应的法律责任，因此，寄希望于用钓鱼的方式来获得他人财物的想法确实不可行，我们还是趁早抛弃为好！

法条链接

刑法第224条：有下列情形之一，以非法占有为目的，在签订、履行合同过程中，骗取对方当事人财物，数额较大的，处3年以下有期徒刑或者拘役，并处或者单处罚金；数额巨大或者有其他严重情节的，处3年以上10年以下有期徒刑，并处罚金；数额特别巨大或者有其他特别严重情节的，处10年以上有期徒刑或者无期徒刑，并处罚金或者没收财产：（一）以虚构的单位或者冒用他人名义签订合同的；（二）以伪造、变造、作废的票据或者其他虚假的产权证明作担保的；（三）没有实际履行能力，以先履行小额合同或者部分履行合同的方法，诱骗对方当事人继续签订和履行合同的；（四）收受对方当事人给付的货物、货款、预付款或者担保财产后逃匿的；（五）以其他方法骗取对方当事人财物的。

最高人民检察院、公安部2001年4月18日颁布的《关于经济犯罪案件追诉标准的规定》第69条：以非法占有为目的，在签订、履行合同过程中，骗取对方当事人财物，涉嫌下列情形之一的，应予追诉：（一）个人诈骗公私财物，数额在5 000元至2万元以上的；（二）单位直接负责的主管人员和其他直接责任人员以单位名义实施诈骗，诈骗所得归单位所有的，数额在5万至20万元以上的。

3.26 贩卖食盐也犯罪？

可以说我们每个人每天的生活都离不开食盐，而且为了避免由于环境缺碘、公民摄碘不足所引起的地方性甲状腺肿、地方性克汀病和对儿童智力发育的潜在性损伤的碘缺乏危害，我们通常采取在食盐中加碘的方法，因此，我们现在食用的均是加碘盐。为了加强对食盐的管理，保障食盐加碘工作的有效实施，保护公民的身体健康，国家对食盐实行专营管理。如果不经批准贩卖食盐，会有什么后果呢？

当事人李某系定远人，曾于2003年8月15日从凤阳县贩运3吨无字袋精盐到怀远县包集销售，被怀远县盐务局盐政人员当场查获，并被怀远县盐务局处以4 000元罚款。然而李某不思悔改，变本加厉，2003年10月1日夜又利用南京配货中心非法贩运私盐20吨，先运至怀远高庄销售8吨，再运到包集销售时被当场查获，怀远县人民法院对非法贩销私盐的李某进行审理判决，判决其犯非法经营罪，判处拘役6个月，并处罚金20 000元。（本案例选自："盐政网"，http://www. yanzheng. com/shownews. asp? newsid = 6462。）

上述案例就是因为贩卖私盐而受刑法处罚的典型案例。我国刑法第225条确定了非法经营罪，其中，未经许可经营法律、行政法规规定的专营、专卖物品或者其他限制买卖的物品是非法经营罪的常见行为。未经许可，指未经国家有关主管部门的批准。专营、专卖物品，指国家法律、行政法规明确规定必须由专门机构专营、专卖的物品，如食盐、烟草等。其他限制买卖的物品，指国家根据经济发展和维护国家、社会和人民群众利益的需要，规定在一定时期实行限制性经营的物品，如化肥、农药等。国家对食盐实行专营，表现在国家对食盐实行定点生产制度，非食盐定点生产企业不得生产食盐；食盐批发企业应当按照国家计划购进食盐，并按照规定的销售范围销售食盐；食盐零售单位和受委托代销食盐的个体工商户、代购代销店以及食品加工用盐的单位，应当从当地取得食盐批发许可证的企业购进食盐。案例中，李某并没有食盐专营资格，也没有从当地取得食盐批发许可证的企业购进食盐，因此，其食盐的质量也必定没有保障。

贩卖食盐本身不犯罪，关键是由于食盐和我们的生活、我们的健康息息相关，而且私盐贩子往往违反国家的禁止性规定，将液体盐、工业用盐农业用盐以及不符合食盐标准或行业标准的盐产品作为食盐销售，严重侵犯了盐业市场的正常秩序，严重危害了人们的身体健康。因此，国家规定食盐专营，刑法针对贩卖私盐规定了非法经营罪，任何人都要维护盐业市场的专营秩序，不得为了一己私利而擅自贩卖食盐，否则必将受到法律的惩处！

法条链接

刑法第225条：违反国家规定，有下列非法经营行为之一，扰乱市场秩序，情节严重的，处5年以下有期徒刑或者拘役，并处或者单处违法所得1倍以上5倍以下罚金；情节特别严重的，处5年以上有期徒刑，并处违法所得1倍以上5倍以下罚金或者没收财产：（一）未经许可经营法律、行政法规规定的专营、专卖物品或者其他限制买卖的物品的；（二）买卖进出口许可证、进出口原产地证明以及其他法律、行政法规规定的经营许可证或者批准文件的；（三）其他严重扰乱市场秩序的非法经营行为。

3.27 “买卖不成情谊在”吗？

消费者权益保护法明文规定，消费者享有自主选择商品或者服务的权利。消费者有权自主选择提供商品或者服务的经营者，自主选择商品品种或者服务方式，自主决定购买或者不购买任何一种商品、接受或者不接受任何一项服务。可是现实生活中就是有那么一拨人，无视国家的法律，强买强卖的行为时有发生。

2005年12月底，陈某到武汉市江岸区汉口花园小区门口租用一门面房，经销建筑材料。为谋取经济利益，陈某伙同他人使用暴力，在汉口花园小区形成独家经营建筑材料的局面。从2005年12月至2006年4月间，陈某多次伙同他人使用暴力、威胁手段，强迫汉口花园小区多名业主购买其建筑材料或接受其搬运服务。2006年3月5日10时许，汉口花园小区一业主李某购进瓷砖后与负责送货的销售人员回到该小区时，陈某要求李某以同等价格将搬运业务交给陈某手下的搬运，李某拒绝并拿出电话报警，陈某即挥拳对李某进行殴打。李某经法医鉴定为轻伤，鼻骨粉碎性骨折。日前，湖北省江岸区人民法院以强迫交易罪，判处称霸汉口花园小区一带的“沙霸、砖霸”陈某有期徒刑2年，并处罚金人民币1万元。（本案例选自：“中国法院网”，http://jaqfy. chinacourt. org/public/detail. php? id =123。）

很明显，强买强卖违背了消费者权益保护法，一方面破坏了公平自由竞争的市场秩序，另一方面侵害了被强迫交易人的合法权益。我国刑法第226条针对强买强卖行为规定了强迫交易罪，以暴力、威胁手段强买强卖商品、强迫他人提供服务或者强迫他人接受服务，情节严重的，将以强迫交易罪追究刑事责任。

“暴力”、“威胁”在刑法中的使用频率相当高，一般认为，强迫交易罪中的“暴力”从形式上讲，是指对他人人身实行殴打、捆绑等人身强制手段；从程度上讲，其对人身的伤害程度以轻伤为限，既包括一般殴打强制人身行为、致人微伤行为、致人轻伤行为。此罪中的“威胁”主要是指对他人实行恐吓、要挟等精神强制手段，使被害人产生恐惧，不敢作真实的意思表示，而被迫购买行为人的商品或者不得不将自己的商品卖给行为人，不得不向行为人提供服务或者接收行为人的服务；至于威胁的程度，以足以给被害人产生心理强制而不得已进行交易为限。强迫交易罪包括强买商品、强卖商品、强迫提供服务、强迫接受服务四种行为方式。而且并非所有的强迫交易行为都构成强迫交易罪，该罪的构成，还有“情节”的限制，即必须是情节严重的强迫交易行为才构成本罪。“情节严重”主要表现为：经常性的实施强迫交易；因强迫交易受过行政处罚；强迫交易非法牟利数额较大；采用暴力、威胁，手段恶劣的强迫交易行为；强迫交易造成恶劣影响；强迫交易造成其他严重后果。案例中陈某以“沙霸、砖霸”著称垄断市场，不仅经常实施强迫交易行为，而且将他人打成轻伤强迫他人接受搬运业务，其行为已经完全符合强迫交易罪。

俗话说，买卖不成情谊在，这里面其实体现了一种自由买卖的精神。如果违背顾客意志“强买强卖”，不仅违背了服务道德，而且触犯了法律。上述“沙霸、砖霸”案给我们提了醒，不管是买还是卖、接受服务还是为别人提供服务，都应该自觉遵守业已形成的市场规则，千万不能倚仗强迫交易而称霸市场。市场经济推崇公平、自由、平等交易，而排斥“强权交易”，但愿“强迫交易”远离市场，远离我们的生活。

法条链接

刑法第226条：以暴力、威胁手段强买强卖商品、强迫他人提供服务或者强迫他人接受服务，情节严重的，处3年以下有期徒刑或者拘役，并处或者单处罚金。

3.28 现代版“倒爷”犯罪吗？

通俗地说，“倒爷”就是低价买进高价卖出，赚取差价的人。如今，“倒爷”被形象地用于称呼票贩子，“倒爷”、“黄牛”几乎成了票贩子的代名词。近年来，“倒爷”们穿梭游弋于车站与乘客之间，成为车站一个绕不过的毒瘤，也成为乘客心头之痛。更有甚者，已经有不少“倒爷”开始把网络作为倒票的新渠道，在网上忽悠乘客，舒舒服服地当起了网络“倒爷”。那么“倒爷”现象何以如此猖狂，“倒爷”行为犯罪吗？

节日的车站，归心似箭的人并不在少数。然而到售票窗口买票得到的回答总是：“对不起，你要的票没有了。二天、三天以后的票也卖完了。”焦灼与失望写在人们的脸上，他们在车站广场徘徊，这时有人走过来问：“要票吗？”许多人如获救星，“买，无论花多少钱也要买”！此时，你买到的车票不外几种，一种是真票，不管以什么办法，从车站里倒出来，然后加价倒卖给乘客；二是假票，自己动手制作假车票并骗取旅客的信任；还有一种是过期票，乘客慌乱中顾不得看日期，只看是几点几次车，忽略了是今天还是昨天的日期。等入站检票时，被检票员发现，票贩子早不见踪影了。(本案例选自:“搜狐网”,http://news.sohu.com/20060104/n241273460.shtml。)

上面的一幕幕，在全国许多车站都曾经上演过，而且仍在一遍又一遍地疯狂演绎着。其实对于这种倒卖车票、船票，伪造并倒卖伪造的车票、船票的行为，我国刑法也进行了制裁。刑法第227条规定了伪造、倒卖伪造的有价票证罪和倒卖车票、船票罪。伪造、倒卖伪造的有价票证罪，是指伪造或者倒卖伪造的车票、船票、邮票或其他有价票证，数额较大的行为。倒卖车票、船票罪是指倒卖车票、船票，情节严重的行为。伪造、倒卖伪造的有价票证罪和倒卖车票、船票罪都侵害了国家对有价票证的管理秩序。一般认为倒卖车票、船票罪的对象不包括飞机票，而且车票、船票只能是真实、有效的车票、船票，而不应是伪造、变造或已失效的车票、船票，否则可以倒卖伪造的有价票证罪进行处罚。所谓“倒卖”是以较低价格买进，再加价卖出的行为。倒卖行为包括“倒”和“卖”两个行为，两者缺一不可。而且这里的“买进”不仅指那些以低于票面所标价的价格或者平价买进，而且包括以高于票面所标价的价格买进的行为。因为实践中大量的不法分子发现，利用乘客急于赶路而不惜以高出票面标价许多的高价去购买车票的心态，哪怕他们以高价买进，只要能获得票务紧张时期的车票都有可能倒卖而获利，因此大量购进车、船票。所以这里的倒卖只要求有谋利目的买进卖出的行为。

票贩背后暗藏着宰客陷阱，票贩子在倒买倒卖中榨吸着人们的血汗钱！尽管我国法律规定倒卖车票是一种扰乱市场秩序的违法犯罪行为，尽管警方针对票贩子的行为采取了一些措施，但票贩子却如瘟疫般，一直没有真正绝迹，甚至在某些地方有蔓延泛滥之势。乘客归心似箭，渴求火车票，是催生票贩子出现的直接原因；票贩子背后是暴利的驱使，使得他们前仆后继，使得他们不惜以身试法、铤而走险。希望有关方面加强打击票贩的力度，也希望人们不要因为“归心似箭”就“心甘情愿”放弃权利，“心甘情愿”被票贩“屠宰”，因为放弃权利不等于品德高尚，从某种程度上说，正是由于你甘愿“被宰”，所以才导致了票贩的嚣张，导致票贩有了广阔的市场，从而也致使越来越多的人不得不“被宰”！再次希望乘客在购票时擦亮自己的双眼，不要买伪造的车票、船票，也不要纵容“倒爷”的高价倒票行为！

法条链接

刑法第227条：伪造或者倒卖伪造的车票、船票、邮票或者其他有价票证，数额较大的，处2年以下有期徒刑、拘役或者管制，并处或者单处票证价额1倍以上5倍以下罚金；数额巨大的，处2年以上7年以下有期徒刑，并处票证价额1倍以上5倍以下罚金。

倒卖车票、船票，情节严重的，处3年以下有期徒刑、拘役或者管制，并处或者单处票证价额1倍以上5倍以下罚金。

Law
4. 公私财产
如何保护

我国宪法规定，公民的合法财产受到法律保护。任何侵犯公民合法财产的行为都是不被允许的。然而在现实生活中，侵害公民财产的行为却层出不穷，这些行为不仅使公民的财产利益受到损害，而且还造成了一系列的社会问题，引起了人民群众的恐慌。我国刑法针对这些行为规定了侵犯财产罪，对这些行为予以严厉打击。

在本部分中，我们通过一系列的案例，介绍了现实生活中经常发生的一些侵犯财产的犯罪，对它们的特点进行了分析，并对一些争议问题展开探讨。老百姓在生活中如果遇到类似的情形，可以拿起法律武器，勇敢地同犯罪行为作斗争，维护自己的合法权益。

要点提示

- 抢劫罪包括两个部分的内容，一是使用暴力或以暴力相威胁，这是一种手段行为，二是夺取他人财物的行为，这是一种目的行为。只有在行为中包括以上两个方面才能认定为抢劫。对于亲属间的抢劫行为，根据相关的司法解释一般不作为抢劫罪处理，而现实发生的抢劫杀人案件则应该具体问题具体分析。
- 盗窃罪一般是指秘密窃取他人财物的行为。但是并非任何盗窃行为均构成犯罪，依据我国刑法的规定，构成盗窃罪要符合盗窃数额较大或多次盗窃这两个条件中的一个，一些小偷小摸，未达到一定的数额的偷窃行为并不单独构成犯罪，但是偷窃次数多了也可以构成犯罪。
- 诈骗罪是指将他人的财产据为己有的行为，而其中的财物可以是行为人代为保管的也可以是他人的遗忘物或者埋藏物。对于侵占他人交付的用于违法行为的钱款的行为，同样可以认定为侵占罪。

- 挪用犯罪是一类特殊的犯罪。这类犯罪的特点就是将用于正途或有专门用途的资金挪为己用或挪作他用。我国刑法规定了几种不同类型的挪用犯罪，包括挪用资金罪和挪用特定款物罪等。

4.1 “清官难断家务事”吗？

家庭是基于血缘或婚姻关系而形成的一个共同体，是亲情的聚集地，自古就有“清官难断家务事”的无奈之言和至理名言，那么，是不是因为“家务事”难断，就任其发展？是不是因为“家务事”难断，就不要在法律上给一个说法呢？

章某因好吃懒做，乱花钱而与其继父李某关系不和。2002年5月4日，章某欲去广东打工向李某要钱，李某未给，章某十分恼怒。次日凌晨1时许，章某手持木棍，进入李某卧室再次向李某要钱，遭到李某拒绝，即用木棍打李某。因李某欲呼救，章某又用手掐李某的颈部，致李某昏迷，然后从李某口袋中翻出了2 000元钱扬长而去。经鉴定，李某为轻伤。（本案例选自：“焦点房地产网”，http:/house. focus. cn/showarticle/2198/30964. html。）

这是一起典型的用暴力手段取得家庭成员财产的事例，大家不禁要问，章某的行为是抢劫吗？对于类似的事例，我国刑法持一种什么态度呢？

根据我国刑法第263条的规定，以暴力方法取得公私财物的是抢劫罪，但是根据2005年最高人民法院发布的《最高人民法院关于抢劫、抢夺刑事案件适用法律若干问题的意见》的相关规定，为个人使用，以暴力、胁迫等手段取得家庭成员或近亲属财产的，一般不以抢劫罪定罪处罚。该规定曾一度引起了社会各界的广泛关注。有人认为，该规定体现了刑法的人性化，但有不少市民担心，按这个规定，家庭内部岂不是可以弱肉强食？年老体弱者和妇孺的财产如何得到保障？这种抢劫一般不以抢劫罪定罪处罚，那该用什么来处罚呢？被抢的近亲属的财产又将如何得到保障呢？这样的规定会不会纵容犯罪，让抢劫者存在侥幸心理，一而再再而三犯案，甚至会发展到抢劫他人呢？市民们的担心是可以理解的，但是，如果完全领悟了此项司法解释的内涵，市民们会发现自己的担心完全是多余的。根据司法解释的规定，抢劫家人钱财不定抢劫罪是有前提的，并不是所有的抢劫家人财物都不定抢劫罪，抢劫家人一般情况不认为是抢劫罪，一般情况之外的还是要按抢劫罪定罪处罚的。“一般情况”大至指抢劫是因为家庭矛盾或纠纷引发的，而且仅限于为了本人使用而由本人抢劫。如果教唆或者伙同他人抢劫自己家人或近亲属的，法院依然可以抢劫罪论处。同时，不定抢劫罪不是说抢劫者就不受法律处罚，公安机关可以对其进行治安处罚，如果在实施暴力、胁迫过程中致人轻伤以上的，可以故意伤害罪等追究其刑事责任。故意伤害罪的量刑在整体上要比抢劫罪轻。这样就可以做到既不纵容犯罪，让法律起到“治病救人”的功效，体现刑法的惩罚功能，保障家庭内部秩序的安宁，又可以体现法律的人性化。

案例中，章某为了个人使用，用暴力手段取得其继父2 000元钱，根据我们上述的分析，对于章某的行为不以抢劫罪定罪处罚。但因为章某的暴力手段导致继父李某轻伤，因此对章某的行为依照故意伤害罪追究刑事责任。司法解释出台之前，司法实践中，对于类似的案件往往不考虑抢劫者的后悔和家人的求情，一律以抢劫罪定罪处罚，起刑就是3年，这不仅毁了自己也再一次伤害了家庭，无论对家庭还是抢劫者本人都没有好处，也使得法律有些不近人情。家庭作为社会的一个细胞，对社会的稳定和发展起着决定性的作用，因此家庭绝对不能是刑法的真空地带！但是家庭作为集亲情于一体的特殊群体，刑法又不得不考虑其特殊性，对“家务事”作有别于一般犯罪行为的处理。虽然“清官难断家务事”，但有了刑法的明确规定，对“家务事”还是可以给一个合理合法的说法的！

法条链接

最高人民法院2005年6月8日颁布的《关于抢劫、抢夺刑事案件适用法律若干问题的意见》第7条第3款：为个人使用，以暴力、胁迫等手段取得家庭成员或近亲属财产的，一般不以抢劫罪定罪处罚，构成其他犯罪的，依照刑法的相关规定处理；教唆或者伙同他人采取暴力、胁迫等手段劫取家庭成员或近亲属财产的，可以抢劫罪定罪处罚。

4.2 “螳螂捕蝉，黄雀在后”法不容吗?

在我们日常生活中，抢劫赌资，走私犯、洗钱犯、盗窃犯的违法犯罪财物以及抢劫毒品、淫秽物品等违禁品的行为时有发生，这样的行为犯罪吗？违禁品和非法财物也受国家法律的保护吗？

李某和张某均吸毒成瘾，无奈李某无钱购买毒品，遂找张某要，张某不肯，李某拿出水果刀威胁，说不给毒品就要他的命，张某只得将毒品给了李某。(本案例选自:“重庆市第五中级人民法院网”,http://www.cq5zfy.gov.cn/Article/ArticleShow.asp?ArticleID=3201。)

何某是余姚本地人，一天晚上，他纠集了牛某、杨某、郑某、周某等四位外地来姚人员前往余姚市梁弄镇实施抢劫。途中，何某将预先准备好的西瓜刀、弹簧刀分发给牛某和郑某。当来到梁弄镇开发区一制品厂附近时，何某先进该厂踩点，发现厂内办公楼有人赌博，便叫牛某等人进去抢劫，自己则在外等候。牛某等人迅速潜入厂区，窜至办公楼二楼会客室，以持刀威胁、言语恐吓等手段对正在搓麻将赌博的人实施抢劫，共劫得人民币 3 万余元，所得赃款由5人瓜分。（本案例选自："国法网"，http://www.law.com.cn/pg/newsShow.php? Id=9713。）

案例中李某实施的是抢劫违禁品（毒品）的行为，何某等人实施的是抢劫非法财物（赌资）的行为，根据2000年《最高人民法院关于审理抢劫、抢夺刑事案件适用法律若干问题的意见》的相关规定，以毒品、假币、淫秽物品等违禁品为对象，实施抢劫的，以抢劫罪定罪。因为违禁品也好，非法财物也罢，并不是财物本身是禁止存在的或非法的，而是说违禁品持有者、赌博者、走私犯、洗钱犯、盗窃犯等对这些财物的占有和持有是非法的。这些财物并不是无主物而可以任意处置，而是有的本来就属于公私合法所有而被违法犯罪者非法占有的（如盗窃犯、诈骗犯的非法所得），有的是依法应当由国家没收归公的（如走私物品、赌资等），还有的则是法律禁止私人所持有的（如违禁品）。行为人抢劫这些财物的行为，是将他人对财物的非法占有转为自己对财物的非法占有，其行为仍然是对财物合法所有权的非法侵犯。因此，李某和何某等人的行为都要受到刑事处罚。但有两点值得大家注意，其一，何某等人虽然是在会客室抢劫，但并不是入室抢劫，不能以"入户抢劫"提高处罚的法定刑。因为"入室"仅限于他人生活的与外界相对隔离的住所，会客室显然不是他人生活的住所。其二，虽然抢劫赌资以抢劫罪定罪，但行为人仅以其所输赌资或所赢赌债为抢劫对象，一般不以抢劫罪定罪处罚。该规定的潜在用意是认为行为人抢回所输赌资或所赢赌债事出有因，主观恶性与一般抢劫案件相比相对较小，在某种程度上也是为了遏制赌博的发生。

据此，违禁品也好，非法财物也罢，都不是脱离刑法的

“游离灵魂”，也要受法律保护，“螳螂捕蝉”是犯罪，“黄雀在后”仍然是犯罪！

法条链接

最高人民法院2000年11月22日颁布的《关于审理抢劫案件具体应用法律若干问题的解释》第1条：刑法第263条第（一）项规定的“入户抢劫”，是指为实施抢劫行为而进入他人生活的与外界相对隔离的住所，包括封闭的院落、牧民的帐篷、渔民作为家庭生活场所的渔船、为生活租用的房屋等进行抢劫的行为。

最高人民法院2005年6月8日颁布的《关于审理抢劫、抢夺刑事案件适用法律若干问题的意见》第7条第1~2款：以毒品、假币、淫秽物品等违禁品为对象，实施抢劫的，以抢劫罪定罪；抢劫的违禁品数量作为量刑情节予以考虑。抢劫违禁品后又以违禁品实施其他犯罪的，应以抢劫罪与具体实施的其他犯罪实行数罪并罚。抢劫赌资、犯罪所得的赃款赃物的，以抢劫罪定罪，但行为人仅以其所输赌资或所赢赌债为抢劫对象，一般不以抢劫罪定罪处罚。构成其他犯罪的，依照刑法的相关规定处罚。

4.3 借酒消愁，愁更愁？

中国有着几千年的酒文化，无酒不成宴，酒可以活化血脉，酒可以增进人的感情，酒可以使人豪爽，酒也可以解除忧愁……酒确实是个好东西！可是，我们也时常听人说醉酒之后有人丑态百出，酒能伤身，还能要人的命。酒也是一把“双刃剑”！近些年，醉酒之后被人拿走财物的事情频繁发生，酒不但没有解除忧愁，反而因酒又添“新愁”，对此应如何处理也是广为关注的问题。

李某因一次偶然的机会认识了开有一家超市的老板杨某，经过交往，两人俨然朋友一般。2000 年 11 月的一天晚上，杨某请李某到夜市吃饭，李某以各种理由给杨某敬酒，直到杨某酩酊大醉。李某在送杨某回去的途中，趁机将杨上衣口袋内的 1 360 元现金及手表、香烟、化妆品等物拿走逃离现场。（本案例选自：“中国刑事检察网”，http://www.china-jc.com/xfzm/263.asp。）

某日某夜王某在饭店就餐时，见临桌有一男青年醉倒在桌上，神志不清。王某看到醉酒青年戴着手表，即起歹念，对饭店服务员谎称醉酒青年是自己的邻居，要扶送他回家，服务员同意。王某即将这个不省人事的醉酒青年扶出了饭店，走了几十米后将他靠墙倚在暗处的人行道边上，环顾四周无人注意，就取下其手表，掏走其钱包，随即逃走。（本案例选自："中国刑事法律网"，http://www.criminallaw.com.cn/article/default.asp? id=360。）

以上两则案例都是醉酒之后被人拿走财物，不同的是醉酒的原因。杨某的醉酒是行为人李某故意造成的，李某正是通过将杨某灌醉的行为使杨某处于不知反抗或不能反抗的状态；而男青年不知反抗的状态是自己造成的，行为人王某仅仅是利用了被害人酣醉状态而秘密拿走其财物。对于这两种情况，刑法对它们的认定是不是相同的呢？醉酒是不是抢劫的手段呢？

我国刑法只是笼统规定了抢劫罪的手段是"以暴力、胁迫或者其他方法"，至于什么是其他方法则没有明确说明。学理上一般认为是对财物的所有人或保管人本人施加的暴力、胁迫之外的人身强制行为，由于这种人身强制行为，使得被害人失去反抗知觉或反抗能力。将人灌醉不仅会在某种程度上危害人身健康，更为主要的是，将人灌醉排除了被害人对财物的有效保护能力，正是这种非法的身体强制，才决定了灌醉行为是侵犯他人人身权利的行为。行为人正是以灌醉这种强制他人的人身的行为作为非法占有财物的手段的，行为人正是利用了其行为造成被害人昏睡这种不知反抗的状态拿走其财物。因此将人灌醉是典型的"其他方法"。司法实践中其他比较常见的"其他方法"有：利用药物麻醉、用催眠术、用毒药毒昏毒死等。

由此可知，上述案例中行为人李某犯的是以将他人灌醉作为手段的抢劫罪。而王某一案中，由于男青年的醉酒状态并不是行为人所为，行为人并没有事实侵犯人身权利的手段行为，仅仅利用了已经存在的熟睡、酣醉、昏迷等状态，因此不是以“其他方法”实施的抢劫罪，一般认为只可能构成盗窃罪。因此我们可以说，醉酒之后被人拿走财物的，可能以抢劫罪追究行为人的刑事责任，也可能以盗窃罪追究刑事责任，这取决于醉酒状态是否行为人一手造成。

法条链接

刑法第263条：以暴力、胁迫或者其他方法抢劫公私财物的，处3年以上10年以下有期徒刑，并处罚金；有下列情形之一的，处10年以上有期徒刑、无期徒刑或者死刑，并处罚金或者没收财产：（一）入户抢劫的；（二）在公共交通工具上抢劫的；（三）抢劫银行或者其他金融机构的；（四）多次抢劫或者抢劫数额巨大的；（五）抢劫致人重伤、死亡的；（六）冒充军警人员抢劫的；（七）持枪抢劫的；（八）抢劫军用物资或者抢险、救灾、救济物资的。

4.4 浪子回头，金不换？

我们知道抢劫是以暴力、胁迫或者其他方法夺取公私财物的行为，而盗窃是秘密获得公私财物的行为，虽然两者都是以非法占有公私财物为目的，但是两者的手段实在有天壤之别。那么，现实生活中为什么经常会因盗窃而最终遭致抢劫罪的处罚呢？

1999年11月上旬，被告人章某路过邓某家时，发现其家中仅有邓某一人，便起了窃意。同月15日清晨6时许，章某沿着邓某家厨房的窗户爬到厨房顶，又想尽办法进入邓家屋内，躲在前厅堂的门背后伺机盗窃，不料却被邓某发现，章某即用木棍朝邓某的头部打去，邓某大声呼喊，章某乘机逃走。临川市人民法院以入室抢劫，判处章某有期徒刑10年，剥夺政治权利3年，并处罚金2 000元。(本案例选自:“中国刑事检察网”,http://www.china-jc.com/xfzm/263.asp。)

章某因盗窃被发现，为了逃避抓捕而当场用木棍打人，对于这种行为到底应该怎样评价呢？根据我国刑法第269条的规定，犯盗窃、诈骗、抢夺罪，为窝藏赃物、抗拒抓捕或者毁灭罪证而当场使用暴力或者以暴力相威胁的，以抢劫罪定罪处罚。这是我国刑法对转化型抢劫，也即事后抢劫的相关规定。要构成事后抢劫，首先必须以犯盗窃、诈骗、抢夺罪为前提，但这并不意味着先前的行为一定要构成盗窃罪、诈骗罪或抢夺罪，只要有盗窃、诈骗、抢夺行为就可以了。其次，还必须当场使用了暴力或者以暴力相威胁。这是向抢劫罪转化的客观条件。这里包含两个意思：其一，是行为人在实施盗窃、诈骗、抢夺行为之外，对他人又实施了暴力或暴力威胁；其二，暴力威胁必须是当场实施的，一般认为，“当场”是指实施盗窃、诈骗、抢夺行为的现场，以及行为人刚一离开现场就被人及时发觉而立即被追捕中的场所。最后，要构成事后抢劫，还要求是基于特定的目的，即为了窝藏赃物、抗拒抓捕或者毁灭罪证而当场实施暴力或暴力威胁。另外，根据最高人民法院2005年6月8日颁布的《关于审理抢劫、抢夺刑事案件具体应用法律若干问题的意见》规定，对于入户盗窃，因被发现而当场使用暴力或者以暴力相威胁的行为，应当认定为入户抢劫。据此，上述案例中行为人章某并没有盗窃到任何财物，但却是一起典型的转化型抢劫案件，而且司法解释的相关规定，还是具有加重情节的入户抢劫案件。

常言道，浪子回头金不换，对于盗窃、诈骗、抢夺违法犯罪行为，如果被发现而及时收手还有可能不构成犯罪，如果再“动手”对他人的人身造成威胁，将只能一错再错，不仅要构成犯罪，还要为自己招惹更重的惩罚，到时只能后悔莫及！

法条链接

刑法第269条：犯盗窃、诈骗、抢夺罪，为窝藏赃物、抗拒抓捕或者毁灭罪证而当场使用暴力或者以暴力相威胁的，依照本法第263条的规定定罪处罚。

最高人民法院2005年6月8日颁布的《关于审理抢劫、抢夺刑事案件具体应用法律若干问题的意见》第1条：……入户实施盗窃被发现，行为人为窝藏赃物、抗拒抓捕或者毁灭罪证而当场使用暴力或者以暴力相威胁的，如果暴力或者暴力胁迫行为发生在户内，可以认定为“入户抢劫”；如果发生在户外，不能认定为“入户抢劫”。

4.5 抢劫杀人，如何处理？

常听人们说“抢劫杀人”，这说明人们一般喜欢将抢劫和杀人联系起来，那么对抢劫杀人行为在刑法上应如何处理呢？是构成抢劫罪？还是故意杀人罪？还是数罪并罚？

邵某和张某为了弄点钱花，密谋后，以接民工为借口，将一个个体户老板周某骗至某村大池沟，两人趁周某不注意将周某推下山崖，导致周某当场死亡。二人随后拿走了周某随身携带的4 000元钱、手机一部等。

陈某对金某的钱财垂涎已久，一天晚上，陈某头蒙黑布，埋伏在金某下夜班必经之地，待金某路过时突然跃出，挥棒猛打其双腿，要金某交出值钱之物。正当陈某拿着抢来的钱财准备离开时，金某突然说道：“我知道你是陈某，我已经听出来了。我和你无怨无仇，你干嘛这样？”陈某大惊，怕金某告发，遂产生了杀人灭口的恶念。转身挥棒朝金某头部猛击几下，致金某死亡。（本案例选自：“三石头客栈”网，http://www.wanglei.com/Article-Show.asp?ArticleID=812。）

这两则案例都是抢劫杀人行为，刑法对它们的评价是否一样呢？2001 年 5 月 23 日最高人民法院《关于抢劫过程中故意杀人案件如何定罪问题的批复》中规定，行为人为劫取财物而预谋故意杀人，或者在劫取财物过程中，为制服被害人反抗而故意杀人的，以抢劫罪定罪处罚。行为人实施抢劫后，为灭口而故意杀人的，以抢劫罪和故意杀人罪定罪，实行数罪并罚。根据此规定可知，杀人可以作为暴力手段之一，成为抢劫罪的手段行为，抢劫致人死亡（包括故意和过失）的，是抢劫罪的加重情节，将受到比一般抢劫罪更重的处罚。《刑法》之所以这样规定，是因为缺少了暴力（杀人）行为，抢劫罪就无法成立，如果将这种情况的抢劫杀人以抢劫罪和故意杀人罪数罪并罚，将是对杀人行为重复评价，重复处罚，违反了一事不重复评价，一事不再罚的基本观念。如果是抢劫行为实施完毕之后，为杀人灭口而故意杀人的，则以抢劫罪和故意杀人罪数罪并罚，因为，前面的抢劫行为和后面的故意杀人行为是两个独立的行为。由此可知，邵某和张某的行为只以抢劫罪追究刑事责任，而陈某的行为则要以抢劫罪和故意杀人罪追究刑事责任。

因此，抢劫杀人并不是按照统一模式处理，而是要看杀人行为在抢劫杀人中的地位。抢劫杀人也不同于“图财害命”，图财害命仅是表明基于谋取他人钱财的动机而实施了杀人行为，是为了事后取得被害人财物，而抢劫杀人是为了在杀人当场取得财物。“图财害命”应直接以故意杀人罪定罪处罚，没有考虑适用抢劫罪的余地。

法条链接

最高人民法院2001年5月23日颁布的《关于抢劫过程中故意杀人案件如何定罪问题的批复》：行为人为劫取财物而预谋故意杀人，或者在劫取财物过程中，为制服被害人反抗而故意杀人的，以抢劫罪定罪处罚。行为人实施抢劫后，为灭口而故意杀人的，以抢劫罪和故意杀人罪定罪，实行数罪并罚。

4.6 “飞车党”该当何罪?

在繁华的闹市街头或僻静的乡村小道上，突然有一辆疾驶的摩托车横在了面前，当行人还没有明白过来是怎么回事时，摩托车后座上的人已抢下了其手中的钱包等物品，疾驶而去。这样的画面曾经出现在电影里，也曾经不止一次出现在现实生活中。“飞车党”也因此名噪一时。飞车夺物是“飞车党”的嗜好，那么飞车夺物该如何定罪呢?“飞车党”又该受到怎样的处罚呢?

一天上午，当有着5个多月身孕的陈女士走到广州涂料研究所附近的公安党校围墙边时，一辆摩托车悄无声息地在她身后停下，车后座的男子下车窜到她身后，用手猛力拽她的挎包。刹那间就被拖倒在地，并意识到遭遇抢劫了，赶忙大声呼救，一手还死死地拉住包带与歹徒对抗。挣扎中，陈女士猛然回过神来，想起了腹中的孩子，于是放弃了反抗，歹徒一加力，很快就把挎包抢走，摩托车也飞速地驶离现场。她的右手上臂被包带勒得一片血红，疼得厉害。(本案例选自:“网易网”,http://sh.news.163.com/06/0911/13/2Q09D60G003700C7.html。)

一天傍晚，张女士正在街上散步，只听一辆摩托车飞驰而过，手上的提包随着摩托车声不翼而飞，张女士差点摔倒在地。（本案例选自："腾讯网"，http://news.qq.com/a/20070506/000347.htm。）

以上两则案例是生活中飞车案的两种典型代表，两者的区别也是显而易见的，陈女士一案中，受害人陈女士进行了反抗，并且抢与被抢之间形成了一段相持时间；张女士案中，受害人手提包被抢时完全没有防备，根本没反应过来，因此来不及对抗。根据2005年6月8日最高人民法院《关于审理抢劫、抢夺刑事案件适用法律若干问题的意见》的规定，对于驾驶机动车、非机动车夺取他人财物的，一般以抢夺罪从重处罚。但是一般之外总少不了例外，因此《意见》同时又规定了三种飞车抢劫类型：其一，驾车逼挤、撞击型；其二，强拉硬拽型；其三，致人伤亡型。也即驾驶车辆，逼挤、撞击或强行逼倒他人以排除他人反抗，乘机夺取财物的；驾驶车辆强抢财物时，因被害人不放手而采取强拉硬拽方法劫取财物的；以及行为人明知其驾驶车辆强行夺取他人财物的手段会造成他人伤亡的后果，仍然强行夺取并放任造成财物持有人轻伤以上后果的，以抢劫罪定罪处罚。根据《意见》的精神和规定，陈女士遭遇的是典型的飞车抢劫行为，而张女士遭遇的是典型的飞车抢夺行为。飞车抢夺和飞车抢劫仅一字之差，给社会造成的危害后果却是迥然有异，刑法对两者的处罚也截然不同，区分飞车抢夺和飞车抢劫，可以在保护受害者利益的同时合法地追究犯罪嫌疑人的责任。

《意见》颁布以前，现实中九成飞车案以飞车抢夺定罪处罚，《意见》颁布之后，此种情况有了改观，飞车案中哪怕所受损失没达到抢夺罪的定罪标准500元，也没有造成人身损害，只要是驾车逼挤、撞击，强拉硬拽，仍然可以抢劫罪追究刑事责任，不会造成犯罪和所受刑罚不相适应的情况。在此警醒飞车夺财物之人，飞车夺物行为不可为，否则物没夺到，反而可能搭上自己的自由乃至生命！

法条链接

最高人民法院2005年6月8日颁布的《关于审理抢劫、抢夺刑事案件适用法律若干问题的意见》第11条：对于驾驶机动车、非机动车（以下简称“驾驶车辆”）夺取他人财物的，一般以抢夺罪从重处罚。但具有下列情形之一，应当以抢劫罪定罪处罚：(1) 驾驶车辆，逼挤、撞击或强行逼倒他人以排除他人反抗，乘机夺取财物的；(2) 驾驶车辆强抢财物时，因被害人不放手而采取强拉硬拽方法劫取财物的；(3) 行为人明知其驾驶车辆强行夺取他人财物的手段会造成他人伤亡的后果，仍然强行夺取并放任造成财物持有人轻伤以上后果的。

4.7 放下屠刀，立地成佛？

抢劫和抢夺虽然只一字之差，但因此而遭受的“待遇”却是天壤之别，抢劫可以要了你的命，而抢夺最多只会让你终身失去自由，然而凶器这东西偏偏可以将抢夺变为抢劫！

2004年7月15日下午约3时，无业人员何某腰间携带匕首、老虎钳各一把，窜至某超市，乘购物人徐某交款不备之际，抢走其手中的现金2 700元，在仓皇逃跑中被公安人员逮住。在审查中，被搜出上述凶器。（本案例选自：“中国法院网”，http://www.chinacourt.org/public/detail.php?id=200732。）

何某在抢夺中其实并没有将凶器外露，仅仅是作为壮胆之用，想作为不时之需。那么，对于何某的这种行为，是否还是以抢夺罪定论呢？我国刑法第267条第2款明确规定，携带凶器抢夺的，依照本抢劫罪的规定定罪处罚。那么何谓携带凶器抢夺呢？根据相关司法解释，我们得知“携带凶器抢夺”，是指行为人随身携带枪支、爆炸物、管制刀具等国家禁止个人携带的器械进行抢夺，或者为了实施犯罪而携带其他器械进行抢夺的行为。携带凶器的目的是为了抢夺，而且没有有意加以显示，能为被害人察觉到，因为有意加以显示并能为被害人觉察到的行为，其实已经被抢劫罪中的暴力、胁迫行为所涵盖，理所当然应该构成抢劫罪，认定为“携带凶器抢夺”是多此一举。对于携带凶器抢夺的，之所以要以抢劫罪定罪处罚，是因为凶器外露时，被害人面对凶器时往往是选择舍弃钱财而保全性命和身体健康，凶器没外露时，被害人在没有感觉到生命或健康的危险时，往往不愿舍弃钱财，从而会与携带凶器抢夺的歹徒作一番搏斗，当歹徒遇到抵抗时将很可能亮出凶器，而被害人却没有任何准备，从而给被害人造成措手不及的伤害。如果行为人随身携带的是国家禁止个人携带的器械以外的其他器械抢夺，而且有证据证明该器械确实不是为了实施犯罪准备的，不以抢劫罪定罪。另外，根据司法解释的规定，携带凶器抢夺后，在逃跑过程中为窝藏赃物、抗拒抓捕或者毁灭罪证而当场使用暴力或者以暴力相威胁的，不再是转化型的抢劫，而是直接适用“携带凶器抢夺”的规定。案例中，何某的行为构成抢劫罪已是不争的事实。

凶器是抢夺向抢劫转化的催化剂，凶器也是抢夺转变为抢劫的铁证，凶器让人在生与死的边缘徘徊！放下屠刀，立地成佛，才是最最正确的选择！

法条链接

刑法第 267 条第 2 款：携带凶器抢夺的，依照本法第 263 条的规定定罪处罚。

最高人民法院 2000 年 11 月 22 日颁布的《关于审理抢劫案件具体应用法律若干问题的解释》第 6 条：刑法第 267 条第 2 款

规定的“携带凶器抢夺”，是指行为人随身携带枪支、爆炸物、管制刀具等国家禁止个人携带的器械进行抢夺或者为了实施犯罪而携带其他器械进行抢夺的行为。

最高人民法院2005年6月8日颁布的《关于审理抢劫、抢夺刑事案件适用法律若干问题的意见》第4条：……行为人随身携带国家禁止个人携带的器械以外的其他器械抢夺，但有证据证明该器械确实不是为了实施犯罪准备的，不以抢劫罪定罪；行为人将随身携带凶器有意加以显示、能为被害人察觉到的，直接适用刑法第263条的规定定罪处罚；行为人携带凶器抢夺后，在逃跑过程中为窝藏赃物、抗拒抓捕或者毁灭罪证而当场使用暴力或者以暴力相威胁的，适用刑法第267条第2款的规定定罪处罚。

4.8 “小偷小摸”犯罪吗？

日常生活中，有些人可能认为小偷小摸算不上什么大事，没什么大不了，每次偷价值几十元钱，甚至只有几元钱的物品，法院不能对其定罪判刑，最多只能在道德上受到谴责。这种想法正确吗？难道小偷小摸就一定不构成犯罪吗？

安徽6名农民（妇女）从2002年1月至4月间，结伙在北京市6家超市内实施盗窃，盗窃物品有食用油6桶、绵白糖6袋、大宝擦脸油6瓶、太太口服液3盒、巧克力糖6袋、洗发水、女袜、口香糖、咖啡等物。此6名妇女分别被北京市第一中级人民法院终审判处有期徒刑1年6个月至2年，并附加罚金人民币2 000元不等的刑罚。（本案例选自：“青岛市人大常委会”，http://rdcwh.qingdao.gov.cn/mryw.nsf/81575407cb720b2148256caf000789fd/68796366dc52510748256cd00001eff4？OpenDocument。）

我国刑法规定，盗窃公私财物，数额较大或者多次盗窃的是盗窃罪，因此，盗窃罪有两种类型，一种是盗窃数额较大，另一种是多次盗窃。根据1998年3月10日最高人民法院《关于审理盗窃案件具体应用法律若干问题的解释》规定，个人盗窃公私财物价值人民币500元至2 000元以上的，就可以定盗窃罪。“500元至2 000元”是刑法规定的盗窃罪的入罪数额幅度，各省、自治区、直辖市高级人民法院可根据本地区经济发展状况，并考虑社会治安状况，在此数额幅度内，分别确定本地区执行的“数额较大”。刑法之所以这样规定，是考虑到经济发展状况不一样，钱在不同地区的价值不一，在经济较落后地区，可能一次盗窃500元就触犯了刑法，而在经济发达地区，如深圳、上海等地，可能一次盗窃2 000元才成立犯罪。如果一次盗窃没达到这个数额，一般不认为是犯罪。但是对于一年之内入户盗窃或者在公共场所扒窃三次以上的，即使每次所偷数额很小，也要以盗窃罪定罪处罚。因为入户盗窃和在公共场所扒窃对人们的危害本来就大于其他场合，再加上一而再，再而三，屡教不改的小偷小摸行为体现了行为人人身危险性较大，因此，立法者在这种情况下不以盗窃数额决定盗窃行为的社会危害性，而是直接规定了以盗窃罪定罪处罚。

因此，那种认为小偷小摸行为算不了什么大事的想法是绝对错误的，小偷小摸行为不仅是一个道德问题和一般的违法问题，而且很可能转变成犯罪行为，刻上“犯罪分子”的烙印。所以，我们千万不要对小偷小摸行为掉以轻心，因为刑法不会因为你不懂刑法而免除你的刑事责任！

法条链接

刑法第264条：盗窃公私财物，数额较大或者多次盗窃的，处3年以下有期徒刑、拘役或者管制，并处或者单处罚金；数额巨大或者有其他严重情节的，处3年以上10年以下有期徒刑，并处罚金；数额特别巨大或者有其他特别严重情节的，处10年以上有期徒刑或者无期徒刑，并处罚金或者没收财产；有下列情形之一的，处无期徒刑或者死刑，并处没收财产：（一）盗窃金融机构，数额特别巨大的；（二）盗窃珍贵文物，情节严重的。

最高人民法院1998年3月10日颁布的《关于审理盗窃案件具体应用法律若干问题的解释》第3条：盗窃公私财物"数额较大"、"数额巨大"、"数额特别巨大"的标准如下：（一）个人盗窃公私财物价值人民币500元至2 000元以上的，为"数额较大"。（二）个人盗窃公私财物价值人民币5 000元至2万元以上的，为"数额巨大"。（三）个人盗窃公私财物价值人民币3万元至10万元以上的，为"数额特别巨大"。各省、自治区、直辖市高级人民法院可根据本地区经济发展状况，并考虑社会治安状况，在前款规定的数额幅度内，分别确定本地区执行的"数额较大"、"数额巨大"、"数额特别巨大"的标准。

第4条：对于一年内入户盗窃或者在公共场所扒窃三次以上的，应当认定为"多次盗窃"，以盗窃罪定罪处罚。

4.9 “法不外乎情”吗？

家庭内部的盗窃行为时有发生，前面我们讨论了抢劫家人财物的行为，那么盗窃家人财物的行为也是如此吗？

被告人徐某到姐夫吴某家玩，发现抽屉里有1 000元现金，便将钱藏在身上带回家。吴某发现1 000元钱不翼而飞，以为是外人所为，于是向公安机关报案。公安机关侦查发现是徐某所为，吴某表示如果知道是徐某所为，就不会报案了。案发后，徐某将1 000元全额退还给了吴某。（本案例选自：阮齐林、康瑛编著：《刑法案例研习教程》，高等教育出版社2005年版，第128页。）

村民陈某不听父母劝阻，经常在外吃喝嫖赌，花去父母许多积蓄。一次，陈某与邻村几个青年赌博，将带去的几百元钱输光了，其急急忙忙赶回家撬开父母所在房间的抽屉，窃得现金2 800元。重回赌桌，不久偷来的钱又输光。第二天，陈某父母发现家中被盗，向当地公安机关报案，公安机关经侦查发现偷盗者为陈某，陈某父母气愤交加，为了教育儿子，强烈要求追究陈某的刑事责任。（本案例选自：“株洲职业技术学院网”，http://www.zzptc.com/depart/baowei/

网站/法制教育/每周一法/盗窃罪.doc。)

法院宣告徐某无罪，而法院以盗窃罪从轻判处陈某拘役6个月。同为盗窃家人财物的行为，为什么法院会作出截然不同的处理呢？因为，对于偷拿自己家的财物或者近亲属的财物的行为，我国司法解释规定一般可不按犯罪处理，但并不是一律不按犯罪处理。对于确有必要追究刑事责任的，也可以追究刑事责任，但应该比相同情节和数额的普通盗窃罪的量刑轻一些。这一方面是受“同居共财”、“亲属不分财”的传统观念的影响，考虑了家庭的特殊性，另一方面也是基于对家庭安定的维护，对家人财产权的保护，不至于放纵犯罪分子对家人财产的肆意侵犯。陈某和徐某之所以得到区别对待，也是正确适用法律的必然结果。徐某一案中，被害人吴某要求不追究行为人的刑事责任，而且行为人徐某已经将被盗的1 000元返还给吴某，没有对被害人造成实质性的危害，因此法院作了无罪宣告。而陈某一案中，行为人陈某盗窃数额较大，并且已经全部贡献给其他赌徒，不可能挽回其父母的损失，再加上陈某父母对陈某赌博导致盗窃的行为深恶痛绝，强烈要求追究陈某的刑事责任，因此法院追究了陈某的刑事责任，只是酌情予以从轻处罚。

“法不外乎人情”，偷拿自己家的财物或者近亲属的财物，一般可不按犯罪处理的原则体现了这一精神。但是“法不容情”，因此，即便是家庭内部的偷窃行为，如果产生了严重的社会危害性，确有追究刑事责任必要的，也绝对不能用情来开脱！

法条链接

最高人民法院1998年3月10日颁布的《关于审理盗窃案件具体应用法律若干问题的解释》第1条第4款：偷拿自己家的财物或者近亲属的财物，一般可不按犯罪处理；对确有追究刑事责任必要的，处罚时也应与在社会上作案的有所区别。

4.10 盗打电话乐逍遥，触犯法律罪难逃？

盗窃行为在我们生活中十分普遍，在我们心目中，因为盗窃而直接受损的经常是钱物等看得见、摸得着的东西，人们不禁要问，看不见摸不着的东西也能盗窃吗？下面的案例或许能给我们一点启示。

郭某在某体育场二楼的过道上发现一对由腐烂黑胶布裹着的电话线接头，遂拧掉黑胶布，再用自己的电话分机接到两个露出的铜线头上，当即拨通了澳门长途电话与其女友陈某通话42分钟，后又陆续在夜晚及凌晨多次盗用该电话线路与澳门的女友通话，累计120分钟，使被盗用线路的电话用户张某损失电话费共计人民币2 084元。（本案例选自：阮齐林、康瑛编著：《刑法案例研习教程》，高等教育出版社2005年版，第143～144页。）

上述郭某盗打他人电话的行为并没有直接窃取被害人的财物，但是我们可以明显感觉到其行为的社会危害性。其实对于这种行为，我国刑法也明文将其纳入犯罪的范畴。我国刑法第265条规定，以牟利为目的，盗接他人通信线路、复制他人电信码号或者明知是盗接、复制的电信设备、设施而使用的，依照盗窃罪的规定定罪处罚。盗接他人通信线路，是指未经权利人的许可，采取秘密的方法连接他人的通信线路无偿使用或者转给他人使用，从而给权利人造成损失。复制他人电信码号，是指取得他人的电信码号后，非法加以翻制并无偿使用或者非法出租、出借、转让。盗接他人通信线路和复制他人电信码号以及使用盗接、复制的电路、电信码号的行为，虽然不表现为直接窃取被害人的财物，但均是在被害人不知不觉的情况下进行的，本质上仍然具有秘密性。而且上述行为的结果必然是使被害人遭受财产损失，这与窃取被害人的具体财物没有本质区别，完全符合一般盗窃罪的特征。因此，刑法专条规定了此种类型的盗窃罪，上述案例就是典型的体现。

随着科学技术的发展，通信技术越来越发达，网络、电话等成为人们生活中不可缺少的交流工具，除了盗打他人电话之外，盗窃上网账号密码、网络游戏装备等侵犯他人财产权利的行为越来越普遍，这些行为的本质仍然是秘密窃取他人的公私财物，理所当然要受到法律的追究！

法条链接

刑法第265条：以牟利为目的，盗接他人通信线路、复制他人电信码号或者明知是盗接、复制的电信设备、设施而使用的，依照本法第264条的规定定罪处罚。

4.11 “苍蝇不叮无缝的蛋”吗？

天上会掉馅饼吗？只要是正常的人在正常状态下都会做出否定的回答。可是在现实生活中，很多人往往寄希望于天上掉馅饼，寄希望于享受免费的午餐，结果是午餐没有享受到，反惹一身骚！

今日说法曾经报导了老陈的“金龟”梦，讲的是湖北省陈某和陆某听说伪造小金龟可以赚钱，便动了邪念。于是两个人伪造相关证件，冒充航空公司的工作人员，骗取了老陈的信任，并说相中了老陈屋后的一片空地建航空塔，在挖所谓的塔基时，挖出了他们趁老陈不注意放进坑里的价值10元钱的小金龟工艺品，谎称价值160万元，卖了之后分一半给老陈，让老陈先垫相关费用，以此骗走老陈9万元。（本案例选自:“中央电视台网”,http://www.cctv.com/law/20051226/101975.shtml。）

上述骗局只是众多骗局中的一种，日前比较猖獗的骗局是，行为人通过种种途径获得人们的家庭信息，譬如谁谁的小孩在外面开车，谁谁的小孩在外面读书，然后冒充老师、医生甚至民警打电话给家里，说你家某某在外面出了事，赶快按某某账号寄多少万元，否则性命不保，利用家人对亲友的关心瓦解家人的警惕心，骗取钱财。针对诈骗行为，我国刑法规定了诈骗罪，即以非法占有为目的，采用虚构事实或者隐瞒真相的方法，骗取数额较大的公私财物的行为。诈骗的对象可以是各种财物，包括动产和不动产，也有人认为财产性利益也可以被诈骗。一般而言，在诈骗过程中会有一个因果链条，行为人实施诈骗行为，对方陷入或者继续维持错误认识，对方基于错误认识处分了财产，行为人取得或者使第三人取得财产，被害人遭受财产损失。诈骗的手段多种多样，五花八门，概括起来表现为虚构事实和隐瞒真相。虚构事实，即编造某种根本不存在的或者不可能发生的，足以使他人受蒙蔽的事实骗取他人财物。这类诈骗，常常是利用有些人缺乏警惕，或愚昧无知，或贪财图利等不健康心理，而使之受害。隐瞒真相，即隐瞒客观上存在的事实情况，既可以是隐瞒部分事实真相，也可以是隐瞒全部事实真相，从而使得公私财物的所有人、管理人陷入错误，“自愿”交付财物。上述案例中，老陈就是基于虚构的事实，产生错误认识最终处分了自己 9 万元钱，陈某和陆某实施的是典型的诈骗犯罪。

要说骗子固然可恨，对那些心怀不轨的人来说什么样的骗术最终都要受到法律的惩处。但是苍蝇不叮无缝的蛋，被骗人自己是不是也有问题？馅饼天上掉，便宜不白得，我们贪小便宜的心是不是一时间占了上风？我们自己警惕的弦是不是没有上紧？如果一个人保持清醒的头脑，不去占别人的小便宜，任何人也不会上当。上述简单而粗糙的骗局，希望能警醒大家，希望类似的骗局再次出现在您身边的时候，一眼就能够被识破！

法条链接

刑法第266条：诈骗公私财物，数额较大的，处3年以下有期徒刑、拘役或者管制，并处或者单处罚金；数额巨大或者有其他严重情节的，处3年以上10年以下有期徒刑，并处罚金；数额特别巨大或者有其他特别严重情节的，处10年以上有期徒刑或者无期徒刑，并处罚金或者没收财产。本法另有规定的，依照规定。

4.12 “冒名顶替”，法不容吗？

面对他人的钱财，有人显出高风亮节，而有人却心怀鬼胎，试图非法占有。现实生活中冒领他人财物的行为时有发生，对于这种“冒名顶替”行为，刑法有没有规定为犯罪类型呢？

一位出租车司机下班时，发现车内有一纸包，打开后发现是3万元现金。由于当天乘客较多，无法知道是谁所丢失，便将钱上交给了所在的公司。公司于当晚通过电视播出了招领启事。次日上午，一名自称失主者前来领取，由于她对用什么纸所包、现金数额、票面面值陈述无误，公司即将款交给了她。谁知，下午又来了一名失主，且其所述情况与事实完全一致。公司感到蹊跷，立刻报了警。经查，上午来的冒领者叫石某，她与失主李某是好友。李某丢款后，将具体情况告诉了石某并请帮助查找。谁知石某看到招领启事，顿生占有恶念，假冒失主领取了现金。（本案例选自：“维普资讯网”，http://engine. cqvip. com/content/d/90436x/2006/000/005/sk48_d2_21850009. pdf。）

前面我们提到诈骗罪是指以非法占有为目的，用虚构事实或者隐瞒真相的方法，骗取数额较大的公私财物的行为。一般认为虚构事实是指捏造并不存在的事实，骗取他人的信任，可以全部虚构，也可以部分虚构。隐瞒真相则是说掩盖客观存在的某种事实，这种事实如果为他人知道，他人将不会将财物交给犯罪分子。行为人之所以冒名顶替，其非法占有他人财物的心理昭然若揭，“冒名顶替”是不是虚构事实或隐瞒真相呢？一般认为，冒领他人财物的案件中，行为人正是虚构了自己是财物的主人这一事实，是典型的虚构事实进行诈骗。案例中石某正好虚构自己是失主这一事实，利用李某告知的具体情况向公司复述，骗取公司信任并产生错误的认识，处分了他人的遗失财产，从而使得行为人自己获取遗失现金，失主受到财产损失，且数额达 3 万元之巨，必须承担诈骗罪的刑事责任。

冒领他人财物，形象地说就是用各种道具将自己包装成为财物的真正所有人。然而，自己的就是自己的，别人的就是别人的，并不能因为你对自己的包装而改变财物的归属！

法条链接

刑法第 266 条：诈骗公私财物，数额较大的，处 3 年以下有期徒刑、拘役或者管制，并处或者单处罚金；数额巨大或者有其他严重情节的，处 3 年以上 10 年以下有期徒刑，并处罚金；数额特别巨大或者有其他特别严重情节的，处 10 年以上有期徒刑或者无期徒刑，并处罚金或者没收财产。本法另有规定的，依照规定。

4.13 “黑吃黑”犯罪吗？

不法给付的财物，如赃物、用于犯罪的财物（贿赂）等，本身就是非法的，给付人并没有要求返还的权利，那么对于这类财物能否被侵占呢？

某县农民蔡某的弟弟因为犯强奸罪被检察机关起诉到法院，蔡某即央求其在县城工作的远房亲戚李某帮其找人为其弟弟开脱罪责。李某碍于亲戚情面答应了蔡某的请求。蔡某当即回家筹了10 000元现金交给李某用于给法院的人送礼。李某即与其在法院里当刑庭副庭长的熟人张某联系，因为张某出差未归而使得蔡某托付的事情没有办成，蔡某的弟弟被判了10年有期徒刑。蔡某认为李某没有为自己办成事，即找李某索要用于送礼的10 000元现金，但李某谎称已经送礼用掉了而拒绝返还。（本案例选自：“豆豆网”，http://law.ddvip.com/case/2006-11/11624720723164.html。）

案例中，李某正是要占有蔡某不法给付的金钱，李某的行为到底应该怎样评价呢？根据我国刑法第270条对侵占罪的规定我们可以看出，侵占行为的突出特点是“变合法持有为非法所有”，行为人合法持有他人财物是构成侵占罪的前提，合法持有表现为以合法的方式保管他人的财物和合法占有他人的遗忘物或者埋藏物。一般认为，遗忘物与遗失物是不同的概念，前者指一时疏忽忘记拿走，而暂时失去控制的财物，物主一经回忆较容易找回；后者指将财物落在某处，以致脱离了自己的控制，很难知道遗失在什么地方，故难以找回。刑法只规定侵占遗忘物，而没有规定侵占遗失物，侵占遗失物拒不退还的，只能追究民事责任。

很明显，案例中蔡某将钱给付李某的行为本身是合法的，李某合法保管蔡某的钱；但蔡某给李某钱是为了贿赂法院副庭长张某，对于此类不法给付的财物，按照有关法律规定，蔡某并没有要求返还的权利。但是李某同样对该笔款项没有所有权，李某没有将钱交付张某，反而以此为借口据为己有，体现了其主观上具有非法占有他人财物的目的，主观恶性是客观存在的，不处罚不利于对犯罪的预防。因此，一般认为不法给付的财物无论是赃物或适用于犯罪的财物，都可以成为侵占的对象，但这并不意味着承认委托人对该财物具有所有权和返还请求权，而是因为对于不法给付的财物，按照有关法律，应当没收或者返还被害人，受托人拒不退还的行为侵犯的是国家或者被害人的财产所有权。

常言道：盗亦有道，对于不法给付的财物国家已经规定了处理的方法，大家必须遵守这个处理规则，不要因为它是非法的，就认为可以“黑吃黑”据为己有！

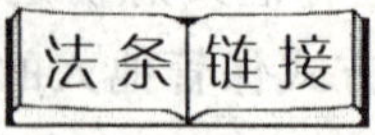

刑法第270条：将代为保管的他人财物非法占为己有，数额较大，拒不退还的，处2年以下有期徒刑、拘役或者罚金；数额巨大或者有其他严重情节的，处2年以上5年以下有期徒刑，并处罚金。将他人的遗忘物或者埋藏物非法占为己有，数额较大，拒不交出的，依照前款的规定处罚。

4.14 以权谋私，法网难逃?

现实生活中，利用职务之便利非法占有单位钱财的事例并不少见，而且确实还有不少人因此获得了不少好处，这似乎给人们一种这样的想法：职务之便能成为自己的生财之道！事实难道真的如此吗?

马某被山西某鞋业公司聘为司机后，由于工作需要经常用自己的钱买路桥费，公司相应地给予其报销路桥费的工作待遇，他便将此工作便利作为生财之道。2000 年 1 月至 2002 年 8 月，他多次向他人购买假路桥费发票，拿到单位报销。不到两年时间，马某就骗取公司差旅费共 95 125 元。后来案发，被法院判处 2 年 6 个月刑罚。(本案例选自:“江西刑事辩护律师网”,http://www.1148.com/newsconn.asp?id=786&newstypeid=42。)

马某仅凭报销路桥费在不到两年的时间里就尝到了将近 10 万元的甜头，但最终其甜头变成了苦头。这得益于我国刑法的相关规定。根据刑法的规定，公司、企业或者其他单位的人员利用职务上的便利，将本单位的财物非法占为已有，数额较大的行为是职务侵占罪。只有非国有公司、企业或其他单位的人员才有可能构成此罪。这里的职务便利是指因执行职务而产生的主管、经手、管理单位财物的便利条件。主管财物，主要指领导人员在职务上具有对单位的财物的购置、调配、流向等决定权力。经手财物，主要指因执行职务而领取、使用、支配单位的财物等权力。如，采购员在采购中经手单位的货款和物资，单位工作人员被指派出差经手差旅费等。管理财物，主要是指对单位财物的保管与管理，例如，财务会计、出纳员对单位现金的管理等。如果只是利用在本单位工作，熟悉作案环境等条件，不能视为利用职务上的便利。案例中，马某正是利用了经手公司财物的便利，采取向他人购买假路桥费发票的方法，非法占有公司财物，其数额已经大大超过了追诉的标准5 000元至10 000 元，构成了职务侵占罪。

由此可见，职务之便并不能成为自己的生财之道，说不定职务之便还会给人带来牢狱之灾。大家不能仅看到贼数钱，还要看到贼挨打。大家不要羡慕那些因为职务之便获得好处的人，他们无时无刻不生活在战战兢兢之中，而且我们应该相信：法网恢恢，疏而不漏，总有一天，他们会阴沟里翻船！

法条链接

刑法第 271 条第 1 款：公司、企业或者其他单位的人员，利用职务上的便利，将本单位财物非法占为己有，数额较大的，处 5 年以下有期徒刑或者拘役；数额巨大的，处 5 年以上有期徒刑，可以并处没收财产。

最高人民检察院、公安部 2001 年 4 月 18 日颁布的《关于经济犯罪案件追诉标准的规定》第 75 条：公司、企业或者其他单位的人员，利用职务上的便利，将本单位财物非法占为己有，数额在 5 千元至 1 万元以上的，应予追诉。

4.15 “把柄计”揽财，法律管得着吗？

生活中的许多日常用品、用具都安有把柄，方便使用。在人与人的交往中，寻找把柄、制造把柄通常是控制他人的有效手段，因此，抓他人把柄成为处事中威力无比的计谋之一，俗称“把柄计”。现实生活中利用他人的把柄为自己所用的事例比比皆是，那么，可以利用他人的把柄作为自己的生财之道吗？下面的案例或许可以给我们一些启示。

2005年4月3日晚9时许，王某发现其妻陈某与张某到本市某酒店开房，便打电话邀约其兄王某某等二人到该酒店“捉奸”。在酒店房间内抓住陈某与张某后，王某当场对张某拳打脚踢，致张某轻伤。张某称陈某是自愿与其发生关系，表示以后不再与其往来。王某声称要张某赔偿“损失”，张某不同意，王某便与其兄将张某带到其兄开办的养猪场关押，张某无奈之下给王某写下5万元欠条，王某让张某给家里打电话要钱。张某当晚给家人打电话称在外地做生意，让家人次日上午准备5万元现金，在银行门前交给货主。次日上午10时，在张某电话指挥下，其家人将5万元交给王某，收回张某所写欠条。而后张某被放出养猪场。张某随即报案，王某被公安机关抓获。(本案例选自："法律教育"网，http://www.chinalawedu.com/news/21605/11300/117/2006/1/ma9014274044102160O2214884_181968.htm。)

王某利用他人把柄谋取钱财的行为是不是为法律所允许呢？根据刑法的规定，以非法占有为目的，以威胁或者要挟的方法，强索公私财物的行为是敲诈勒索罪。但是行为人绝对不可能以当场实现威胁和威胁内容相威吓而当场占有他人的财物，否则就是我们前面所说的抢劫行为了。而且根据相关司法解释的规定，并不是所有的敲诈勒索行为都是犯罪，在数额方面还要达到1千元至3千元的入罪数额。

案例中，王某正是抓住了张某与其妻子通奸的把柄，强行索要张某的钱财，且数额高达5万元，他的行为已经触犯了刑法。我们知道，在我们国家通奸只是道德上受谴责的行为，并不是一种犯罪行为，即便是犯罪行为，王某也无权以此要挟他人谋取钱财，只能通过合法的途径追究犯罪嫌疑人的责任，如向有关机关控告、检举或扭送至公安机关。虽说抓刀抓刀柄，制人拿把柄，但是把柄使用不当将给自己带来刑罚的惩罚，因此，他人的把柄不可以成为自己的生财之道。手中捏有他人的把柄尚且不可以作为生财之道，那么，手中没有把柄，强行索要他人钱财，更是为法律所不容！

在此提醒大家，只要不违反公正的法律，那么人人都有完全的自由以自己的方式追求自己的利益，因此不仅要追求合法利益，而且要用合法的手段追求合法的利益，不要为达目的不择手段，否则等待你的将是法律无情的惩罚！

法条链接

刑法第274条：敲诈勒索公私财物，数额较大的，处3年以下有期徒刑、拘役或者管制；数额巨大或者有其他严重情节的，处3年以上10年以下有期徒刑。

最高人民法院2000年5月12日颁布的《关于敲诈勒索罪数额认定标准问题的规定》根据刑法第274条的规定，现对敲诈勒索罪数额认定标准规定如下：（一）敲诈勒索公私财物“数额较大”，以1千元至3千元为起点；（二）敲诈勒索公私财物“数额巨大”，以1万元至3万元为起点。各省、自治区、直辖市高级人民法院可以根据本地区实际情况，在上述数额幅度内，研究确定本地区执行的敲诈勒索罪“数额较大”、“数额巨大”的具体数额标准，并报最高人民法院备案。

4.16 “拆东墙补西墙”，法律也要干涉吗？

拆东墙补西墙是我们日常生活中解决经济困难的常用而且有效的办法，拆东墙补西墙可以将他人的钱为自己所用，拆东墙补西墙可以将明天的钱拿到今天用，拆东墙补西墙可以雪中送炭，最大限度地提升金钱的价值。既然拆东墙补西墙有这么大的作用，法律对此也要干涉吗？

王某是某非国有建筑公司财务科长。王某的表弟刘某因结婚缺钱找王某借款。王某未经本单位领导同意，利用自己主管单位资金的便利，擅自将本公司5万元资金借给刘某，刘某将这5万元全部用于结婚。1个月内，刘某归还5万元资金。之后不久，王某因自己炒股急需本钱，再次挪用本单位资金6万元。半个月后，股市行情看涨，王某抛出所售股票，将资金归还，不久案发。（本案例选自：“刑事周刊网”，http://www.xszk.net/Article/phjj/gsjr/al/200604/25126.htm.）

对于王某两次拆东墙补西墙的行为，到底应该怎样评价呢？我国刑法对拆东墙补西墙的行为规定了挪用资金罪。从法律的规定可以看出，只有非国有公司、企业或其他非国有单位的工作人员利用其主管、管理、经手单位资金的便利才能因此处的拆东墙补西墙行为受到挪用资金罪的处罚。法律规定了三种拆东墙补西墙的行为是犯罪行为：其一，归个人使用或者借贷给他人，数额较大、超过3个月未还。其二，进行营利活动，数额较大，不受挪用时间和是否归还的限制。其三，进行非法活动，刑法没有规定时间和数额的限制，但司法实践中，还是以挪用5千元至1万元为追究刑事责任的数额起点。对于第一、二种行为，是否归还全部或部分本息，并不影响定罪，只影响量刑。

案例中，王某的第一个挪用行为属于借贷给他人，虽然挪用的数额达到了构成犯罪的起点，但是，其在1个月内就归还了所有资金，因此没达到犯罪的程度。但显然这不是一种合法行为，要受到来自公司的惩处。王某的第二个挪用行为是典型的进行营利活动的行为，数额达到了追究刑事责任的起点，虽然半个月后就归还了，仍然不影响定罪，因此对于王某的第二个挪用资金的行为，法院以挪用资金罪作了有罪判决，而且所赚利润属于违法所得，应予以追缴。

其实，并不是拆东墙补西墙本身要受到法律的谴责，而是拆自己无所有权、使用权的“东墙”要受到法律的制裁，这是保护他人合法财产的需要。所以，大家尽可以拆东墙补西墙，但是一定要注意不要拆了自己无权拆除的“墙”!

法条链接

刑法第272条第1款：公司、企业或者其他单位的工作人员，利用职务上的便利，挪用本单位资金归个人使用或者借贷给他人，数额较大、超过3个月未还的，或者虽未超过3个月，但数额较大、进行营利活动的，或者进行非法活动的，处3年以下有期徒刑或者拘役；挪用本单位资金数额巨大的，或者数额较大不退还的，处3年以上10年以下有期徒刑。

4.17 特定款物，专款专用？

日常生活中，“专款专用”这个词对我们并不陌生，那么，如果“专款”不“专用”，又会有什么样的后果呢？

被告人李某是某村民委员会主任，2001 年春，县政府决定拨给该村一笔扶贫开发款 40 万元，以帮助该村扩大生产，发展多种经营方式，决定由李某根据各户的经济状况来具体发放这笔扶贫款。李某在发放了 30 万元后，用余下的 10 万元为村民委员会盖了一栋新的办公楼，致使相当多农户没有得到应该得到的扶贫款，后被群众举报而案发。（本案例选自：“法律互联网”，http://www. lawon. cn/panli/kindOne. jsp? id=22852。）

扶贫开发款本来应该用于扶贫，而李某却用其中一部分盖办公楼，很明显李某的行为是对专款专用的违背。对于这种违背专款专用制度的行为，我国刑法有没有进行制约呢？我国刑法第 273 条规定挪用特定款物罪，即违反国家财经管理制度，挪用用于救灾、抢险、防汛、优抚、扶贫、移民、救济款物，情节严重，致使国家和人民利益遭受重大损害的行为。特定款物一般是指救灾、抢险、防汛、优抚、扶贫、移民、救济款物，另外还包括失业保险基金和下岗职工基本生活保障资金。此处的“挪用”和前面挪用资金罪的“挪用”不是一个概念，挪用资金罪的“挪用”是将资金归个人使用或借贷给他人，而挪用特定款物罪中的“挪用”是未经合法批准，擅自将自己掌管、支配、使用的特定款物，非法调拨，使用于其他公事方面，如修建楼堂馆所、购买小汽车及办公设备，进行生产、经营性的投资等。如果行为人将特定款物为个人所用，将有可能以挪用资金罪、挪用公款罪或贪污罪追究责任。而且要构成此罪，还必须只能是主管、经营、经手上述特定款物的工作人员。

特定款物专款专用是我国的一项财经管理制度，主管、经手或经营特定款物的人员不可能不了解这一制度，不管是出于何种心态而将特定款物挪作他用，都不能得到法律的宽恕，仅劝相关人员不要拿特定款物当作可以任意支配的玩偶！

法条链接

刑法第 273 条：挪用用于救灾、抢险、防汛、优抚、扶贫、移民、救济款物，情节严重，致使国家和人民群众利益遭受重大损害的，对直接责任人员，处 3 年以下有期徒刑或者拘役；情节特别严重的，处 3 年以上 7 年以下有期徒刑。

4.18 “一哄而上”瓜分财物，犯罪吗？

哄抢很容易让我们想到很多人“一哄而上”瓜分财物的场景，对于这种“聚众”抢财的行为，刑法有没有插手呢？如果刑法插手，是不是抢者有份，凡参加哄抢者都要承担刑事责任呢？

2004年春，王某和杜集镇女青年高某订婚。订婚后，王某向高某赠送了价值4 000余元的订婚礼物。2005年秋，王某与高家商定2006年4月结婚，同时，王某向高家赠送3 000余元的彩礼及礼金3 000元。两人佳期来临，王某兴高采烈地准备结婚。但高某一直打工未回，正当王某心急如焚的时候，高某电话告知王某，自己在南方打工期间认识了广东青年李某，并产生了爱慕之情，目前两人已经同居并准备结婚。闻听此言，王某心灰意冷，托媒人要回1万余元的彩礼及礼金。高某之父则认为，自己只应付给王某礼金3 000余元。为此，双方发生纠纷。为了达到自己的目的，王某决定带人对高家进行哄抢。5月26日夜，王某带亲人李某、周某、马某10多人来到高家的家电门市部前，叫开门后，闯进去对高家的家电进行哄抢。之后，10多人将高家价值10多万元的家电装上机动三轮车拉走。（本案例选自："中国商丘网"，http://www.cnsq.com.cn/city/ycx/shownews.asp? id=19928。）

王某等人的行为是明显的聚众哄抢行为，侵犯了高家的财产权自不待言，因此，我国刑法针对"聚众哄抢"规定了聚众哄抢罪，即以非法占有为目的，聚集多人，公然夺取公私财物，数额较大或者有其他严重情节的行为。"聚众"，是指纠集、纠合多人，一般为3人以上。"哄抢"，是指不采取暴力等人身强制方法，一哄而上公然夺取公私财物。虽然"聚众哄抢"要受到刑法的制裁，那么是否凡参与哄抢者都要纳入刑法的管辖范围呢？根据刑法的规定，对聚众哄抢的行为人，只对首要分子和积极参加者定罪处罚。"首要分子"，是指在聚众哄抢活动中起组织、策划、指挥作用的人。"积极参加者"，是指主动参加哄抢活动，或者在哄抢活动中发挥主要作用，以及哄抢财物较多的人。案例中对参与哄抢的行为人是否追究刑事责任，取决于他们在哄抢过程中所起的作用。王某是组织、策划、指挥之人，是此次哄抢过程中的首要分子，应当追究其聚众哄抢的刑事责任。至于其他参加的人，则要根据具体情况具体分析，如果是组织、策划、指挥者，或者主动参加、在哄抢活动中发挥主要作用或哄抢财物较多的人，则要按照刑法的规定使其承担刑事责任，如果不是以上各种情况，不能以犯罪论处，只能对其进行治安管理处罚。

因此，并不是"一哄而上"瓜分财物，就一定构成犯罪，参与哄抢有可能构成犯罪，但如果不是首要分子或积极参加者就不追究刑事责任，这一方面是为了分化瓦解聚众犯罪，另一方面也是基于"法不责众"的考虑。

法条链接

刑法第268条：聚众哄抢公私财物，数额较大或者有其他严重情节的，对首要分子和积极参加的，处3年以下有期徒刑、拘役或者管制，并处罚金；数额巨大或者有其他特别严重情节的，处3年以上10年以下有期徒刑，并处罚金。

4.19 损人不利己，犯罪否？

日常生活中，“损己利人”的行为比比皆是，这是道德品质高尚的体现；日常生活中，“利己利人”的行为也不乏少数，这是人类智慧的体现；日常生活中，“损人利己”的行为亦处处可见，这是人类“自私”本性的体现。如果说，“损己利人”是一种精神，“利己利人”是一种智慧，“损人利己”是一种自私的表现，那么日常生活中存在的“损人不利己”行为又该如何解释？我想解释只有一个，那就是“愚蠢”！这种愚蠢的行为最终也将难逃法网。

2005年12月28日23时许，厉某到日照市商业银行黄海一路支行的自动取款机（ATM机）上取款，但ATM机仅打印出了收据，未出现金。厉某因取款未果恼羞成怒，环顾四周无人，就用脚将ATM机的显示器和保护屏踹碎后逃离，后被查获。经价值鉴定，ATM机的损失为1.93万元。（本案例选自：“厦门中小在线网”，http://law.smexm.gov.cn/2006-3/20063182029222817.htm。）

我国刑法第275条规定了故意毁坏财物罪，指故意毁坏公私财物，数额较大或者有其他严重情节的行为。此罪侵害了公私财产所有权，而且其对象仅限于他人的财物，对自己财物进行毁坏完全是行为人自己的权利，不构成犯罪。故意毁坏财物罪的法定行为方式是毁坏，顾名思义，毁坏包括毁灭和损害两种行为。所谓“毁灭”，是指使公私财物灭失或全部损坏，使其已经不存在或者虽然存在，但已丧失全部使用价值。所谓“损坏”，是指使公私财物受到破坏，从而部分地丧失价值或者使用价值。而且行为人损坏财物的行为必须是非法的，如果是为了正当防卫或依法执行公务等毁坏他人财物，则是合法的行为。另外，要构成故意毁坏财物罪还要求数额较大或者有其他严重情节。本处所谓“其他严重情节”是指毁坏重要的物品无法弥补损失的；破坏现场、嫁祸于人的，等等，由司法工作人员综合案情予以认定。

对于案例中厉某的行为，日照市东港区法院经审理认为，厉某故意毁坏他人财物，数额较大，其行为构成故意毁坏财物罪。鉴于被告人认罪态度较好，系初犯，其亲属积极为其交纳罚金，可以依法从轻处罚。据此，法院依法判处厉某罚金 1 万元。自动取款机上踹一脚，价值 1 万罚金，可谓昂贵！自动取款机上踹一脚，不仅损坏了他人的利益，自己也没得到任何好处，反而遭受法律的惩罚，这种“损人损己”的行为还是不要为好。在此，希望大家能够像爱惜自己的财物一样，爱惜他人的财物！故意毁坏他人财物到头来只落得个“损人损己”的悲惨下场！

法条链接

刑法第 275 条：故意毁坏公私财物，数额较大或者有其他严重情节的，处 3 年以下有期徒刑、拘役或者罚金；数额巨大或者有其他特别严重情节的，处 3 年以上 7 年以下有期徒刑。

4.20 生产经营遭破坏，如何“埋单”？

肉牛是为了满足人们的食欲而养殖，因此对于我们这些“食客”而言，肉牛仅仅是一顿美食，但是，肉牛的价值仅仅如此吗？对于养殖者而言，肉牛最重要的价值何在？我想绝对不仅仅意味着一顿或几顿美食吧！

被告人庄某在天津市蓟县一养殖场打工期间，借用于某妻弟王某摩托车时将其左侧箱盖丢失，结果被扣了50元工资，被告人因此对养殖场怀恨在心。其后，庄某购买了“闻味死”、“夜安宁”等剧毒鼠药，并投放在养殖场饲料房内的精饲料上，将该养殖场的137头肉牛全部毒死，造成于某直接经济损失近42万元人民币。天津市第一中级人民法院对此案做出终审判决，维持了一审法院以破坏生产经营罪判处庄某有期徒刑7年，赔偿被害人经济损失近42万元人民币的判决结果。(本案例选自:“北京刑事辩护律师协作网”, http://www.lawyer119.cn/researchview.asp? id = 2333。)

根据我国刑法第276条的规定，由于泄愤报复或者其他个人目的，毁坏机器设备、残害耕畜或者以其他方法破坏生产经营的是破坏生产经营罪。此罪主要是为了保护公私财物的所有权和国家、集体或者个人生产经营的正常秩序，它所针对的对象是与生产经营直接联系的财物，一般是正在使用中的各种设备、用具及耕畜。此罪包含三种行为方式，即以毁坏机器设备的方法破坏生产经营，以残害耕畜的方法破坏生产经营，以其他方法破坏生产经营。这里的“其他方法”在方法的类型上没有限制，可以是除“毁坏机器设备、残害耕畜”以外的任何方法，只要该种方法足以破坏生产经营活动的正常进行或者使已经进行的生产经营活动归于失败。司法实践中，常见的“其他方法”有：破坏电源，制造停电事故；破坏种子、秧苗；毁坏庄稼、果树；制造设备事故或者质量事故，等等。案例中被告人庄某为泄愤报复，采用投放鼠药的方法残害被害人养殖场内的肉牛，其行为破坏了生产经营的正常活动，构成破坏生产经营罪，应予惩处。137 头肉牛是养殖场经营的对象，虽然它们同时也是财物，但并不以故意毁坏财物罪定罪处罚，因为它们是与经营密切联系的财物，是特定的犯罪对象，根据特别法优于普通法的原则，要以破坏生产经营罪定罪处罚，这种现象在刑法上叫“法条竞合”。

任何人都要对自己的行为造成的后果负责，为了泄愤，被告人最终要失去 7 年自由，并且要背负 42 万元巨额债务，代价可谓惨痛。所以大家在决定一个行为时千万要三思，不要因为一时的冲动、一时的气愤，而把自己有限的生命搭售给他人的财物！

法条链接

刑法第276条：由于泄愤报复或者其他个人目的，毁坏机器设备、残害耕畜或者以其他方法破坏生产经营的，处3年以下有期徒刑、拘役或者管制；情节严重的，处3年以上7年以下有期徒刑。

5. 老百姓在社会上如何做遵纪守法的好公民

在社会生活中，人与人之间，人与单位之间，人与国家之间发生了千丝万缕的联系，形成了一张错综复杂的网，然而这张网并不是杂乱无章的，而应该是井井有条的，否则就会引起混乱。社会生活需要一个相对稳定的秩序，这就要求公民在社会生活中遵纪守法，维护正常的社会管理秩序，刑法在这个过程中充当了秩序维护者的角色。

在本部分中，我们通过引用一些真实的案例，向大家介绍在社会生活中形形色色的犯罪活动，对这些犯罪进行了简要的分析，并对老百姓在社会生活中的行为提出了建议，老百姓可以通过我们的介绍对这些犯罪有一定的了解，自觉遵守国家的法律法规，做一个好公民。

要点提示

- 在处理与国家机关关系的问题上，公民应该尽量配合国家机关行使职权，而国家机关也应该文明执法，文明司法，只有这样才能保证国家法律的正确实施。如果公民暴力抗拒国家机关的公务就构成妨害公务罪，而如果公民冒充国家工作人员的身份行骗则构成了招摇撞骗罪。
- 聚众犯罪是指聚合多人进行违法行为。这类犯罪的特点是聚集多人，而受处罚的只是组织者和积极参加者。这种行为扰乱了公共秩序，因而受到了国家的严厉打击。我国刑法规定了不少聚众犯罪，包括聚众冲击国家机关罪、聚众斗殴罪、聚众淫乱罪，等等。
- 在司法实践中，一些不法分子扰乱司法秩序，造成恶劣影响，这种行为也可以构成犯罪，而这一类犯罪叫做妨害司法罪，包括妨害作证罪，打击报复证人罪，窝藏、包庇罪等。

- 危害公共卫生罪是指违反公共卫生管理法规，破坏公共卫生管理秩序，依法应受刑罚处罚的行为。从事卫生医疗的工作人员应该严格遵守卫生管理方面的法律法规，保护群众的公共卫生安全。
- 毒品犯罪包括多种形式，而国家对毒品犯罪的打击非常严厉，并对其中的很多犯罪规定了死刑。不仅如此，以毒品作为调料售卖食品也是构成犯罪的。
- 淫秽物品是社会的公害，国家严厉打击传播淫秽物品的行为。因而在现实生活中，贩卖黄碟的行为是可以构成犯罪的，此外，设立、运营黄色网站的行为也是构成犯罪的。

5.1 集体暴力抗法，是行侠仗义还是为虎作伥？

在日常生活中，老百姓经常会面对各种各样的公务，它是国家机关工作人员代表国家机关执行职务的行为，例如城市管理人员对占道经营的商贩的处理行为，工商管理人员对工商企业的管理，公安机关对犯罪嫌疑人的追捕行为，税务人员的税收行为，等等。公务人员在履行公务的过程中，有时会遇到一些阻碍，这些阻碍有的是来自于当事人及其家属的，也有些是来自于没有利害关系的其他人，这些人往往只看到了当事人被公务人员“欺负”的一面，而没有看到当事人的违法行为的严重性，于是“路见不平一声吼”，公然与公务人员作对，造成了恶劣的影响。这种行为看似行侠仗义，其实是为虎作伥，也是法律所明令禁止的。在下面的一个案例中，村民的行为就受到了惩罚：

2005年8月1日晚7时许，浙江省义乌市公安局稠北派出所民警到十里牌村传唤涉嫌破坏生产经营罪的王某、王某某时，遭到对方拒绝及其家人的阻挠。其间，王某的家人用铁铲捅或用脚踢民警，阻止民警依法执行公务。民警向领导汇报后，决定强制传唤并请求支援。当民警准备将涉案人员带离现场时，发现王某家楼下已聚集了许多村民，并有几名村民在公开辱骂民警，煽动村民闹事。为防止与群众发生冲突，民警们退回二楼，并将楼梯口防盗门紧锁等待增援。这时，作为十里牌村村委会委员的陈某怂恿村民冲上二楼，阻挠民警办案。王某的儿子王某拿来斧头和榔头砸开防盗门，几名村民一拥而上殴打执行任务的民警。王某的儿子还趁乱捅破路灯，趁黑让带着手铐的一名涉案人员逃脱。当民警准备将相关涉案人员押上警车离开时，村民楼某等人煽动围观村民挡住并翻倒警车。在翻倒一辆警车后，楼某还叫嚣："翻一辆是翻，翻两辆也是翻！"最终导致12辆警车在此事件中被损毁。2006年3月24日上午，义乌法院对这起案件作出一审判决：15名闹事村民被分别判处有期徒刑6个月至1年。（本案例选自：《金华日报》，2006年3月29日第8版。）

在以上的案例中，村民们公然暴力抗法，最后换来了牢狱之灾，教训惨痛。从这个案件，我们可以看出，村民的法制意识有待加强。在我国的一些基层单位，民众的法制意识比较淡薄，不仅在日常生活中出现问题和矛盾的时候不通过法律途径解决，而且经常公然与国家机关作对，无法无天。对此，政府一方面要想办法改善与民众的僵持关系，另一方面也要加大普法力度，使群众知法而不至于犯法。本案中，村民的闹事行为构成了妨害公务罪，该罪是指以暴力、威胁方法阻碍国家机关工作人员依法执行职务，阻碍全国人民代表大会和地方各级人民代表大会代表依法执行代表职务，在自然灾害和突发事件中阻碍红十字会工作人员依法履行职责的行为，或者故意阻碍国家安全机关、公安机关依法执行国家安全工作任务，造成严重后果的行为。这个案件告诉我们，老百姓在遇到公务活动的时候，应该尽量配合，在配合的过程中合理行使自己申诉、抗辩的权利以维护正当的利益，如果公然对抗，是要受到法律制裁的。

法条链接

刑法第277条：以暴力、威胁方法阻碍国家机关工作人员依法执行职务的，处3年以下有期徒刑、拘役、管制或者罚金。

5.2 冒充"李逵"行骗，"李鬼"犯了罪吗？

在社会上，一直普遍存在着一种官本位的思想，认为做官是一件很光荣的事情，可以光宗耀祖，君子"学而优则仕"。之所以有这种思想，主要是因为作为国家机关工作人员的"官"代表国家行使权力，可以对一定的事项行使决定或管辖权，这种权力使"官"高人一等。当然，官不是人人都当得的。一些人当不成官，为了自己的私欲，假冒国家工作人员，骗财骗色。最近，在湖南株洲就发生一起"李鬼"碰到"李逵"的事情，让人哭笑不得：

> 2006年8月25日，犯罪嫌疑人王某被株洲市石峰区检察院以涉嫌招摇撞骗罪批准逮捕。7月初，王某拾得一个印有"株洲市地税二分局"的文件袋，里面装有"个体工商户地方个税纳税申报表"等表格，因此萌生骗人念头。随即，他伪造了几个假上岗证，然后开始四处招摇撞骗。7月10日，王某带着印有"刘旺"名字的假上岗证，来到一烟酒店，向店主查验税务登记证，并要店主先交230元钱的税金。店主经过讨价还价后，交给王某150元"税款"。王某装模作样地拿出税务登记表"登记"完

之后，还留下自己的电话号码（经查为假号）。临走时，店主还给王一包精品白沙烟以示感谢。以后，王某四处行骗并屡屡得手。8月的一天上午，王某故伎重施时，刚好碰上株洲市地税局石峰分局的工作人员例行检查，结果被逮个正着。经被骗商家指证，王某共冒充地税干部招摇撞骗13次，骗得现金人民币1 347元。(本案例选自:“检察日报网”,http://www.jcrb.com/nl/jcrb842/ca409147.html。)

在以上的案件中，王某假冒税务人员向商家收取税款，构成了招摇撞骗罪。我国刑法规定的招摇撞骗罪是指以谋取非法利益为目的，冒充国家机关工作人员的身份或职务，进行招摇撞骗，损害国家机关威信、公共利益和公民、法人和其他组织合法权益的行为。招摇撞骗罪是刑法专门针对冒充国家工作人员行骗的行为而设立的。这种行为与普通诈骗罪有很大的相似之处，都是隐瞒或捏造事实骗取他人利益的行为。而二者不同之处在于，本罪要求有冒充国家机关工作人员的行为，因而是一种比较特殊的诈骗行为，而且社会危害性比较大，有必要专门予以规定。其实，这种假冒国家机关工作人员行骗的案件在生活中是经常发生的。不法分子利用普通群众对国家机关工作人员“敬畏”的心理，利用国家机关在群众中的正面形象，假冒国家工作人员行骗，不仅对群众的生活造成困扰，而且极大地损害了国家机关的形象，因而国家严惩这种行为。老百姓在日常生活中，遇到国家机关工作人员，要多长个心眼，在必要时可以要求对方出示证明身份的证件或材料以“验明正身”，如果发现“李鬼”招摇撞骗，就应该向公安机关举报，等待他的将是法律的制裁。

法条链接

刑法第279条：冒充国家机关工作人员招摇撞骗的，处3年以下有期徒刑、拘役、管制或者剥夺政治权利；情节严重的，处3年以上10年以下有期徒刑。

5.3 为别人弄虚作假也能构成犯罪吗？

在生活中，我们经常可以看到，在一些公共的场所，例如大街小巷的墙壁上，广告牌上，电线杆上，甚至在公汽站台上贴着一些小纸片，纸片上写着简单的广告内容和一串手机号码。这些小纸片被群众贴切地称为“牛皮癣”，因为这些纸片不仅影响市容环境，而且生命力特别顽强，被处理掉之后，马上就有新的“生长”出来，可谓久治不愈，着实让人头疼。在这些“牛皮癣”中，有很大一部分是一些办假证的窝点散发的小广告。制造假证的窝点利用手头的造假工具可以制作出非常逼真的各类证件，一般人难以辨别出真假。这些假证满足了一些人不劳而获、爱慕虚荣甚至违法犯罪的需要，一旦流通到社会上，形成泛滥，将达到劣币驱逐良币的效果，导致社会信誉的整体下降。而由于社会对持有各类证件的人才需求量越来越大，一些不法分子为了谋取非法的暴利，干起了制作假证的勾当：

邹某本有一份搬运工工作，由于缺乏吃苦耐劳的精神，没干几个月就放弃了，在他人的点拨下当上了制造假身份证的联络员。从 2005 年 7 月下旬开始，邹某在苏州市区的电线杆、电话亭和商铺的卷帘门上四处张贴制造假身份证的小广告。年仅15岁的小松因不满16周岁，企业不敢录用他，因此他急需一张假身份证。小松看到广告后拨通了邹某的电话，8月14日下午，邹某收取了小松支付的定金，并将小松提供的制假信息材料交与他人进行制假。当天下午四点半，邹某携带伪造好的假居民身份证与小松交易时被抓获。2005年11月25日，江苏省苏州市金阊区人民法院以伪造居民身份证罪，判处被告人邹某拘役4个月。(本案例选自:“中国普法网”,http://www.legalinfo.gov.cn/misc/2005-11/28/content_226168.htm。)

在以上的案件中，被告人邹某因为为制造假身份证的人充当联络员而被判刑，罪名是伪造居民身份证罪，这是因为邹某虽然没有直接制造假的身份证，但是为制假的人服务，将假的信息材料交给他人制假，而且在其中充当联络员，与制假的人是一种共同犯罪的关系，所以他也被定为伪造居民身份证罪。身份证作为国家发放的证明公民身份的证件，是公民身份最权威的证明之一，具有法定性和权威性。它在公民的一些经济以及公务往来中扮演着重要的角色，具有不可替代性。一旦假冒，会造成严重的后果。除了伪造居民身份证罪外，我国刑法还规定了伪造、变造、买卖国家机关公文、证件、印章罪和伪造公司、企业、事业单位、人民团体印章罪，这些罪名都是为了严厉打击制作假的公文、证件、印章的行为而设立的。所以，制作假证这种行为本身是一种犯罪行为，在此也要奉劝那些制假者停止制假的行为，而我们老百姓在遇到街头的牛皮癣的时候，不要被那些小广告吸引而去做假证，这样做只会助长制假者的嚣张气焰。

法条链接

刑法第280条第3款：伪造、变造居民身份证的，处3年以下有期徒刑、拘役、管制或者剥夺政治权利；情节严重的，处3年以上7年以下有期徒刑。

5.4 “窥私”是业余爱好还是犯罪?

在日常生活中，总有一些人为了寻找刺激，喜欢打听别人的隐私，作为茶余饭后的谈资，这是无可厚非的。而随着科学技术的飞速发展，一些原本只能从“007”、“谍中谍”系列电影中才能看到的间谍器材，如微型窃听器、摄像机，等等，慢慢进入了市场流通领域，花并不昂贵的价钱就可以买到。这样就满足了一部分人猎奇的需求，这些人利用买来的窃听器、摄相机等进行偷听和偷拍，甚至有的登堂入室，将这些摄录器材放在他人生活起居的环境之中隐藏，录下了他人的生活隐私。这种行为给他人的生活带来了很大的不便和困扰，而且这些影音资料一旦流传，会对当事人带来精神上的包袱，引起严重后果。那么，偷拍他人隐私的行为是否构成犯罪呢？首先我们来看一则案例：

被告人乔某对林某十分爱慕，但是林某对他并不热心。林某认识了胡某后，开始与胡某交往。1997 年 10 月 15 日，胡某和林某正式结婚。当天晚上，被告人乔某带着暗藏式窃听器和摄像机隐藏在胡某、林某洞房的窗外，摄录下了新郎新娘当晚的性生活的过程以及全部对话。第二天一早，被告人乔某便召集本单位的几个小青年一起观看。林某得知后，觉得没有脸面活在世上，服用了过量的安眠药，幸亏抢救及时才幸免于死。法院以非法使用窃听、窃照专用器材罪，判处乔某有期徒刑1年6个月。（本案例选自：余剑主编：《妨害社会管理秩序罪》，法律出版社2000年版，第68页。）

案件的判决引起了较大的争议，有人认为乔某只是偷拍了一下别人，行为并没有严重到要动用刑罚的程度，也有人同情被害人，认为这种处理是正确的。偷拍、偷听这种行为侵犯了他人的隐私权，在民法上是一种侵权的违法行为，不仅如此，造成严重后果的侵犯隐私权的行为也是构成犯罪的，我国刑法对这种行为有专门的规定。案件中，乔某的偷拍行为造成了林某自杀的结果，后果比较严重，触犯了非法使用窃听、窃照专用器材罪。本罪是指非法使用窃听、窃照专用器材，造成严重后果的行为。国家严禁偷拍、偷听行为，而且禁止生产窃听、窃照专用器材。公民在日常的生活中，要端正自己的生活态度，尊重他人的隐私权，切不可购买这些窃听、窃照器材侵犯他人隐私。

法条链接

刑法第284条：非法使用窃听、窃照专用器材，造成严重后果的，处2年以下有期徒刑、拘役或者管制。

5.5 黑客，你还能“黑”多久？

黑客是互联网的产物，一般被认为是指掌握高超计算机互联网技术，能够通过网络进入其他计算机系统获取信息或发动病毒攻击的人。黑客产生于20世纪末，随着互联网在全世界的普及，黑客技术越来越高，黑客所带来的破坏也越来越严重。在世界范围内，一些著名的网站如美国白宫、五角大楼等网站几乎每天都会遭到来自全世界的黑客的攻击。严重的攻击导致计算机系统瘫痪，信息资料流失，引起较大范围内的恐慌。在一些电影及其他一些文化产品中，黑客往往被描述为无所不能，靠一部计算机就可以扭转乾坤的英雄或是坏蛋，对黑客现象的争议在全世界范围内从来没有停止过。而在我国国内，黑客也呈愈演愈烈的趋势发展壮大着，一些比较著名的黑客组织如“红客联盟”等利用自己掌握的黑客技术集体攻击境外的反动网站，赢得了一些国人的尊敬甚至崇拜。但也有一些黑客为了发泄自己的不满或者为了个人私利肆意侵入他人的电脑系统，获取或者破坏信息资料，有的甚至释放病毒，给别人造成较大的经济损失，最后这些黑客也逃脱不了法律的制裁。

被称为“中原第一黑客”的王某日前被河南郑州市二七区法院以破坏计算机信息系统罪，一审判处有期徒刑1年。这起河南省首例计算机犯罪案件始作俑者王某现年23岁，1996年6月曾应聘到中国太平洋保险公司郑州分公司人身保险部电脑室工作，于1999年多次通过电话拨号以用户名远程登录太平洋保险公司郑州分公司寿险计算机系统，删除电脑中储存的1 000余条记录。由于数据被篡改，致使这个公司发出错误保单480份。法院认为，王某违反了国家规定，对计算机信息系统中存储的数据进行删除、修改，后果严重，其行为构成破坏计算机信息系统罪，故做出前述判决。（本案例选自：《东亚经贸新闻报》，2000年7月21日第1版。）

在案件中，王某利用自己高超的计算机技术，进入他人的计算机系统，并且删除了大量的数据，给受害公司的经营活动带来了混乱，后果严重，触犯了刑法规定的破坏计算机信息系统罪。所谓破坏计算机信息系统罪是指违反国家规定，对计算机信息系统功能进行删除、修改、增加、干扰，造成计算机信息系统不能正常运行，对计算机信息系统中存储、处理或者传输的数据和应用程序进行删除、修改、增加的操作，或者故意制作、传播计算机病毒等破坏性程序，影响计算机系统的正常运行，后果严重的行为。这个判决给在互联网上潜伏的一部分黑客敲响了警钟：互联网并不是法律管不到的地方，利用黑客技术非法进入他人的信息系统是不允许的，如果造成严重的后果还要受到严厉的处罚。可见，黑客应该缓行。作为互联网上的一分子，网民应该遵守基本的网络道德，而不应该投机取巧，将自己的快乐建立在他人的痛苦之上。国家在对互联网的管理过程中也制定了相应的法律法规，老百姓应该文明上网，依法上网。

法条链接

刑法第 286 条：违反国家规定，对计算机信息系统功能进行删除、修改、增加、干扰，造成计算机信息系统不能正常运行，后果严重的，处 5 年以下有期徒刑或者拘役；后果特别严重的，处 5 年以上有期徒刑。

违反国家规定，对计算机信息系统中存储、处理或者传输的数据和应用程序进行删除、修改、增加的操作，后果严重的，依照前款的规定处罚。

故意制作、传播计算机病毒等破坏性程序，影响计算机系统正常运行，后果严重的，依照第 1 款的规定处罚。

5.6 人多真的好办事吗？

生活中，人们总有这样的想法：人多好办事，人多力量大，团结就是力量，等等。因而遇到有什么困难的时候，人缘好的人总喜欢呼朋唤友，热热闹闹地一起解决。的确，人多了就能够集思广益，汇流成河，有助于事情的解决。但是事事并非绝对，有时候人多了反而容易把事情弄得更糟。一些人有为非作歹的想法，明知不可为而妄图为之，但毕竟心虚胆寒，因而就邀约亲朋好友等一大批人一起行动，这样一方面声势浩大，可以给对方造成一定的压力，另一方面自己心里也有了底气，可以瞒天过海，就更加肆无忌惮，结果造成了非常严重的后果，这些人也受到了法律的制裁。在以下的案例中，我们可以得到一些教训：

河南省安阳市文峰区法院公开审理一起聚众冲击国家机关案件，依法分别判处张秀玲等被告人有期徒刑 5 年至 1 年。据法院审判人员介绍，2002 年 10 月 31 日上午，安阳县法院公开开庭审理被告人晁付生、郭三保、梁晨、梁军故意伤害一案，郭三保之妻张秀玲、晁付生之妻梁存枝及梁晨、梁军之父梁雨生等人得知后，纠集郭少武、郭堂林、郭少堂等100余人，乘坐多辆农用三轮车和机动三轮车来到安阳县法院。当天上午案件审理结束后，未当庭宣判，当法警准备押解晁付生等被告人回看守所时，张秀玲、梁存枝、梁雨生、郭少武、郭堂林、郭少堂、晁芹只等人，以索要案件处理结果为由，聚众围堵、推砸押解被告人的警车，殴打值勤法警和法院工作人员，冲击法院办公大楼，并用所乘坐来的车辆将法院大门堵住，致使法院工作陷于瘫痪状态。（本案例选自：《中国审计报》，2003年7月18日。）

在案件中，张某等人纠集众人冲击法院，造成了严重的后果，触犯了聚众冲击国家机关罪。聚众冲击国家机关罪是指组织、策划、指挥或者积极参加聚众冲击国家机关的活动，致使国家机关工作无法进行，造成严重损失的行为。这种聚众犯罪的特点就是只处罚组织者、指挥者和积极参加者，那些妄图瞒天过海，想使用人海战术逃避法律的不法分子终究会尝到苦果。在本案中，张某聚众冲击的法院是国家机关，行使国家的司法权力，代表了法律的权威，因而神圣不可侵犯。任何对国家机关的冲击行为都是对国家权威的蔑视，因而国家严禁冲击国家机关的行为，以保证国家机关正常的工作秩序。这个案件告诉我们，老百姓在与国家机关打交道，遇到问题，产生矛盾的时候，应该通过申诉、举报等合法手续予以解决，而不能邀集众人对国家机关进行围攻，扰乱国家机关的正常工作秩序。这种解决方式不仅不能使问题得到解决，反而会使自己受到法律的制裁。

法条链接

刑法第290条第2款：聚众冲击国家机关，致使国家机关工作无法进行，造成严重损失的，对首要分子，处5年以上10年以下有期徒刑；对其他积极参加的，处5年以下有期徒刑、拘役、管制或者剥夺政治权利。

5.7 “谎报军情”，该当何罪？

随着美国世贸大楼的轰然倒塌，恐怖活动与恐怖分子开始成为全世界的热门话题，人们总是谈“恐”色变。“9·11事件”已经5周年了，世界各国尽管都尽其所能打击恐怖分子，但恐怖分子并没有从地球上消失，反而如“离离原上草”，“野火烧不尽，春风吹又生”。在过去的5年里，在欧洲的英国、西班牙，在亚洲的印度尼西亚、印度等国，接二连三地发生恐怖爆炸事件，而在素有火药桶之称的巴以地区，人体炸弹的袭击更是家常便饭。如何消除恐怖分子产生的根源，还世界以和平，是摆在世界各国人民面前的一道难题。在我国，有很多人认为我国在外部并没有树敌，似乎恐怖威胁并不存在。这是一种错误的认识，因为恐怖分子并不只是来源于国外，国内的一些分裂势力如“东突分子”为了扩大影响，胁迫政府，经常策划各类恐怖活动，而社会上的一些不稳定分子受到精神刺激，一时想不开，也诉诸恐怖活动，因此，恐怖威胁在我国还是存在着，随着社会矛盾的慢慢积累，恐怖事件的爆发将不可避免。正因为如此，国家很重视对恐怖活动的预防和处理。不仅实施恐怖活动的犯罪分子将尝到恶果，一些编造虚假恐怖信息、造成社会恐慌的人也难逃法律的制裁：

2005 年 10 月 12 日，江西省九江市浔阳区法院公开审理了“6·19”编造虚假恐怖信息案，以编造虚假恐怖信息罪判处被告人傅某有期徒刑 1 年 6 个月。傅某系广东省陆丰市人，案发前在九江市某大酒店打工。因多次向酒店老板张某催讨拖欠的工资未果，便怀恨在心。6 月 19 日 19 时许，傅某在九江农工商超市旁拨打 110 报警，谎称在超市门前张某经营的休闲广场演出舞台下方有炸弹。接到报案后，长江航运公安局九江分局和九江市公安局火速调集数百名警力及消防官兵赶赴现场，疏散群众，迅速开展排爆工作。直至 20 日零时许，警方经反复排查确认无爆炸物后方撤离现场，中断近五个小时的道路交通才得以恢复。事件发生后，在群众中造成了极大的恐慌。九江市委、市政府指示，务必尽快破获此案，向广大市民澄清事实真相。傅某当晚逃离现场后，来到九江市二马路易某开的饺子馆中。易某在明知傅某已经犯罪的情况下，仍安排傅某到其家中躲藏近 10 个小时。看到自己报的假案在九江引起如此大的震动，傅某很害怕。23 日，当傅某准备离开九江时，被长江航运公安局九江分局民警抓获。（本案例选自：《人民公安报·交通安全周刊》，2005 年 10 月 29 日第 4 版。）

在本案中，傅某谎报有炸弹，引起了群众极大的恐慌，且造成了交通阻塞的结果，后果比较严重，构成编造虚假恐怖信息罪，该罪是指编造爆炸威胁、生化威胁、放射威胁等恐怖信息，严重扰乱社会秩序的行为。编造虚假恐怖信息罪是 2001 年 12 月 29 日出台的《中华人民共和国刑法修正案（三）》第 8 条所增设的新罪名，在此之前，刑法对这种行为并没有规定，换句话说，傅某的行为要是发生在《刑法修正案（三）》出台之前并不构成犯罪。国家之所以规定这个罪名，是为了适应新形势下打击恐怖主义和恐怖活动的需要，而且虚报恐怖信息这种行为的危害确实比较大，因而有必要用刑法加以处罚。想必很多人都听说过“周幽王烽火戏诸侯”的故事，说的就是周幽王屡次故意谎报军情，结果真的敌人来了就没有人来保护他，导致悲惨的下场。老百姓在生活中不要一时心血来潮，玩恶作剧，谎称有炸弹，也不要一时气闷就说有炸弹吓唬别人，这些谎报的行为都是可能触犯刑法的。

法条链接

刑法第291条：投放虚假的爆炸性、毒害性、放射性、传染病病原体等物质，或者编造爆炸威胁、生化威胁、放射威胁等恐怖信息，或者明知是编造的恐怖信息而故意传播，严重扰乱社会秩序的，处5年以下有期徒刑、拘役或者管制；造成严重后果的，处5年以上有期徒刑。

5.8 打架也能构成犯罪？

生活中，我们经常看到打架这种不文明的现象。有时候夫妻之间、邻里之间、同事之间，稍有一言不合就拳脚相向。但是打架不仅不能解决争端，而且会使双方的矛盾加深，因而是一种不理智的处理事情的方法。而一些人在平常的生活中就养成了恃强凌弱的坏毛病，总喜欢靠打架来解决问题，并且认为，打架只要没有打伤别人，就不犯法，法律也管不着。然而，法律真的对打架这种行为睁一只眼闭一只眼吗？首先我们来看以下这个案例：

1997年10月，周某之弟因故被孔某殴打，周某得知后找到邻居李某纠集10余人，携带尖刀、菜刀、木棒等凶器，乘一辆小型货车赶去寻找孔某。因孔某不在家，遂将孔家门窗玻璃打碎10余块，并扬言决不罢休。被告人孔某听说周某等人寻找打架后，遂与方某纠集15人，携带凶器欲与周某等人较量，双方大打出手，用随身携带的尖刀、菜刀、木棒、铁链及捡起的石头、砖头互相攻击、厮打，结果双方各有损伤，附近群众不敢出门，行人纷纷躲避。双方斗殴两小时许，致使当地社会秩序严重混乱。

法院以聚众斗殴罪分别判处周某、李某、孔某、方某有期徒刑8年到6年。（本案例选自：余剑主编：《妨害社会管理秩序罪》，法律出版社2000年版，第113页。）

案件中，周某等四人因为打架而被判处6年到8年的有期徒刑，那意味着他们的大好青春都要在牢房里度过，实在是让人惋惜，这种判罚结果恐怕也是他们所没有想到的。打一次架，就判这么重的刑罚，道理何在？其实，周某等人的打架行为已经构成了聚众斗殴罪。聚众斗殴罪是指为了报复他人、争霸一方或其他不正当目的，纠集众人成帮结伙地互相进行殴斗，破坏公共秩序的行为。可以看出，聚众斗殴这种行为不仅仅是简单的相互殴斗，而且还对社会秩序造成了影响，已经不是简单的打架行为，而且还具有较大的社会危害性。这个罪是聚众犯罪的一种，聚众犯罪的特点就是只处罚首要分子和积极参加者。在案件中，周某与孔某分别纠集10人和15人互相斗殴，只是为了互相报复，斗殴造成了恶劣的社会影响，因而符合聚众斗殴罪的成立条件，被法院判处刑罚也是理所当然的。可见，打架是不对的，打群架的行为更是为刑法所严厉禁止。老百姓在日常生活中应该和睦相处，遇到问题通过调解、商量等途径解决，千万不要拳脚相向。

法条链接

刑法第292条：聚众斗殴的，对首要分子和其他积极参加的，处3年以下有期徒刑、拘役或者管制；有下列情形之一的，对首要分子和其他积极参加的，处3年以上10年以下有期徒刑：

（一）多次聚众斗殴的；

（二）聚众斗殴人数多，规模大，社会影响恶劣的；

（三）在公共场所或者交通要道聚众斗殴，造成社会秩序严重混乱的；

（四）持械聚众斗殴的。

5.9 耍流氓，定什么罪？

社会上流传着一句话，叫做：“我是流氓我怕谁？”这句话被称作流氓宣言，反映了一部分人的生活态度。其实在现实生活中，耍流氓这种行为总是为人们所不齿，但是在生活中却时常发生。在社会治安比较差的年代，经常有一些不良少年成群结队地出现在街头，仗着人多势众，随意殴打他人，调戏妇女，任意毁坏他人财物，做尽坏事，给社会造成恶劣的影响。一定时期内，老百姓特别是年轻女子都不敢单独出门。在1997年我国刑法修订以前，旧刑法中专门对这类行为规定了“流氓罪”这个罪名，新刑法出台之后，这个罪名被取消了，但并不意味着刑法对这种行为采取放任的态度，对耍流氓的行为刑法还是要管的。那么，耍流氓究竟应该定什么罪呢？首先我们来看一则案例：

2000年5月9日，被告人陈某与同伙在由湛江开往襄樊的火车车厢上以帮助车厢女青年彭某“泡方便面”，“要方便面吃”为名，对彭某进行语言挑逗。坐在对面的旅客林某看不过去，说了他们两句，被告人陈某一伙即对林某进行殴打，殴打过程中，陈某用随身携带的水果刀将林刺成轻伤。襄樊铁路运输法院以寻衅滋事罪判处陈某有期徒刑2年，缓刑3年。（本案例选自：祝铭山主编：《扰乱公共秩序罪》，中国法制出版社2004年版，第37页。）

本案中，陈某等人调戏彭某，并随意殴打旅客林某，造成林某被刺伤，是典型的耍流氓的行为，结果被法院认定为寻衅滋事罪。也许有人认为，将林某刺伤可以认定为故意伤害罪，其实不然。寻衅滋事与故意伤害是存在区别的。寻衅滋事一般是指在公共场所无事生非，起哄捣乱，无理取闹，殴打伤害无辜，横行霸道，破坏公共秩序的行为。对被告人在寻衅滋事的过程中造成被害人身体伤害的结果不能认定为故意伤害罪。仅从现象上看，被告人出于逞强好胜的目的，故意伤害他人，造成轻伤的结果完全符合故意伤害罪的构成条件。但是，将几名被告人的行为作为一个整体来看，我们不难发现，被告人的行为所侵害的不仅仅是受害人的身体健康，更重要的是侵害了法律所保护的正常社会秩序，这一点与故意伤害罪是不同的。因而，耍流氓如果后果严重，应该构成寻衅滋事罪。

法条链接

刑法第293条：有下列寻衅滋事行为之一，破坏社会秩序的，处5年以下有期徒刑、拘役或者管制：

（一）随意殴打他人，情节恶劣的；

（二）追逐、拦截、辱骂他人，情节恶劣的；

（三）强拿硬要或者任意损毁、占用公私财物，情节严重的；

（四）在公共场所起哄闹事，造成公共秩序严重混乱的。

5.10 “弃明投暗”，也是犯罪吗？

提起黑社会，人们往往有很多的想象空间。在人们的心目中，黑社会一般无恶不作，杀人、放火、抢劫、强奸，等等，罪行累累，让人不寒而栗。在全世界范围内，黑社会也是各国都难以根治的社会病症，几乎有人类居住的地方就有黑社会的影子。比较有名的黑社会组织有意大利的黑手党，美国的3K党，日本的山口组，我国台湾地区的竹联帮和香港地区的三合会等。这些黑社会组织臭名昭著，各国各地区政府都花了大量的气力来整治它们。黑社会不仅影响社会秩序，而且会渗透进政治领域，形成所谓的黑金政治，对国家对社会都有很大的危害。老百姓在日常生活中接触黑社会这个概念主要还是通过一些影视作品。素有东方好莱坞之称的香港地区就有制作反映黑社会电影的传统，20世纪90年代出现的“古惑仔”系列电影就影响了一批青少年，由于青少年缺乏分辨能力，对电影情节的模仿也造成了一些社会问题。那么，除了这些影视作品外，黑社会组织是否存在于我们的生活之中呢？葛优在《大腕》这部电影中有一句台词，“中国就没有黑社会”让人忍俊不禁。确实，黑社会组织的存在要求具有较长的持续性，例如黑手党，它的存在就有百余年的历史。黑社会组织一般规模很大，动辄拥有成百上千的成员。有以上两种特征的犯罪集团在我国暂时是不存在的，但我们同样不能放松警惕，这是因为虽然在我国国内还不存在严格意义上的黑社会组织，但是具有黑社会性质的组织是大量存在的，为避免这些黑社会性质的组织发展壮大向黑社会组织转化，国家制定法律，严厉打击这种组织。那么加入黑社会也是犯罪吗？从下面一个案例中我们可以得到一些答案：

陕西省渭南市中级法院以犯组织、领导、参加黑社会性质组织等10项罪名，一审分别判处盛某、李某等36人无期徒刑和有期徒刑。法院经审理查明：1994年6月，李某在潼关县从事黄金生产时，与当地村民盛某相识。1995年11月，为牟取非法暴利，盛、李两人纠合当地不法之徒，逐步形成了以盛某、李某为头目，盛某、刘某等人为骨干成员，马某、王某等人为一般成员的较为稳定的黑社会性质犯罪组织。自1995年12月至2001年4月的5年多时间里，盛、李领导的黑社会性质组织在当地疯狂作案达29起，进行寻衅滋事、抢劫、敲诈勒索、破坏生产经营等犯罪活动，其中盛某组织、参与作案29起，李某组织作案5起，盛某参与作案12起，其余被告人分别作案1起至10起不等，严重破坏了当地的社会稳定，造成了极为恶劣的影响。（本案例选自：《检察日报》，2003年8月4日。）

在案件36个被判刑者中，除了盛某、李某等组织者外，其他人全部都只是这个黑社会性质组织的一般成员，也就是一般的参加者。他们并没有在组织中起重要作用，但都积极参与组织的违法犯罪活动，而积极参加黑社会性质组织这种行为本身就是构成犯罪的，具体来说就是构成参加黑社会性质组织罪。这表明国家对打击黑社会性质组织的态度非常坚决，不仅打击组织者，还打击参加者，除恶务尽。社会上的青年人要引以为戒，不要为了逞凶斗狠而加入黑社会，否则等待他们的将是刑罚。

法条链接

刑法第294条：组织、领导和积极参加以暴力、威胁或者其他手段，有组织地进行违法犯罪活动，称霸一方，为非作恶，欺压、残害群众，严重破坏经济、社会生活秩序的黑社会性质的组织的，处3年以上10年以下有期徒刑；其他参加的，处3年以下有期徒刑、拘役、管制或者剥夺政治权利。

5.11 "徒弟"犯罪，"师父"没有事吗？

在老百姓的日常生活中，师徒关系大量存在着：在学校里，老师与学生是最普遍的师徒关系，在工厂里，师傅与学徒也是比较常见的师徒关系，在体育项目中，教练与运动员是师徒关系，在武侠电影和小说里以及现实的武馆武校里，师父与弟子也是大家耳熟能详的师徒关系。在现实生活中，还有一类师徒关系，它们比较特殊，"师父"并没有传授给"徒弟"高深的知识或是做人的道理，而是教徒弟做一些鸡鸣狗盗的事情，也就是教他们为非作歹，违法犯罪。前一种师徒关系是正常的师徒关系，而后者则是不可取的。虽然刑法中必须贯彻罪责自负原则，"徒弟"犯罪自己负责，但是，如果"师父"教"徒弟"为非作歹，法律并不是视而不见、无能为力的。在下面一则案例中，"师父"的遭遇也许能给那些"师父"们敲响警钟：

吉林省集安市的王某在广西北海市南万码头打工，认识了与其一同打工的广东遂溪人"林仔"。2002 年 9 月上旬的一天，两人闲聊时，"林仔"问起王某如何才能"搞"到钱，"热心"的王某向"林仔"传授了从银行柜员机中盗取钱的某一犯罪方法，并一再叮嘱林“不要一个人去搞”，要找一个人帮忙望风，而且不要在同一个城市、同一台柜员机上搞多次。“林仔”如获至宝，连声道谢，随即于2002年9月至10月，伙同被告人林某、陈某（女，17岁）分别窜到北海市、南宁市、钦州市、玉林市等地，采用王某传授的盗窃方法，在短短的一个月时间内共同实施盗窃，作案24次，共从银行柜员机上盗得人民币5 200元。经法院审判，被告人王某犯传授犯罪方法罪，判处有期徒刑3年6个月。（本案例选自：《广西政法报》，2003年5月28日第3版。）

在以上的案例中，王某只是教会了林某盗窃的方法，并没有参与实施盗窃的行为，也许有人会问：因为“徒弟”犯罪就牵连了“师父”，刑法是不是太严厉了？其实不然，刑法打击的是严重危害社会的行为，教授别人犯罪方法的行为本身就对社会有很大的危害，也就是说“师父”并不是因为“徒弟”的罪行而获罪，即使“徒弟”没有实施犯罪，“师父”传授犯罪方法的行为也是构成犯罪的，具体来说，构成传授犯罪方法罪。所谓传授犯罪方法罪是指行为人故意用语言、文字、图像或其他方法，将犯罪的方法、技能等传授给他人的行为。在此，有必要区分传授犯罪方法罪与教唆犯罪。所谓教唆犯罪是教唆他人犯罪，教唆之人按被教唆之人所犯之罪处罚。两者的区别在于，前者只是传授犯罪方法，使他人具备犯罪能力，而并没有对具体的犯罪进行唆使或者引诱。但是传授犯罪方法这种行为使犯罪方法从一人传到多人，引发了更多的犯罪，使社会治安造成了极大的隐患。可以说，传授犯罪方法的行为甚至比一般的偷鸡摸狗的行为还要可恨，社会危害还要大，因此刑法专门为此规定了罪名。公民在生活中，不要将自己所学用于犯罪活动，更不要将自己所掌握的犯罪方法传授给别人，否则，害人终害己。

法条链接

刑法第295条：传授犯罪方法的，处5年以下有期徒刑、拘役或者管制；情节严重的，处5年以上有期徒刑；情节特别严重的，处无期徒刑或者死刑。

5.12 自由就是随心所欲吗？

前一段时间，我国的台湾地区引起了国际社会的广泛关注。宝岛内的政治气氛一片肃杀：由“民进党”前主席施明德发起的百万人民倒扁活动持续了一个多月，这次漫长的抗议活动主要内容就是静坐、集会、游行、示威等，民众通过这种方式表达对当局的不满，希望地区领导人陈水扁下台。这些活动一方面显示了我国宝岛内的政治乱象，领导人腐败无能，另一方面也反映了台湾的民众积极利用自己抗争的权利，对领导者制造压力，显示了人民的力量。综观全世界，从美国的反战游行到蔓延东欧的颜色革命，各国或地区人民都充分利用自己的民主权利，采用游行、示威这种非暴力不合作的运动发出自己的声音，这些声音在很大程度上影响了当局的政治决策，甚至引发了政权的更迭。集会、游行、示威等活动已经成为西方乃至全世界人民行使民主权利的主要方式。在我国的大陆地区，人民同样享有集会、游行、示威的权利，这种权利是宪法赋予的，是任何人也剥夺不了的。但是公民在行使这些正当权利的时候必须依法行事，任何违反法律规定的程序或未经批准的集会、游行、示威活动都是被禁止的，严重违反法律的行为也能构成犯罪。以下就是一则相关的案例：

浙江省金华市婺城区人民法院对被告人吴某、杨某非法集会、游行、示威一案作出一审宣判，两被告人各被判处有期徒刑1年6个月。据悉，此类案件的审判在浙江尚属首例，在全国也甚为罕见。2004年3月22日上午8时许，以旧村改造等问题为由，吴某、杨某在未向公安机关申请并获许可的情况下，带领本村村民一百余人举着横幅，一路敲锣、喊口号，到街道办事处集会。吴某、杨某等人对公安民警停止集会的劝阻不予理睬，对未经审批集会必须解散的命令拒不服从，在街道办事处大院内敲锣、喊口号持续时间长达3个小时，造成该办事处当日上午无法正常办公。当日下午1时，吴某、杨某组织村民二百余人在村口集中，一路举着横幅、敲着铜锣，沿街游行，到金华市人民政府机关南大门前示威。吴某、杨某带头组织静坐、喊口号，将南大门堵塞。有关人员规劝吴某、杨某离开南大门，另派代表反映问题，不要拦在南大门影响办公秩序。杨某说，“我们不是来上访的，我们是来游行示威的”，并继续在南大门静坐、喊口号，持续时间长达3个小时，致使当日下午市政府机关工作无法正常进行，严重影响了政府机关的正常办公秩序。（本案例选自：《南方周末》，2004年9月9日。）

案件中，吴某、杨某的集会、游行、示威的行为看似行使自己正当的民主权利，国家好像不应该干涉或者处罚，其实不然。在此我们要弄清楚自由与法律的关系，自由并不是与法律绝然相对的。自由权利的行使需要法律的保护，同样也需要法律的限制，如果一味强调个人的自由，而不顾别人的感受，那将对他人的生活和社会的秩序造成影响，是一种无政府主义，对社会是有害的。因而行使民主自由权利应该依法进行。我国刑法规定的非法集会、游行、示威罪是指未依照法律规定申请或者申请未获许可，而举行集会、游行、示威，或者未按照主管机关许可的起止时间、地点、路线进行集会、游行、示威，又拒不服从解散命令，严重破坏社会秩序的行为。除了刑法之外，国家还专门颁布了《中华人民共和国集会游行示威法》，对公民合法行使民主权利进行了规定和限制，公民应该遵守。老百姓在日常生活中，要依法行使自己的民主权利，否则，扰乱了社会秩序是要受到惩罚的。

法条链接

刑法第296条：举行集会、游行、示威，未依照法律规定申请或者申请未获许可，或者未按照主管机关许可的起止时间、地点、路线进行，又拒不服从解散命令，严重破坏社会秩序的，对集会、游行、示威的负责人和直接责任人员，处5年以下有期徒刑、拘役、管制或者剥夺政治权利。

5.13 拿国旗泄愤，法律能够容忍吗？

国旗，与国徽、国歌一样，代表了一个国家，是一个国家主权和尊严的象征。在生活中，我们经常可以看到国旗，在学校里，在国家机关里，在一些公共场所里，甚至在一些私人的领域都有国旗存在。在不久前的国庆节，国旗是人们寄托爱国之情的最好媒介，大街小巷里几乎成为国旗的海洋。在国际会议上和国际赛场上，国旗代表了国家，每当我们的运动健儿在赛场上奋力拼搏，夺得冠军之后，我们总会看到国旗在雄壮的国歌声中冉冉升起，让国人的心中顿时充满了民族自豪感和国家荣誉感。国旗如此重要，每个公民都应该尊重它，爱护它。而在现实生活中，也有些人并不尊重国旗，甚至为了发泄心中的不满，侮辱国旗。这种行为可以构成犯罪吗？下面的案例可以给我们答案：

2005 年 10 月，深圳市盐田区人民法院当庭宣判：被告人曾某犯故意毁坏财物罪、侮辱国旗罪，数罪并罚合并判处有期徒刑 1 年 8 个月。该案是在盐田区发生的首宗侮辱国旗案件。经过法庭调查查明：2005 年 4 月 19 日下午 5 时许，在大梅沙正角嘴观景台上乱摆卖的被告人曾某因不服盐田区综合执法局五中队执法人员对其处以行政罚没处理，闯入梅沙办事处办公楼，将312房办公室的门牌砸坏，后冲上大楼天台的小阁楼撕毁办事处悬挂的国旗，折断街道综治办对讲机发射天线，扔到楼下。还扬言要炸毁办事处大楼，同时将楼顶隔热层水泥块破坏并不停地用砖块往楼下砸，砸坏办事处的一辆汽车及大门雨篷。经40分钟的劝说无效后，民警将曾某擒服。根据梅沙街道办事处及有关部门核算，被曾某破坏的办公楼设施及汽车等财物损失共计人民币16 588.86元。（本案例选自：《深圳法制报》，2005年10月13日第A13版。）

在案件中，被告人曾某在公共场合撕毁国旗，造成了恶劣的社会影响，触犯了刑法所规定的侮辱国旗罪。我国刑法规定的侮辱国旗、国徽罪是指在公众场合故意以焚烧、毁损、涂划、玷污、践踏等方式侮辱中华人民共和国国旗、国徽的行为。侮辱国旗罪是国家为了维护国旗的尊严，维持公民对国旗最起码的尊重，打击对国旗的侮辱行为而设立的。公民在日常生活中要爱护国旗、尊重国旗。爱国，应该先从爱护国旗开始。

法条链接

刑法第299条：在公众场合故意以焚烧、毁损、涂划、玷污、践踏等方式侮辱中华人民共和国国旗、国徽的，处三年以下有期徒刑、拘役、管制或者剥夺政治权利。

5.14 胡作非为，法轮功的真善忍何在？

法轮功是一个邪教组织。这个邪教组织在被取缔之前在我国活动甚广，成员众多。在党中央作出取缔法轮功的决定之后，国家对大量的法轮功修练人员进行说服教育，对一些骨干成员和顽固不化者也进行了相关的处罚，应该说，法轮功作为一个组织在我国已经被消灭了。但是由于邪教本身对人的思想的腐蚀性比较强，再加上一套冠冕堂皇的说辞，一些法轮功修练人员至今仍执迷不悟，对法轮功及其头领李洪志痴心不改，言听计从。少数法轮功修练者为了扩大自己的影响，对抗政府的取缔法轮功的命令，利用法轮功在国内的残余势力对社会进行违法活动，给社会秩序和国家法律的实施造成了破坏，其行为本身就违背了法轮功所宣扬的真善忍，事实证明，法轮功的邪教本质是毋庸质疑的。在吉林省就发生了这么一起法轮功兴风作浪的案件：

吉林省长春市中级人民法院2002年9月20日对破坏长春市、松原市广播电视设施，利用邪教组织破坏法律实施案进行了一审公开宣判，依法分别判处周某、刘某、梁某、刘某等15名被告人20年至4年不等的有期徒刑。法庭审理查明并认定，周某、刘某、梁某、刘某等15名被告人经过预谋，购置了作案工具和有线电视插播设备，研究犯罪方法，于2002年3月5日19时许，破坏有线电视网络传输主干线，插播宣扬“法轮功”邪教内容的光碟，造成长春市、松原市两地部分有线电视网络中断数小时，致使用户无法正常收看电视节目。他们的行为均已构成利用邪教组织破坏法律实施罪，构成破坏广播电视设施罪。(本案例选自：《人民日报》，2002年9月21日。)

在以上的案例中，周某等15人利用法轮功组织破坏有线电视设备，造成电视用户无法正常收看节目，违反了国家的法律，构成了利用邪教组织破坏法律实施罪。该罪是国家为了打击邪教而设立的，指的是利用邪教组织破坏国家法律、行政法规的实施，扰乱社会秩序的行为。法轮功一方面宣扬真善忍，一方面违反国家法律，与政府对抗，扰乱社会秩序，这种自相矛盾的做法不仅显示它的虚伪，也是构成犯罪的。老百姓在日常生活中应该配合国家取缔法轮功的政策，自觉远离法轮功，千万不要被它的歪理邪说所迷惑，助纣为虐。

法条链接

刑法第300条：组织和利用会道门、邪教组织或者利用迷信破坏国家法律、行政法规实施的，处3年以上7年以下有期徒刑；情节特别严重的，处7年以上有期徒刑。

5.15 “你情我愿”，就是合法的吗？

生活中，一些人受到不良思想的影响，追求刺激，乱搞男女关系，甚至有的人聚集一伙人进行淫乱活动，这首先是一个道德上的问题，应当受到谴责。那么在刑法中，法律对这种行为是不是无能为力呢？首先我们来看一则案例：

> 1999年5月16日晚，被告人刘某和周某、梁某、曾某与女青年陈某某在钦州城区永福大道的夜市摊饮啤酒至晚上12时许，期间，被告人刘某提议带陈某某去搞性关系，问周某到周某家是否可以，周某说到他家楼顶天台可以，被告人刘某、梁某、曾某、陈某某表示赞同。被告人刘某即和周某、梁某、曾某、陈某某到苗莆区林业局集资楼周某住处楼顶，周某回家拿来席子、毡，被告人刘某即同陈某某发生性关系，之后曾某、梁某、周某分别与陈某某发生性关系一次。广西壮族自治区钦州区人民法院判处被告人刘某聚众淫乱罪，判处有期徒刑2年。（本案例选自：张耕主编：《刑事案例诉辩审评——妨害社会管理秩序罪》，中国检察出版社2005年版，第257页。）

案件中，刘某的行为只是将他人聚集起来自愿发生性关系，参与者都是出于自愿，并没有强迫，而法院却判处了他两年的徒刑，似乎有点说不过去。其实，法律处罚的是他的聚众行为。如果刘某只是与单独的他人发生性关系，这属于个人自由，在一定情况下也可以说是通奸，只能受到道德和舆论的谴责。但是如果将他人聚合起来一起进行淫乱的活动，那么就破坏了社会上健康的性观念和风俗，危害就比单纯的通奸要大得多，应当受到法律的处罚。在刑法中，刘某构成了聚众淫乱罪，该罪是指无视国家法律和社会道德，聚集男女多人进行淫乱活动，多次参加聚众淫乱活动的行为。聚众淫乱，是指纠集三人以上群奸群宿或进行其他淫乱活动。淫乱行为除了指自然性交以外，还包括其他刺激、兴奋、满足性欲的行为，如聚众从事手淫、口淫、鸡奸等行为。参与聚众淫乱的人是自愿的，而不是被强迫的。并非参加淫乱的任何行为都成立本罪，只有在聚众淫乱中起组织、策划、指挥作用的首要分子，或者虽不是首要分子但多次参加聚众淫乱的人，才成立本罪。刘某的行为符合聚众淫乱罪的构成条件。从案件中我们可以看出，自愿发生的性关系也并不都是合法的。

法条链接

刑法第 301 条：聚众进行淫乱活动的，对首要分子或者多次参加的，处 5 年以下有期徒刑、拘役或者管制。

5.16 是娱乐还是赌博？

在日常生活中，老百姓在茶余饭后总爱凑齐几个人一起打麻将，斗地主，美其名曰：娱乐。而我们也经常可以看到，社会上的一些人因为赌博而倾家荡产，甚至锒铛入狱。同样是打麻将，打扑克，有人把它当成娱乐，有人把它当作赚钱的手段，养成赌博的恶习。赌博虽然可恶，但是它本身是一项历史悠久的民间活动，民间有小赌可以怡情的说法。而在我国的一些地方上特别是农村地区，赌博也是很普遍的活动，一些赌博的工具如麻将、扑克等几乎随处可见，达到了泛滥的程度。那么我们该如何区分构成犯罪的赌博活动和群众正常的文娱活动呢？以下的一个案例可以给我们一些答案：

1997 年 11 月至 1998 年 2 月期间，刘某、吕某、王某、陈某相互勾结，先后在吕某、王某家等地，以扑克牌玩“拉耗子”的方法聚众赌博，赌注少则几十元，多则上千元。其中，刘某参与赌博 14 次，输赢赌资共计人民币 2 万元；吕某参与赌博 12 次，输赢赌资共计人民币 19 000 元；王某参与赌博 8 次，输赢赌资 7 000 元；陈某参与赌博 7 次，输赢赌资共计 1 000 元。1998 年 2 月 14

日，当四人在进行赌博活动时，被公安机关抓获，当场扣押赌资20 000余元。法院分别判处四位被告2年至6个月的有期徒刑。(本案例选自：余剑主编：《妨害社会管理秩序罪》，法律出版社2000年版，第289页。)

在案件中，刘某等四人聚众赌博，参赌数额比较大，已经构成了赌博罪。那么是否只要是有金钱参与的玩牌、打麻将的行为都是犯罪呢？这里要严格区分赌博违法犯罪与群众正常的文娱活动。对不以营利为目的，进行带有少量财物输赢的娱乐活动，不得以赌博论处，对参赌数额较大的，可由公安机关依法给予行政处罚，情节恶劣的，才能作为赌博罪论处。国家不仅规定了赌博罪，还出台了司法解释专门对赌博罪的构成条件进行规定，因而赌博罪的罪与非罪的界限是非常清楚的。

国家提倡健康文明的娱乐活动，将打麻将、扑克等行为作为一种娱乐是无可厚非的。但是如果想追求刺激，在娱乐中掺杂金钱，就有演变为赌博违法犯罪的危险，终有一天会酿成大错。

法条链接

刑法第303条：以营利为目的，聚众赌博、开设赌场或者以赌博为业的，处3年以下有期徒刑、拘役或者管制，并处罚金。

2005年5月11日最高人民法院、最高人民检察院《关于办理赌博刑事案件具体应用法律若干问题的解释》第1条规定："以营利为目的，有下列情形之一的，属于刑法第303条规定的'聚众赌博'：

(一) 组织3人以上赌博，抽头渔利数额累计达到5 000元以上的；

（二）组织3人以上赌博，赌资数额累计达到5万元以上的；

（三）组织3人以上赌博，参赌人数累计达到20人以上的；

（四）组织中华人民共和国公民10人以上赴境外赌博，从中收取回扣、介绍费的。”

5.17 “防民之口”，也构成犯罪吗？

“防民之口，甚于防川”这句话大家经常能够听到，它来自于一个古老的典故。这个故事说的是西周的一个统治者周厉王昏庸无道，老百姓对他的意见很大，怨声载道。厉王得知这种情况，很是恼火，马上下了一道禁令，禁止百姓议论朝政，不准百姓说他的坏话。这样一条禁令很快有了效果，从此周王辖内再也听不到对厉王的批评的声音，老百姓再也不敢公开发表不满，只能“道路以目”。事情好像是平息了，但是厉王的大臣召公看出其中的不妥，他对厉王说，“防民之口，甚于防川”，意思是如果不让民众说出自己的不满，只会积聚更多的不满，造成严重的后果。厉王不听，最后被老百姓流放，成为天下的笑话。虽然这个故事发生的时间离我们很遥远，但是在现实生活中还是经常发生类似的事情。有些人做了错事，不仅不承认错误，而且还想尽办法逃避责任，对知情的人进行恐吓、威胁，不让别人说真话。那么这种行为也能构成犯罪吗？首先我们来看一则案例：

1999年12月31日，被告人王某乘隙窜至同船队邵某船上，用事先取得的钥匙打开邵某床头柜挂锁，窃得柜中现金1万元。2000年1月1日案发后，王某投案自首，同月8日被逮捕。羁押期间，王某书写内容为“收到邵某欠款1万元”时间为“1999年12月31日早”的收条一份及指使家人威胁邵某向公安机关作伪证的信件两页，于1月28日下午请同监房人犯蔡某释放时带出，企图将自己盗窃犯罪事实改变为收取欠款行为，逃避法律制裁。因“收条”和信件被管教民警查获而未能得逞。江苏省海安县人民法院经审理认为，王某在羁押期间以威胁的方法指使他人作伪证，企图减轻自己的罪责，其行为已构成妨害作证罪。4月4日，法院以王某犯盗窃罪，判处有期徒刑2年6个月，并处罚金5 000元；犯妨害作证罪，判处有期徒刑8个月，决定执行有期徒刑3年，并处罚金5 000元。（本案例选自：《天津青年报》，2000年8月11日第3版。）

案件中，王某不让别人说真话，犯了与厉王同样的错误，构成了妨害作证罪。我国刑法规定的妨害作证罪是指以暴力、威胁、贿买等方法阻止证人作证或指使他人作伪证的行为。在本案中，王某为了逃避罪责，威胁邵某作伪证，符合妨害作证罪的构成条件。这个案件警示我们，老百姓在生活中如果犯了错，要勇于承担责任，而不能用让别人闭嘴或说假话的方法逃避罪责，否则会越陷越深，不仅原先的罪责不能免去，还有可能构成妨害作证罪，是得不偿失的。

法条链接

刑法第307条：以暴力、威胁、贿买等方法阻止证人作证或者指使他人作伪证的，处3年以下有期徒刑或者拘役；情节严重的，处3年以上7年以下有期徒刑。

5.18 冤冤相报何时了？

有一些法律知识的人都知道，致人轻伤是一种比较轻的罪行，依照我国刑法第234条的规定："故意伤害他人身体的，处3年以下有期徒刑、拘役或者管制。""犯前款罪，致人重伤的，处3年以上10年以下有期徒刑；致人死亡或者以特别残忍手段致人重伤造成严重残疾的，处十年以上有期徒刑、无期徒刑或者死刑。本法另有规定的，依照规定。"如果单纯致人轻伤，应该判处3年以下有期徒刑、拘役或者管制，而在以下的一个案例中，行为人对证人实施伤害，造成证人轻伤，却被判处5年徒刑，根据何在？首先，我们来看一下这个案例：

2000年，杨某因与家人赌气，将本单位的桑塔纳轿车砸坏，被法院以故意毁坏财物罪判处拘役3个月，缓刑一年。缓刑考验期内，杨某不思悔改，采取书写威胁性语言、敲人家门等手段威胁证人葛某，经多次教育仍不悔改。2002年3月22日下午，杨某将事先准备好的一茶缸盐酸泼到葛某的面部，致使葛某轻伤。事发后，杨某逃跑，当晚到公安机关自首。人民法院以打击报复证人罪重判杨某有期徒刑5年，并赔偿经济损失6 060.06元。（本案例选自：《广西政法报》，2003年5月10日第3版。）

同样的伤人，如果伤害的是普通人，则只能判处3年以下有期徒刑，就因为被害人有特殊的身份，就判处了比较重的刑罚，这并不是没有道理的。在此，我们要注意证人这个特殊身份。证人，是指在民事、行政、以及刑事案件的审理过程中，提供证言证明某种法律事实的一类人。证人证言在司法审判中具有很高的地位，有时候甚至能够决定一个案件判决的结果，因而证人作证对案件的审理很重要。一些犯罪人在作案时以为没人发现，掩耳盗铃，任意妄为。殊不知“要想人不知，除非己莫为”，这些犯罪事实早已被别人发觉，而发觉之人如果出庭作证将意味着罪行败露，犯罪人只好认罪伏法。在本案中，杨某气急败坏地报复葛某也主要是由于葛某在本案中的特殊地位。为了保护证人作证的权利，鼓励证人勇敢作证，国家规定了打击报复证人罪。所谓打击报复证人罪是指对证人进行打击报复的行为，打击报复证人的手段多种多样，既包括对证人进行人身伤害，也包括利用职权对证人进行报复，只要对证人的人身、财产和其他权利造成了损害都可以构成本罪。本案中，杨某多次通过各种手段打击报复证人葛某，最后致使证人受伤，情节比较严重，所以，被判处5年徒刑并不冤。

法条链接

刑法第308条：对证人进行打击报复的，处3年以下有期徒刑或者拘役；情节严重的，处3年以上7年以下有期徒刑。

5.19 为儿子顶罪，法律可以原谅吗？

在中国这样一个受传统儒家文化影响的国度，家庭在个人的生活中占有举足轻重的地位，而在这其中扮演主要角色的父母和子女也被认为是天底下最亲最近的关系，父母对子女的感情也是天底下最无私、最伟大的感情。父母在培养孩子的过程中投入了大量的精力，有的甚至倾其所有，自己贫困潦倒只为让子女过得幸福满足，真是可怜天下父母心。然而在子女出现过错的时候，父母应该持怎样的态度呢？在我国古代，“子不教，父之过”是一句黄毛小孩都知道的至理名言，儿子有错，错在父母，是父母没有管教好，在这种情况下，父母就会受到连带的谴责甚至株连。在当时的法律中，有一条基本的原则：亲亲得相首匿。这句话的意思就是如果有人犯法，该人的亲属们可以对外人隐瞒。这种隐瞒事实真相的做法在那时是不为罪的，反而得到提倡，“父为子隐，子为父隐”是很正常的现象。而到了现代，随着社会的进步和法制观念的更新，这种亲属间互为隐瞒的做法在我国被抛弃，但在受中华文化影响的国家如日本则仍然有一定程度的延续。在我国，父母与子女各有独立的人格，子女不再是父母的“私人财产”，因而罪责应该自负，子女的过错也不能牵连到父母的身上。在自己子女做了坏事，违法犯罪的时候，作为父母，正确的做法是劝说自己的子女投案自首，而不应该为孩子隐瞒真相或编造事实，否则就会触犯刑法。在以下的一则真实案例中，父亲为儿子顶罪，结果锒铛入狱：

安徽来沪的蔡某在上海市金山区某砖厂打工，负责开车将砖头运送到客户处。2005年10月13日14时40分许，蔡某的儿子驾驶的大货车，行驶至金山区枫泾镇农兴铁路隧道内时，与对面骑自行车相向行驶至此的被害人杨某发生相撞，致杨某受重伤，经医院抢救无效死亡，蔡某的儿子肇事后即驾车逃逸。第二天，当公安机关在蔡某所在的砖厂排摸情况时，被告人蔡某明知是其子驾车肇事后逃逸，却故意向公安机关作虚假供述，谎称是由其本人驾车发生交通事故，故意包庇其儿子，妄图使其逃避法律追究。法网恢恢，疏而不漏，蔡某虚假的供述在公安机关的大量证据面前，漏洞百出，遂案发。法院审理认为，被告人蔡某明知自己的儿子犯罪，却向公安机关作虚假供述进行包庇，其行为已构成包庇罪。故判决被告人蔡某犯包庇罪，一审判处有期徒刑8个月。（本案例选自：《西部法制报》，2006年3月21日第4版。）

从上面的案例中我们可以感受到蔡某深深的父爱，案件的处理结果也颇为让人叹息。可是法不容情，任何人触犯刑法，等待他的将是刑罚。蔡某在他的儿子交通肇事之后，故意向公安机关提供虚假供述，包庇自己的儿子，已经扰乱了正常的司法侦查秩序，构成我国刑法规定的包庇罪。我国刑法规定的包庇罪是指明知是犯罪的人而作假证明予以包庇，意图使其逃避法律制裁的行为。蔡某无疑构成犯罪了，他包庇儿子的行为并不能为法律所原谅。

法条链接

刑法第310条：明知是犯罪的人而为其提供隐藏处所、财物，帮助其逃匿或者作假证明包庇的，处3年以下有期徒刑、拘役或者管制；情节严重的，处3年以上10年以下有期徒刑。

5.20 真的要为朋友两肋插刀？

中国是一个礼仪之邦，人与人之间的交往注重礼尚往来，互相帮助。在社会上，老百姓比较崇尚那种为朋友两肋插刀，赴汤蹈火，在所不辞的侠义精神，认为这样才够朋友，够义气。如果这种义气用在正当的事情当中，当然是无可厚非的，而且是值得提倡的。但是如果让义气冲昏了头脑，出于所谓的义气，明知朋友做了坏事，不仅不劝导他走上正途，而且还为他提供藏身之所，让他得以全身而退，这样只会助长坏人的嚣张气焰。这种义气是盲目的，为我们所不取，在下面的一个案例中，一个小青年就尝到了苦果。

2004年3月30日，胡某将黄某等同学带到自己打工的住宿处玩。黄某等人提出要在胡某这里住宿，胡某爽快地答应了。当晚，黄某等人商量如何抢钱的事，胡某在旁边听后告诫："要小心点哟！"次日晚上，黄某5人分两组出去抢劫。抢劫成功后，胡某还叫来出租车，让黄某、潘某、张某等人离开了自己的住处。黄某、潘某、张某等人在另一个城镇再次抢劫作案后被公安人员抓获。4月28日胡某被逮捕。10月6日，县人民法院开庭审理时，胡某底气十足地辩称，黄某、潘某、张某等人是自己的同学，留宿他们在自己的住处实是人之常情，他自己根本没参与他们的犯罪，怎么就犯了窝藏罪？他觉得自己很冤枉。法院的判决却认定，胡某明知是犯罪的人而为其提供隐藏住所，帮助其逃匿，其行为依法已构成窝藏罪。因未满18岁，从轻处罚，判处胡某有期徒刑6个月。(本案例选自：《法治快报》，2004年11月23日第5版。)

从以上的案件中可以看出，胡某对自己出于“人之常情的帮忙”所得到的结果是无法接受的。这一方面显示出他涉世未深，对世故人情的了解具有片面性，另一方面也显示出他对于法律的无知。我国刑法规定了窝藏罪，该罪是指明知是犯罪人而为其提供隐藏处所、财物，帮助其逃匿的行为。在案件中，胡某明知黄某等人实施抢劫，还为他们提供住处，事后还帮助他们离开，已经构成了窝藏罪，法院的判决并没有错误。胡某要怪只能怪自己交友不慎，怪自己不懂法。公民在日常生活中切不能出于义气为别人的违法行为服务，面对朋友的求助，该帮的忙可以帮，而不该帮的忙绝不能帮，否则这种帮忙也可能让自己身陷牢狱。

法条链接

刑法第310条：明知是犯罪的人而为其提供隐藏处所、财物，帮助其逃匿或者作假证明包庇的，处3年以下有期徒刑、拘役或者管制；情节严重的，处3年以上10年以下有期徒刑。

5.21 二手车可以随便买吗？

由于商品交易的发达和产品更新换代的加快，在老百姓的日常生活中，二手货交易日渐红火起来。人们将自己用过一段时间的东西卖给他人，既可以物尽其用，不至于白白闲置，也可以换取一定的金钱，一举两得。一些人看到了里面的商机，专门经营二手货的生意，获利颇丰。我们可以看到校园内随处可见的跳蚤市场，大街小巷里的旧书店，回收家电的小商贩，大到飞机汽车，小到笔墨纸砚都可以通过二手交易获得。二手货的交易促进了产品的流通，满足了老百姓的生活需求，是一个好的现象。然而正如硬币有正反两面，二手货交易在给百姓带来实惠的同时也给社会带来了一些隐患。由于二手货并非新的产品，购买者对它们的期望不如新产品高，因而对二手货的来源也不甚关心。不法分子抓住这一点，将他们通过不法手段如偷窃、诈骗等获得的财物通过二手交易销售出去，二手市场成为他们洗钱的场所，这是一个严重的问题，而且在社会中大量存在，应该引起我们的重视。我们老百姓在购买二手产品时应该慎重，弄清楚产品的来源是否合法，如果明知产品是非法所得就应该向公安机关举报，而不应该主动收赃，否则将受到法律的制裁。

2002年，江苏省如东县人民法院对被告人赵某犯收购赃物罪，判处有期徒刑1年缓刑2年，并处罚金人民币15 000元。家住如东县沿南镇范家堑村的农民赵某，2000年10月下旬以600元人民币，向该镇李某（已判刑）购买了无合法手续的轻骑1辆，几天后，又以2 000元人民币，向李某购买了无合法手续的五羊本田125T二轮摩托车1辆。上述两辆摩托车，均系李某盗窃所得。案发后，赃物被追回，均已发还被害人。法院审理后认为，被告人赵某应当知道所购买的摩托车是赃物，而予以收购，其行为已构成收购赃物罪。（本案例选自：《江苏科技报》，2002年4月24日第8版。）

在本案中，赵某知道对方卖给自己的二手摩托车是通过非法途径得到的，还贪图便宜予以收购，已经构成了收购赃物罪。我国刑法规定的赃物罪包括了很多犯罪形式，其中收购赃物罪是指明知是犯罪所得及其产生的收益而予以收购的行为。收购赃物的行为对侦查机关对赃物的追查造成了麻烦，有时候甚至使案件因为没有赃物作为证据而无法进行下去。因而收购赃物这种行为危害性比较大，国家对此也是严厉打击的。老百姓在日常生活中特别是在从事商品交易的过程中，对于二手商品要弄清楚它的来源，来源不明的商品应该谨慎购买，而在明知对方提供的商品是赃物时就更不能贪图小便宜，否则也是违法的。

法条链接

刑法第312条：明知是犯罪所得及其产生的收益而予以窝藏、转移、收购、代为销售或者以其他方法掩饰、隐瞒的，处3年以下有期徒刑、拘役或者管制，并处或者单处罚金；情节严重的，处3年以上7年以下有期徒刑，并处罚金。

5.22 掘墓者，你在为谁掘墓？

我国有五千年的文明史，自从文明出现以来，殡葬这项事业也蓬勃发展起来。在古代，人们普遍认为，死并不代表毁灭，灵魂可以重生，为了让死去的人能够在地下“过”得好一些，在世的人将死者生前喜爱的物品随死者一起埋葬。从奴隶制时代大量奴隶陪葬，到封建帝王将相墓穴中大量的金银财宝，无不反映出死者的尊贵和生者的虔诚。正因为如此，在几千年的文明发展史中，华夏民族不仅创造了璀璨的文明，而且还遗留了大量的豪华墓穴。这些墓穴中有很大一部分埋有具有很高价值的历史文物，是研究各朝各代历史的重要物品。这些文物在文物交易的黑市上，一般能卖到很高的价钱，因而一些不法分子铤而走险，打起了盗墓的主意，他们未经国家有关部门的批准，私自打开这些珍贵墓穴，盗走其中的文物，在黑市上转手卖出，获取暴利，造成了国家对文物的管理失控，大量文物外流或遭到破坏。然而，多行不义必自毙，掘墓者在不知不觉中也为自己挖好了墓穴，下面的案例中的两名盗墓者为他们的罪行付出了生命的代价：

2000 年 10 月 20 日，江苏省徐州市中级人民法院对疯狂盗掘楚王山汉墓和战国赵王陵墓的两名主犯王某、徐某在徐州执行死刑。1997 年 1 月上旬，王某和徐某纠集 10 余人窜至江苏省铜山县大彭镇境内全国重点文物保护单位楚王山汉墓，采取打洞入室的方法盗掘墓葬，从楚元王刘交一号墓耳室中盗走铜灯、铜碗等数件国家一级文物，并造成 50 余件青铜器、漆木器和陶瓷器国家二、三级文物被毁坏。其中 9 盏铜灯销赃后，获赃款人民币 25 万元。1997 年 6 月，王某、徐某又纠集多人，采取同样手段进入楚元王一号墓主墓室，盗走玉片等大量珍贵文物，致使该墓葬封土、墓道、甬道遭受严重破坏，同时原墓室结构、埋葬形式和考古现场被破坏，使国家文化遗产蒙受重大损失。经查明，王某是河北省邯郸县警方批捕的在逃犯。他于 1997 年 3 月纠集 10 余人，窜至邯郸县三陵乡，采取挖洞、爆破等手段盗掘战国时代赵王陵二号墓，盗走 200 枚玉衣片、低头铜立马和金带钩等国家一级文物，其中金带钩销赃后获赃款人民币 10 万元。（本案例选自："人民网"，http://www. people. com. cn/GB/channell/ll/20000428/52418. html。）

我国刑法规定的盗掘古墓葬罪是指违反国家文化保护法规，以非法占有文物、墓葬品为目的，盗掘具有历史、艺术科学价值的古墓葬的行为。在本案中，王某与徐某二人疯狂盗墓，致使全国重点文物保护单位楚王山汉墓等古代墓葬遭到严重破坏，构成了盗掘古墓葬罪。二人从事盗墓的犯罪活动，最终得到死刑的判决，为自己也挖好了墓穴。这个结局为盗墓者敲响了警钟。公民在生活中如果发现了古墓葬，千万不要私自挖掘，而应该及时报告文物部门，使国家能够对文物进行保护。如果私自挖掘，是触犯刑法的。

法条链接

刑法第328条：盗掘具有历史、艺术、科学价值的古文化遗址、古墓葬的，处3年以上10年以下有期徒刑，并处罚金；情节较轻的，处3年以下有期徒刑、拘役或者管制，并处罚金；有下列情形之一的，处10年以上有期徒刑、无期徒刑或者死刑，并处罚金或者没收财产：

（一）盗掘确定为全国重点文物保护单位和省级文物保护单位的古文化遗址、古墓葬的；

（二）盗掘古文化遗址、古墓葬集团的首要分子；

（三）多次盗掘古文化遗址、古墓葬的；

（四）盗掘古文化遗址、古墓葬，并盗窃珍贵文物或者造成珍贵文物严重破坏的。

5.23 护士得了非典，将她辞退就可以了吗？

2003年春，我国经历了前所未有的非典疫情，造成了大量人员的感染和死亡，至今让人记忆犹新。疫情从暴发到造成全国性的传染只用了很短的时间，速度之快让人猝不及防。其实，在非典暴发之初，如果疫情得到控制，就不会迅速扩张到全国，但由于一些医护人员以及地方官员对非典疫情的隐瞒和放任，一些不知情的人在与病毒携带者接触后感染了病毒，接着一传十，十传百，病毒就这样慢慢蔓延开来，造成了全国性的恐慌。因此，可以说，那场非典疫情是天灾也是人祸。天灾不可免，人祸尚可除，在以下的一则案例中，这个不负责任的诊所负责人就受到了严惩：

犯罪嫌疑人王某，河北省石家庄市某中西医结合诊所法人代表。2003年4月24日，犯罪嫌疑人收治发热病人成某，5天后，成某因治疗效果不明显转院，5月8日被省胸科医院确诊为非典病例。当时诊所负责人王某指派护士张某护理治疗，致使张某被直接感染。后王某因怕被吊销营业执照，于5月3日悄悄将张某辞退，致使张某在石家庄市滞留6天。这期间，王某与其电话联系过两次，却未向有关部门汇报任何情况。张某其后回到灵寿老家，输液进行治疗，先后与31个人密切接触，涉及6个乡、9个村、4个单位，造成非典疫情传播，给社会带来严重危害。后王某被石家庄市桥西区人民检察院以涉嫌妨害传染病防治罪批准逮捕。（本案例选自："新浪网"，http://news.sina.com.cn/s/2003-05-30/1357172276s.shtml。）

在案件中，王某作为诊所负责人，在发现护士张某感染非典病毒之后，没有按照国家的规定将病情上报，而是将张某辞退，想一了百了，造成了张某传染多人的严重后果。这种不负责任的做法构成了妨害传染病防治罪。我国刑法规定的妨害传染病防治罪是指违反传染病防治法的规定，引起甲类传染病传播或有传播严重危险的行为。王某作为诊所负责人，在疫情发生期间，有向上级汇报疫情的职责，他却未履行此项职责，因而违反了传染病防治法，构成犯罪。这个案例也告诉我们，在面对传染病时，公民特别是医疗卫生部门相关人员应该遵守国家有关规定，对病情进行如实报告，尽量缩小传染病的传染范围，如果放任传染病流行，肇事者将会受到严惩。

法条链接

刑法第330条：违反传染病防治法的规定，有下列情形之一，引起甲类传染病传播或者有传播严重危险的，处3年以下有期徒刑或者拘役；后果特别严重的，处3年以上7年以下有期徒刑：

（一）供水单位供应的饮用水不符合国家规定的卫生标准的；

（二）拒绝按照卫生防疫机构提出的卫生要求，对传染病病原体污染的污水、污物、粪便进行消毒处理的；

（三）准许或者纵容传染病病人、病原携带者和疑似传染病病人从事国务院卫生行政部门规定禁止从事的易使该传染病扩散的工作的；

（四）拒绝执行卫生防疫机构依照传染病防治法提出的预防、控制措施的。

5.24 不小心配错药，法律可以饶恕吗？

医生通常被人们比喻为白衣天使，因为这些穿白大褂的人能够像天使一样挽救人的生命，赐给人们健康。医生负有救死扶伤的使命，因而对一个国家及其国民来讲非常重要。在生活中，每当我们遇到病痛，都需要求助于医生。好的医生不仅医术精湛，而且认真负责，对待病人就像对待亲人一样珍视，因而赢得了人们的尊敬和爱戴。而在医生的队伍中也存在着害群之马，他们或者是医术不精的庸医，胡乱下药，耽误病情，或者严重不负责任，疏忽大意，造成了医疗事故，引起病人伤亡。这些不良医生有时候比病痛本身更让人痛恨，而其中的一些人也触犯了刑律，构成了犯罪。在下面的一个案例中，这位医生就因为他的不负责任受到了惩罚：

被告人王某系中医医师，在某市职业专科学校合法开设门诊，为患者诊断治病并配售中药。1997年11月24日中午1时30分许，被害人袁某因牙痛来被告人的门诊就医。被告人王某给袁某诊断后便开了中药清胃散两副。因在此之前被告人错将有毒的草乌装入放玄参的药斗内，在配药时将草乌当作玄参配给了袁某。袁某将其中一副中药泡服后，即出现严重中毒症状，经医院抢救无效，于当日下午5时40分死亡。事发后，被告人王某主动查找袁某中毒死亡的原因系其配错中药，并去某市某区卫生院投案自首。某市人民法院以医疗事故罪判处王某有期徒刑2年，缓刑3年。（本案例选自：佘剑主编：《妨害社会管理秩序罪》，法律出版社2 000年版，第463页。）

在本案中，王某作为医生，配错了中药给病人服用，导致病人死亡，构成了医疗事故罪，被判刑。也许有人会问：王某只是一时疏忽，并没有多大的恶意，何至于被判刑呢？其实刑法不仅处罚主观恶性大的故意杀人等行为，还处罚恶性比较小的过失行为。不小心配错药就是一种过失，但导致别人死亡，后果十分严重，仍然有处罚的必要。我国刑法规定的医疗事故罪就是指医务人员在诊疗护理工作中，严重不负责任，造成就诊人死亡或严重损害就诊人身体健康的行为。之所以规定此罪，是为了让医生在医疗工作中，尽职尽责，避免出现疏漏。因为一旦在任何环节出现疏忽，都可能对病人造成致命的打击。所以，一不小心配错药，也是有可能构成犯罪的。医疗工作者在医疗卫生服务工作中，应该严格要求自己，认真履行自己的职责，千万不要出现如王某配错药这种失误，否则后果不堪设想。

法条链接

刑法第335条：医务人员由于严重不负责任，造成就诊人死亡或者严重损害就诊人身体健康的，处3年以下有期徒刑或者拘役。

5.25 “祖传秘方”可以治病吗?

在我国，医学来源于民间。人民群众在与病魔作斗争的过程中积累了大量的经验，从而造就了大批的医学名家和享誉世界的医学名著，前者如华佗、孙思邈等，后者如《本草纲目》等。在我国历史的很长一段时间里，救死扶伤的职责不是由政府授予资格的正规医生，而是由一些江湖郎中、医学世家来履行的。而这些江湖郎中、医学世家在治疗病人的过程中所用的药物大部分是祖传的秘方，颇有一些神秘色彩。这些祖传秘方有的经历了时间和病症的考验成为宝贵的医学遗产，但也有一些祖传秘方毫无科学根据，不仅不能治病，而且对病人的病情有副作用，造成了病人伤亡的结果。在下面的一个案例中，用祖传秘方治病，结果闹出了人命:

何大妈患有非常严重的风湿病，四处寻医无效。恰好房客李某有一专治风湿病的祖传秘方，据说效果不错。李某于是自告奋勇免费为何某治疗风湿病。两帖药下去后，何大妈的病情大有好转。然而，出人意料的是，何大妈服下第三帖药后，突然死亡。经刑事技术鉴定：何大妈系药物中毒死亡。案发后，李某到公安机关投案自首。人民法院以非法行医罪判处李某有期徒刑10年，并处罚金1 000元。本案中的李某系农民工，在自身并不具备医生执业资格的情况下，仅凭自己掌握的“祖传秘方”便为何大妈治疗，造成了何大妈死亡的严重后果，其行为构成非法行医罪。因李某有自首情节，依法可予从轻处罚。（本案例选自：《上海法治报》，2004年6月28日第6版。）

在以上的案例中，李某出于好心用祖传秘方给何某治病，结果致使何某死亡。好心办坏事是谁也不愿意看到的，而最后获得10年刑期，更是让他追悔莫及。李某系农民工，在自身并不具备医生执业资格的情况下，仅凭自己掌握的“祖传秘方”便为何大妈治疗，造成了何大妈死亡的严重后果，其行为构成非法行医罪。我国刑法规定的非法行医罪是指未取得医生执业资格的人非法行医，情节严重的行为。这个案件警示我们，在生病的时候一定要到正规医院接受正规医生的治疗，而不应该听信别人的祖传秘方，否则就会延误病情，严重的还会引发中毒，后果不堪设想。而那些未取得医生执业资格的人也不要越俎代庖，为别人看病，不然，发生事故的话就要负刑事责任。

法条链接

刑法第336条：未取得医生执业资格的人非法行医，情节严重的，处3年以下有期徒刑、拘役或者管制，并处或者单处罚金；严重损害就诊人身体健康的，处3年以上10年以下有期徒刑，并处罚金；造成就诊人死亡的，处10年以上有期徒刑，并处罚金。

5.26 帮别人运送毒品，罪不至死吗？

在生活中，一些表面看起来很小的事情，其实隐藏着极大的祸端。古人有云：不以恶小而为之，不以善小而不为，就是告诫我们在生活中要谨言慎行，行事前要三思，什么事该做，什么事不该做，都要考虑清楚。如果明知行为不合法而心存侥幸以为可以逃过法律的眼睛，那就大错特错了。从下面的一个案例中，我们可以得到一些教训：

一名帮助雇主将毒品海洛因运往上海的新疆籍妇女哈衣里古丽，2004年6月2日被上海铁路运输中级法院以运输毒品罪一审判处死刑，缓期2年执行，剥夺政治权利终身，并处没收财产人民币3万元。现年32岁的哈衣里古丽经人介绍，于去年10月中旬从上海到广州帮一新疆籍女子带小孩，之后又在一个叫"艾尼"的新疆籍男子家里做保姆。2个月后，哈衣里古丽提出要回去看自己的孩子，"艾尼"一口答应，并叫她帮其带点毒品到上海，许诺事成之后，做保姆的2 500元工资和带毒品的好处费一并清算。今年1月11日，哈衣里古丽将"艾尼"给的毒品放入塑料袋内，持票从广州东站乘上开往上海的

K100 次旅客列车 4 号硬卧车厢。上车后，哈衣里古丽便将毒品放入枕头套内，然后躺在铺位上休息。列车从广州东站开出后，乘警便对 4 号车厢进行安全检查，当场从哈衣里古丽所在铺位的枕头套内查获用黄色封胶纸包装的 8 块方型可疑物。经上海市毒品检验中心鉴定，从中检出海洛因成分，净重 806.83 克。并根据指纹鉴定中心鉴定，查获的毒品海洛因外包装黄色胶带上的指纹，系哈衣里古丽右手拇指所留。（本案例选自：《新华每日电讯》，2004 年 6 月 4 日第 2 版。）

本案中，哈衣里古丽为了二千多元的工资和好处费替雇主运送毒品，结果被判死刑。乍听起来，让人觉得不可思议。难道帮别人运送毒品，就罪该至死吗？这反映了我国刑法对打击毒品犯罪的严厉性。我国是一个深受毒品侵害的国家。在历史上，比较有名的两次被侵略战争是以毒品鸦片命名的。鸦片的输入不仅掏空了国库，而且残害了国民的身体，造成种种社会问题，使清末腐朽的政治体制在列强的打击下摇摇欲坠。有了这样的惨痛教训，新中国成立以后，国家就严厉打击毒品犯罪，使毒品一度在我国绝迹。近年来随着毒品犯罪的日渐猖獗，国家也加大了打击毒品犯罪的力度，并对毒品犯罪设置了死刑。本案中，哈某明知雇主交付的是毒品，还为雇主运送，构成了运输毒品罪，由于毒品数额巨大，获得极刑也是在法律规定的限度之内。

法条链接

刑法第 347 条：走私、贩卖、运输、制造毒品，无论数量多少，都应当追究刑事责任，予以刑事处罚。

走私、贩卖、运输、制造毒品，有下列情形之一的，处15年有期徒刑、无期徒刑或者死刑，并处没收财产：

（一）走私、贩卖、运输、制造鸦片1 000克以上、海洛因或者甲基苯丙胺50克以上或者其他毒品数量大的；

（二）走私、贩卖、运输、制造毒品集团的首要分子；

（三）武装掩护走私、贩卖、运输、制造毒品的；

（四）以暴力抗拒检查、拘留、逮捕，情节严重的；

（五）参与有组织的国际贩毒活动的。

5.27 用罂粟壳做调料，行不行？

众所周知，鸦片是一种毒品，长期吸食会成瘾，对人的身体机能有很大的伤害。鸦片来源于一种叫做罂粟的植物。作为制作鸦片的副产品，罂粟壳有着鲜为人知的一面，它是一种绝好的调味品，但由于与鸦片有同样的致瘾成分，长期食用由罂粟壳调制的食品也会成瘾。在现实生活中，一些商家，为了招徕食客，投机取巧，将罂粟壳放入自己售卖的食品中，使自己卖出的食品有与众不同的美味，从而赢得了顾客，获利丰厚。这种行为在法律上是否被允许呢？首先我们来看下面这一个案例：

2003 年 11 月 20 日，湖北省谷城县法院将犯有欺骗他人吸毒罪的张某处有期徒刑 4 年，并处罚金 1 万元。张某的火锅店生意一直很冷清，一个偶然的机会，他听说在火锅的作料中加入罂粟壳，火锅的味道会很鲜美，并且能让人吃了上瘾。张某得到这一“密技”后十分高兴，马上高价购买了一批罂粟壳，粉碎后加入火锅的作料中。果然，不少顾客吃了张某的火锅后都觉得口味很好，而且越吃越有瘾，火锅店的生意也越来越红火，很快就在当地小有名气。谷城县卫生防疫站经过化验，证实张某的火锅作料中确实有罂粟成分。谷城县公安局接到报警后，经调查属实，立即将张某刑事拘留。（本案例选自：《内蒙古法制报》，2000年7月21日第2版。）

本案中，张某在自己配制的火锅料中加入罂粟壳，并没有对人的身体造成多大的显性伤害，在一般人看来并没有什么大不了的。其实，张某的行为构成了欺骗他人吸食毒品罪。该罪是指以隐瞒事实真相、制造假象等方法欺骗他人吸食毒品的行为。张某明明知道长期吸食罂粟壳会让人上瘾，为了赚钱，长期在火锅中添加罂粟粉，致使别人上瘾，是一种欺骗他人吸毒的行为，因而构成犯罪。这个案件也告诉一些制卖食品的商家，在制作食品的过程中要充分发挥自己的聪明才智，努力钻研，调制出受食客喜爱的食品，而不能投机取巧，通过在食品中放置使别人上瘾的调料吸引顾客，否则是犯法的。

法条链接

刑法第353条：引诱、教唆、欺骗他人吸食、注射毒品的，处3年以下有期徒刑、拘役或者管制，并处罚金；情节严重的，处3年以上7年以下有期徒刑，并处罚金。

5.28 留别人嫖宿一晚，也是犯罪？

卖淫嫖娼的行为是违法的，这是人所共知的。国家严厉打击卖淫嫖娼的行为。可尽管如此，卖淫嫖娼的行为还是屡禁不绝。究其原因，一方面是因为随着改革开放的深化，一些不良风气从国外传到国内，一部分人为了寻找刺激，希望通过买卖来满足自己性的需求，在这种需求的刺激下，卖淫现象有了生存的土壤，迅速发展起来；在另一方面，卖淫行为之所以难以根治，也是由于社会上的一些人对卖淫嫖娼行为采取纵容姑息的态度，为卖淫行为提供场所，以此牟利，使卖淫行为隐藏在“千家万户”之中，一些居民住宅、旅馆等成为藏污纳垢之所，公安机关难以一网打尽。那么，这种为卖淫提供场所的行为是否也是犯罪呢？下面我们来看一个相关的案例：

李某系重庆市巴南区一品镇农民。2002 年 8 月，卖淫女杨某找到李，要其为自己找一个“工作地点”，李某于是爽快答应将自己位于一品镇的租住房屋在其“需要”的时候提供给杨某。不久，杨某便带着嫖客吕某来到李某的住处，而李某也信守诺言容留两人在自己的房屋内嫖宿，并按约定收取“使用”费 5 元。法院审理后认为：

被告人李某以牟利为目的，为他人提供卖淫场所，数额虽小，但其行为已构成容留卖淫罪，依法判处有期徒刑6个月，并处罚金2 000元。（本案例选自："正义网"，http://www.jcrb.com/zyw/n27/ca25933.htm。）

在本案中，李某为了5元钱的"使用费"为杨某卖淫提供场所，结果被判处有期徒刑6个月，相当于1元钱换取一个多月的刑期。这个判决结果不仅杨某本人感觉冤枉，而且让一般老百姓也匪夷所思：难道留别人嫖宿一晚也构成犯罪吗？答案是肯定的。李某的行为构成了容留卖淫罪。我国刑法规定的容留卖淫罪是指提供场所或条件容纳、收留他人卖淫的行为。李某虽然只是将自己的房子交给杨某使用一次，但之前已经"爽快"答应将房子随时提供给杨某用于卖淫，置国家的法律于不顾，具有较大的恶性，已经超出了一般违法的范围，可以作为犯罪处理。这个案件警示我们，卖淫嫖娼的行为破坏社会风气，在生活中遇到卖淫嫖娼的行为要积极向公安机关举报，不要贪图小便宜，姑息养奸，为别人卖淫提供场所，否则，这种行为也可以构成犯罪。

法条链接

刑法第359条：引诱、容留、介绍他人卖淫的，处5年以下有期徒刑、拘役或者管制，并处罚金；情节严重的，处5年以上有期徒刑，并处罚金。

5.29 卖黄碟也是罪吗？

在社会上，我们时不时可以看到大街小巷里，一些人向行人兜售光碟，其中有很大一部分是淫秽光碟，俗称黄碟。这些人就如城市里的游击队，稍微有些风吹草动就闻风而逃，城市管理人员和文化部门对此很伤脑筋，因而卖黄碟的活动就屡禁不止，成为社会的毒瘤。一般人眼中，也许贩卖黄碟不是什么大不了的事情，被抓到顶多罚些款，应该和刑法没有多大关系。其实，贩卖黄碟这种行为，如果情节严重，也是可以判处刑罚的。换句话说，刑法对这种行为并不是放任不理的，在广州就发生了这样一起因为贩卖黄碟而坐牢的案件：

> 打工仔郝某搜罗了3 500多张淫碟，暗藏在出租屋里物色客人兜售牟利。2003年10月，他被以贩卖淫秽物品牟利罪判处有期徒刑6年，并处罚金5 000元。郝某是湖南衡阳人，2002年5月间，他前往三元里搜罗了一大堆淫秽VCD影碟，带回增城贩卖牟利。同年6月20日，公安机关接报在郝某出租屋内搜获尚未卖出的70种VCD影碟共3 500张，均属非法出版的淫秽音像制品。增城法院一审认定郝某行为已构成贩卖淫秽物品罪。郝某以其在购

买时不知道是淫秽光碟提起上诉。近日，广州中院终审维持原判。（本案例选自："南方网"，http://www.southcn.com/news/gdnews/areapaper/200309190303.htm。）

在案件中，郝某因为卖黄碟被判处6年的有期徒刑，教训惨痛。郝某的行为构成了贩卖淫秽物品牟利罪，该罪是指以牟利为目的贩卖淫秽物品的行为。郝某出卖黄碟的目的是为了牟利，贩卖黄碟的数量比较大，已经构成了犯罪。所以，卖黄碟也是犯罪。黄色淫秽物品是社会的公害，它破坏了社会的良好风俗，污染了人们的心灵。黄色物品的传播也造成了很大的社会问题，一些性犯罪就由此而生，因而国家专门规定了淫秽物品犯罪，对传播淫秽物品的行为予以打击。公民在日常生活中应该养成良好的生活习惯，通过正当途径了解性知识，远离黄色物品，这也是打击淫秽物品犯罪最有力的武器。

法条链接

刑法第363条：以牟利为目的，制作、复制、出版、贩卖、传播淫秽物品的，处3年以下有期徒刑、拘役或者管制，并处罚金；情节严重的，处3年以上10年以下有期徒刑，并处罚金；情节特别严重的，处10年以上有期徒刑或者无期徒刑，并处罚金或者没收财产。

1998年11月17日最高人民法院《关于审理非法出版物刑事案件具体应用法律若干问题的解释》第8条规定："以牟利为目的，实施刑法第363条第1款规定的行为，具有下列情形之一的，应当认定为制作、复制、出版、贩卖、传播淫秽物品牟利罪'情节严重'：（一）制作、复制、出版淫秽影碟、软件、录像带

250～500张（盒）以上，淫秽音碟、录音带500至1 000张（盒）以上，淫秽扑克、书刊、画册500至1 000副（册）以上，淫秽照片、画片2 500至5 000张以上的；（二）贩卖淫秽影碟、软件、录像带500至1 000张（盒）以上，淫秽音碟、录音带1 000至2 000张（盒）以上，淫秽扑克、书刊、画册1 000至2 000副（册）以上，淫秽照片、画片5 000至10 000张以上的；（三）向他人传播淫秽物品达1 000至2 000人次以上，或者组织播放淫秽影、像达50至100场次以上的；（四）制作、复制、出版、贩卖、传播淫秽物品，获利30 000至50 000元以上的。”

5.30 办网站，什么“颜色”都可以吗？

现在社会，正处于互联网的时代。随着通信技术的发展，宽带互联网这种在几年前还是稀缺资源的信息产品已经是“旧时王谢堂前燕，飞入寻常百姓家”，越来越多的家庭特别是城市家庭都开始享用高速的互联网服务。在这种条件之下，一些人开始办起了自己的网站，设立论坛，进行信息交流。一时间，全国各地的中文网站激增，拥有自己网站的人越来越多。但林子大了，什么鸟都有，不法分子打起了网络的主意。由于互联网的开放性和虚拟性，再加上缺乏相应的准入和监管机制，一些人在开设的网站上上传黄色电影和淫秽图片，并为浏览者提供下载机会，造成了黄色信息的大量流传。这种网站满足了人们寻找刺激的需要，往往点击率居高不下，动辄数以万计。黄色论坛的出现对社会造成了极其恶劣的影响，破坏了社会的善良风俗。一些不法分子心存侥幸，以为上传图片和电影只是“举手之劳”，而且属于自己的兴趣和爱好，与法无关。其实他们错了，在开设自己的网站的时候，还是要把好网站的“颜色”关，一旦涉黄，将受到法律的制裁，以下一个涉案 8 人的案件也许能给他们一些警告：

2003年9月13日，备受社会关注的“华傲论坛”黄网案在北京市大兴区人民法院一审公开宣判，慈某等8名被告人因犯传播淫秽物品罪，分别被判处7个月至1年有期徒刑。法院经审理查明，2001年5月，慈某开办了“华傲论坛”淫秽网站，其网名为“华英雄”，并自任总版主。第二被告人冯某从2001年5月开始，以“都市女王”的网名进入该网站浏览淫秽文章、图片、电影等，并主动申请担任总版主。其他几个被告人有的参与了该网站的管理和维护，有的发表了淫秽文章及图片，传播人次达数万人次。（本案例选自：“中国刑事检察网”，http://www.china-jc.com/xfzm/363.asp。）

在以上的案例中，涉案的8人大部分都是出于个人的兴趣管理论坛，并没有营利，但是论坛的出现已经对社会造成了恶劣的影响，因而国家以传播淫秽物品罪追究他们的责任。传播淫秽物品罪是指传播淫秽的书刊、影片、音像、图片或其他淫秽物品，情节严重的行为。可见，仅仅只是实施了传播淫秽物品的行为就可以构成犯罪。国家负有维持正常的社会风俗的职责，淫秽网站的出现污染了人的心灵，容易诱使人堕落，甚至走上违法犯罪的道路，对社会的危害是比较大的，因而刑法有必要对这种网站予以打击，对经营这种网站的行为也要作为犯罪来处理。老百姓在上网冲浪时，应该自觉远离这些黄色网站，不要在黄色网站上上传或下载文件，更不要以为这样可以逃避追查，网络恢恢，疏而不漏，这种行为是不能逃过法律的眼睛的。

法条链接

刑法第 364 条第 1 款：传播淫秽的书刊、影片、音像、图片或者其他淫秽物品，情节严重的，处 2 年以下有期徒刑、拘役或者管制。

2004 年 9 月 3 日最高人民法院、最高人民检察院《关于办理利用互联网、移动通讯终端、声讯台制作、复制、出版、贩卖、传播淫秽电子信息刑事案件具体应用法律若干问题的解释》第 9 条规定：“刑法第 367 条第 1 款规定的‘其他淫秽物品’，包括具体描绘性行为或者露骨宣扬色情的诲淫性的视频文件、音频文件、电子刊物、图片、文章、短信息等互联网、移动通讯终端电子信息和声讯台语音信息。”

Law
6. 从事公务的人在生活中有哪些禁区

公务人员是国家行使国家权力的直接代表，被赋予一定的国家职权，这就使从事公务的人员在普通公民的身份之外具有了特殊身份。利用这种特殊的身份，进行权钱交易等活动，不仅损害了国家权力的威信，也破坏了国家工作人员不可收买的清廉形象，给正常的社会秩序造成了损害，因而需要引起我们的高度注意。当前我国正大力打击贪污受贿等腐败行为，刑法的相关规定有巨大的现实意义。

在本部分中，我们将通过一些现实生活中经常发生的案例，对官场上的贪污受贿等腐败行为进行揭露。通过这些介绍，老百姓可以对这些行为有更加深入的了解，在遇到这类行为的时候，可以拿起法律武器作斗争，而从事公务的人员更要以此为鉴，不越雷池。

要点提示

- 贪污罪是指国家工作人员或者受国家机关、国有公司、企业、事业单位、人民团体委托管理、经营国有财产的人员，利用职务上的便利，侵吞、窃取、骗取或者以其他手段非法占有公共财物的行为。贪污罪的主体范围比较广泛，不仅包括国家工作人员还包括非国家工作人员。贪污罪的行为方式也是多样的。
- 受贿罪是指国家工作人员利用职务上的便利，索取他人财务，或者非法收受他人财物，为他人谋取利益的行为。应该注意的是，国家工作人员的范围包括了国家机关工作人员和以国家工作人员论的工作人员。此外，非国家工作人员帮助、教唆国家工作人员受贿，同样可以构成受贿罪。

- 行贿罪是指为谋取不正当的利益，给予国家工作人员以财物的行为。行贿和受贿是对向行为，为了制止受贿犯罪，必须严惩行贿行为。
- 介绍贿赂罪是指向国家工作人员介绍贿赂，情节严重的行为，而介绍贿赂表现为在行贿人和受贿人之间进行沟通、撮合，使得行贿和受贿行为得以实现。
- 巨额财产来源不明罪是指国家工作人员的财产或者支出明显超过合法收入，且差额巨大，经责令说明来源，本人不能说明其来源是合法的行为。该罪的特点是举证责任部分由犯罪嫌疑人承担，如果不能自证清白就构成犯罪。

6.1 乱开发票报销也是犯罪？

当下，社会上有一股不正之风，一些人喜欢在发票上做文章。一些机关、企事业单位的工作人员在以单位名义进行的经济往来中，向商品或服务的提供者索要发票时，不按商品或服务的真实报价确定发票数额，而要求对方提供多于实际报价的发票。还有一些人，本来未曾购买商品或接受服务，但仍然以莫须有的名目收集各种发票，有时甚至花少量的钱买发票。之所以出现这种发票热的现象，主要是因为这些单位在对公务支出的财务管理上，是以发票作为结算依据的，公务出差或者为单位进行采购的工作人员都凭发票到单位领取钱款，发票面值越大，领的钱越多。一些投机取巧的人在为单位办事的过程中虚开发票，赚取差价，不亦乐乎。这种行为给单位的财务管理带来了破坏，也给国家造成了损失，是不是也构成犯罪呢？首先，我们来看下面这样一个案例：

谢某是云南省雄县公安局户政科科长。1996年8月，谢某在昭通地区天宇电脑技术中心为雄县公安局户政科购买电脑两套，价值为每套1.7万元，实际付款3.4万元。谢某要求天宇公司将发票开成4.4万元，并按该发票额在单位报销，从中获利 1 万元。1996 年 10 月，谢某在天宇公司为单位购买 8 套 AST、一套 COMPAG，实际付款 188 150 元，谢某要求天宇公司将发票开成238 150 元，并将该发票在单位报销，从中获利 5 万元。案发后，昭通地区中级人民法院以贪污罪判处谢某有期徒刑 7 年。（本案例选自：张耕主编：《刑事案例诉辩审评——贪污罪》，中国检察出版社 2005 年版，第 225 页。）

在本案中，谢某作为国家机关工作人员，利用采购电脑的职务之便，虚开发票并予以报销，将差额据为己有，已经构成了贪污罪。我国刑法规定的贪污罪是指国家工作人员利用职务上的便利，侵占、窃取、骗取或以其他手段非法占有公共财物的行为，简单的表述就是将公家的钱据为己有。这个案件警示我们特别是公务人员，在以单位名义进行的经济往来中，要如实报销发票，不要多占单位的一分一毫。

法条链接

刑法第 382 条：国家工作人员利用职务上的便利，侵吞、窃取、骗取或者以其他手段非法占有公共财物的，是贪污罪。

受国家机关、国有公司、企业、事业单位、人民团体委托管理、经营国有财产的人员，利用职务上的便利，侵吞、窃取、骗取或者以其他手段非法占有国有财物的，以贪污论。

与前两款所列人员勾结，伙同贪污的，以共犯论处。

6.2 村委会主任也能构成受贿罪？

谈到受贿者，一般人的脑海中马上浮现的是国家工作人员，而国家工作人员一般是指国家机关中从事公务的人员，也就是公务员。村民委员会等基层组织并不属于国家机关，而是村民自治组织，因而村委会主任等村级领导干部并不是国家工作人员，按照一般人的理解，村委会主任不能构成受贿罪，而法律是不是这样规定的呢？首先我们来看下面这一个案例：

王某是河南洛阳一个农村的村委会主任，在2000年至2002年期间，利用其担任村委会主任的便利条件，收受一有限公司经理崔某给予的现金40 000元、购物券2 000元，为该有限公司在他所任职的村子征用土地时提供方便。东窗事发后，法院判处王某有期徒刑3年，缓刑5年。（本案例选自：张耕主编：《刑事案例诉辩审评——受贿罪》，中国检察出版社2005年版，第120页。）

在本案中，王某作为一个村委会主任，收受他人财物，被法院以受贿罪判处刑罚。在很多人看来似乎有不妥之处。我国刑法规定的受贿罪是指国家工作人员利用职务上的便利，索取他人财物，或者非法收受他人财物，为他人谋取利益的行为。而村委会主任也属于国家工作人员吗？在刑法中，答案是肯定的。我国刑法中规定的国家工作人员除了包括在国家机关中从事公务的人员，还包括以国家工作人员论的从事公务的人员。本案中，王某虽然不是正规的国家工作人员，但他作为村委会主任在村子土地征用的过程中实际上是在代表国家行使公务，因而可以国家工作人员论，如果收受他人的财物为他人谋取利益，就可以构成受贿罪。

法条链接

刑法第385条：国家工作人员利用职务上的便利，索取他人财物的，或者非法收受他人财物，为他人谋取利益的，是受贿罪。

2000年4月29日第九届全国人民代表大会常务委员会第十五次会议通过的《关于〈中华人民共和国刑法〉第93条第2款的解释》规定："村民委员会等村基层组织人员协助人民政府从事下列行政管理工作，属于刑法第93条第2款规定的'其他依照法律从事公务的人员'：（一）救灾、抢险、防汛、优抚、扶贫、移民、救济款物的管理；（二）社会捐助公益事业款物的管理；（三）国有土地的经营和管理；（四）土地征用补偿费用的管理；（五）代征、代缴税款；（六）有关计划生育、户籍、征兵工作；（七）协助人民政府从事的其他行政管理工作。

村民委员会等村基层组织人员从事前款规定的公务，利用职务上的便利，非法占有公共财物、挪用公款、索取他人财物或者非法收受他人财物，构成犯罪的，适用刑法第382条和第383条贪污罪、第384条挪用公款罪、第385条和第386条受贿罪的规定。"

6.3 “官夫人”收钱，就不是受贿？

如果说一个成功男人的背后总有一个贤内助的话，那么，一个腐败的男人背后却经常有一个贪婪堕落的女人。在现实生活中，我们经常可以看到，一些官员的家属不仅没有尽到监督官员、防止官员腐败的责任，而且还对官员的腐败行为予以鼓励，甚至有人直接当起了官员的“扬声器”和“会计”，向别人收取财物，然后再通过枕边风等方式让官员为送钱的人办事。结果，不仅该官员，而且该官员的家属也受到牢狱之灾。一些官员在受贿案件的审理中，经常声称自己并未收钱，而是自己的妻子收的钱，因而辩解自己并没有受贿。这种“官夫人”收钱的做法，引起了人们的讨论。那么，“官夫人”收钱，就不是受贿吗？首先，我们来看以下一个案例：

> 中国建设银行彭山县支行原行长吴某利用手中权力与妻子陈某疯狂敛财。2004年11月1日，彭山县人民法院作出一审判决，吴某以受贿罪、贪污罪、挪用公款罪被判处有期徒刑18年，陈某以受贿罪被判刑6年。2001年3月，彭山某公司从彭山建行获得8笔共计97万元贷款后，陈某多次在该公司负责人面前说：“打牌手气不好，炒股

又亏了。”公司负责人随即送给了陈某3万元现金。2002年6月，这家公司向彭山建行提出贷款申请。陈某又以儿子吴某在成都购房急需用钱为由向该公司索贿。该公司又将5万元现金送给了陈某。陈某回家后告知了吴某，该公司便顺利地从建行获得了10笔近百万元贷款。同年6月，彭山某公司承揽了建行职工集资住房和门市的修建工程后不久，陈某便向该公司负责人索取贿赂。公司为了尽早拿到建房工程款，其负责人便将10万元现金送给了陈某。在彭山建行工程竣工之前的一天，陈某又以其集资房装修为名再次向该公司索取贿赂10万元。(本案例选自:“中央电视台网”,http://www.cctv.com/news/china/20041103/101419.shtml。)

在以上的案件中，陈某利用丈夫吴某手中的职权向别人收受钱款，案发后，结果夫妻双双把牢坐。对于这个案件的判决，一些人认为，陈某本身不具有国家工作人员的身份，何以构成受贿罪？而吴某本身并没有收受他人的贿赂款，按理说也不应该按受贿罪处理才对。这种认识具有片面性。这个案件涉及共同受贿问题。本案中，吴某与陈某夫妻二人是典型的共同受贿关系。在这种关系之中，陈某负责索要贿赂，而吴某则利用手中的职权为行贿者谋取利益,二者行为的结合就构成了受贿罪。因而一方面吴某未亲自索要钱款构成受贿罪,另一方面陈某不具备国家工作人员的身份也是构成受贿罪的。所以,从这个案件可以看出,“官夫人”收钱,也是可以构成受贿罪的。

法条链接

刑法第385条:国家工作人员利用职务上的便利,索取他人财物的,或者非法收受他人财物,为他人谋取利益的,是受贿罪。

6.4 收学生的好处费，也算受贿吗？

学校一般被比喻为象牙塔，高雅而纯洁。学校在承担为祖国培养建设者的职责过程中，为学生提供了不同于外部社会的清新高雅的环境，使学生能够不受外界影响，健康成长。但是由于学校毕竟是社会的一个组成部分，社会上的一些歪风邪气也不可避免地渗透进学校里来。一些老师违背师德，在评卷考核的时候，利用对学生成绩“生杀予夺”的大权，向学生伸出黑手，而一些学生也受不良风气的影响，自觉向老师“进贡”，希望得到好的成绩。这样的一来一往渐渐成了惯例，使教学的圣地也变得乌烟瘴气。对于这种现象，学生和家长都深恶痛绝，但也只能忍气吞声，被动接受。其实，这种行为也是在刑法的管辖范围之内的。下面就有一则相关的案例：

日前，收受学生两万元“好处费”的黑龙江省一大学教师于某，被法院以受贿罪一审判处有期徒刑1年缓刑1年。据了解，于某是黑龙江省一大学人文社会科学系教研室副主任。2001年，他担任该校某专业脱产专升本班的“自然辩证法”授课教师。在2001年年末自然辩证法课考试前，学生们商议每人交50元钱送给于某，以便其在评卷时给予关照。后由学生王某出面，向9个班共计300名学生收取15 000元钱，送给于某，并将交钱学生的名单一并交给于某，于某表示可以关照。评卷时，于某利用职务之便，要求评卷教师为学生提高分数，使所有送钱学生的成绩均获“通过”。2002年，于某采取同样手段收取2002级学生“好处费”5 100元，并以个人名义存入银行。（本案例选自：“南图都市报网”，http://www.ngalsb.com.cn/200310/ca313658.htm。）

本案中，于某作为一个大学老师收取学生的好处费，结果被以受贿罪判刑。有人会惊讶于一个大学老师也可以构成受贿罪。这是因为，于某所在的大学是国有的事业单位，于某为学生评卷的行为其实是在履行公务，因而于某的行为具备构成受贿罪的条件。这个判决告诉我们，老师收学生的好处费，也是可以构成受贿罪的，老百姓如果在生活中遇到这种不良老师，千万不要姑息，要敢于对这种败坏师德的丑恶行为说不。

法条链接

刑法第385条：国家工作人员利用职务上的便利，索取他人财物的，或者非法收受他人财物，为他人谋取利益的，是受贿罪。

刑法第93条：本法所称国家工作人员，是指国家机关中从事公务的人员。

国有公司、企业、事业单位、人民团体中从事公务的人员和国家机关、国有公司、企业、事业单位委派到非国有公司、企业、事业单位、社会团体从事公务的人员，以及其他依照法律从事公务的人员，以国家工作人员论。

6.5 以借款名义拿别人的钱，就不是受贿？

在老百姓的日常生活中，私人之间的借贷是一种很普遍的现象。俗话说，有借有还，再借不难。私人借贷是公民向银行借贷以外一种重要的筹资方式，在经济生活中发挥着重要的作用，法律也保护这种合法的私人借贷。而在司法实践中，一些涉嫌行贿的案件中也存在表面上的借贷关系，国家工作人员利用职务上的便利，以借款为名向他人索取财物，或者非法收受财物，为他人谋取利益的，受贿人往往辩解是向行贿人借款，有的案件甚至还有借据，妄图逃避法律制裁。如何区分借款与受贿呢，换句话说，以借款名义拿别人的钱，就不是受贿吗？从下面的一则案例中我们可以得到一些答案：

被告人李某，是原珠海市一对外经济贸易总公司的总经理。1992 年 4 月，在发包本公司综合楼工程中，收受建筑公司贿赂 4 万元；1993 年 1 月，在发包本公司另外一个工程中，收受建筑公司贿赂 20 万元。在这两次收受贿赂的过程中，李某都写了借条，但直到案发，分文未还。法院以受贿罪判处李某有期徒刑 13 年。（本案例选自：张耕主编：《刑事案例诉辩审评——受贿罪》，中国检察出版社 2005 年版，第 187 页。）

在以上的案件中，李某为了掩人耳目，以写借条的方式收受别人的钱款，看似借贷行为，其实是受贿的一种表现形式。这是因为李某虽然写了借条，但从始至终都没有还钱的意思，而且对方也没有要催还的意思，实际上是将钱送给了李某。所以，如果以借款为名，行受贿之实，就还是受贿。

法条链接

刑法第385条：国家工作人员利用职务上的便利，索取他人财物的，或者非法收受他人财物，为他人谋取利益的，是受贿罪。

6.6 “有钱能使鬼推磨”，你愿意做“鬼”吗？

“有钱能使鬼推磨”，这是人们在日常生活中经常提到的一句俗语。而人们往往在提到这句话的时候会在后面加上一个问号，有钱真能使鬼推磨吗？胸怀正义的人也许会对这句话嗤之以鼻，而心存侥幸的人则对这句话推崇备至，在他们的心目中，只要有了金钱的参与，任何难以办到的事情都可以轻易解决。近年来，随着国家反腐力度的加强，一些隐藏在官场的行贿受贿案件慢慢都浮出了水面，这些案件的基本特点是为官之人置国家和人民的利益于不顾，接受他人的财物为他人“推磨”。公务人员作为为人民服务的国家代表，一方面国家和人民对他们提出了更高的要求和期望，另一方面国家也赋予了他们比常人更多的权力，他们往往能够为一般人所不能，办一般人所难办之事。这些掌握了国家权力的人，如果进行权钱交易，将给国家和人民带来极大的危害，而自己也会受到最严厉的制裁，被钉在历史的耻辱柱上。下面的两个例子中，为别人“推磨的鬼”结果成了真的鬼：

2000年2月15日，江西省南昌市中级人民法院对江西省人民政府原副省长胡长清受贿、行贿、巨额财产来源不明案作出一审判决，胡长清因大肆收受、索取巨额贿赂被判处死刑，剥夺政治权利终身。3 月 8 日，最高人民法院核准江西省高级人民法院对江西省人民政府原副省长胡长清受贿、行贿、巨额财产来源不明一案的终审裁定。胡长清在南昌被执行死刑。2000 年 7 月 31 日，北京市第一中级人民法院对原第九届全国人民代表大会常务委员会副委员长、中共广西壮族自治区委员会副书记、广西壮族自治区人民政府主席成克杰受贿案作出一审公开宣判，以受贿罪判处成克杰死刑，剥夺政治权利终身，并处没收个人全部财产。2000 年 9 月 14 日经最高人民法院核准，北京市第一中级人民法院对成克杰执行了死刑。(本案例选自："正义网",http://www.jcrb.com/zyw/n1/ca6855.htm。)

在案例中，胡长清、成克杰都是国家的省部级高官，他们没有能够以身作则，起到表率作用，反而贪婪成性，大肆收取别人的贿赂，受到了极刑的惩罚，为所有的为官之人敲响了警钟。为官之人，但求为民造福，两袖清风，胸怀坦荡，问心无愧。如若胆敢越雷池一步，进行钱权交易，必将受到国家法律的制裁。所以在此也要奉劝各位为官之人：莫伸手，伸手必被捉。而我们老百姓在遇到这样的丑恶现象时也不要视而不见，应该大胆举报，记住，法律始终是站在正义这边的。

法条链接

刑法第 385 条：国家工作人员利用职务上的便利，索取他人财物的，或者非法收受他人财物，为他人谋取利益的，是受贿罪。

6.7 为单位谋福利，收别人的回扣，也是被禁止的吗？

在一些企事业单位中，单位领导人为了职工和单位的利益，收受他人的回扣等好处费，然后将钱用于单位的职工福利，发给大家，而领导人个人并没有得到特别的好处。这种现象，用一些单位领导人的话说就是“取之于民，用之于民”，似乎“收”之有道，但这种行为是法律所允许的吗？这可以从下面的一则案例中得到一些答案：

2003年6月11日，贵阳市南明区检察院向社会通报，由该院提起公诉的贵阳市路灯所单位受贿案，日前已经法院判决，法院以单位受贿罪对路灯所判处罚金人民币39万元，以单位受贿罪判处该所原代理所长朱某有期徒刑3年，缓刑3年。2000年6月至8月期间，路灯所取得贵阳市贵开路高架桥、大营坡立交桥道路照明施工承建资格，朱某代表单位与辽宁省鞍山市某照明器材厂签订了一笔价值300多万元的路桥护栏灯购销合同。之后，照明器材厂业务员李某代表厂方送给路灯所39万元回扣。朱某为使这笔款项合法化，要求双方虚签一份“供货安装协议”，以掩盖收受回扣的真相。之后，路灯所将实收的

36.3 万余元系 39 万元扣除 6.8% 的税后款用于职工旅游及福利发放。支出凭证交回照明器材厂，不在路灯所入账。（本案例选自：“正义网”，http://www.jcrb.com/zym/n470/ca332933.htm。）

在本案中，路灯所以一个单位的身份被认定为单位受贿罪，而负责人朱某也被判刑。这个案件引起了不少的争议，有人认为朱某并没有出于私心接受回扣，而将所收回扣用于单位福利，为什么也要被判刑呢？这是由我国刑法的双罚制决定的。双罚制是指单位犯了罪，不仅处罚单位，还处罚直接的负责人。朱某作为单位负责人收取他人的回扣，在这个过程中，他的行为代表了单位的意志，而他的行为也使单位构成了单位受贿罪，因而根据双罚制，他也应该受到惩罚。

法条链接

刑法第 387 条：国家机关、国有公司、企业、事业单位、人民团体，索取、非法收受他人财物，为他人谋取利益，情节严重的，对单位判处罚金，并对其直接负责的主管人员和其他直接责任人员，处 5 年以下有期徒刑或者拘役。

6.8 一个巴掌拍得响吗？

近年来，国家大力打击国家工作人员的腐败行为，一大批官员在司法机关的追查之下被送上了审判席，受到了法律的制裁。然而一个巴掌拍不响，在这些官员腐败的案件中，除了腐败堕落的官员在其中扮演不光彩的角色之外，制造这种不和谐的声音的另一个巴掌就是送钱给这些官员的平民百姓们。行贿和受贿是一种相互对应的关系，可以说，没有行贿就没有受贿，反之亦然。就某种程度而言，行贿的危害尤甚于受贿，理应受到严惩。然而现实状况是，对行、受贿的打击普遍存在着“重受贿、轻行贿”的畸形现象，导致行贿这种行为的发生率居高不下。那么，法律除了严惩收受贿赂的行为之外，对于另一个巴掌也就是行贿者的行为是如何规定的呢，他们是不是就可以逍遥法外呢？答案是否定的，在下面的一则案例中，行贿者就受到了严惩：

1994 年，昆明建华企业集团董事长舒某通过人介绍认识了当时任云南副省长的李嘉廷，随后他先后以春节拜年、领导出国等为名，4 次向李嘉廷行贿 3.5 万美元，从而违规获取贷款 4 500 万元人民币入股民生银行并成为该行董事。2001 年 11 月，昆明市五华区人民法院经审理判处舒某有期徒刑 2 年。（本案例选自："人民网"，http://www.people.com.cn/GB/shehui/1061/2039802.html。）

这是一个典型的行贿的案例判决，相对于受贿案件的频繁发生，对于行贿案件的单独处理在司法实践中并不多见。分析研究近年来的反腐败斗争，我们看到的多是高官落马、大案曝光，受到法律严惩的往往是受贿者，而那些贪官背后的行贿者却少有受到严惩的。以福建周宁县原县委书记林龙飞腐败案为例，这位名动全国的“三光书记”被判了死刑，但是，在向他行贿的 71 人中仅有 13 人被判刑，多数行贿者只是受到党纪政纪处分而已。这些被追究刑事责任的人除了行贿和介绍贿赂外，均还涉及贪污、受贿、挪用公款等其他罪名。更多的行贿者因未涉及其他犯罪，只受到党纪、政纪处分。之所以在实践中出现这种不均衡的状况，这与法律的规定不无关系。我国刑法第 389 条规定的行贿罪是指为谋取不正当利益，给予国家工作人员以财物的行为，构成犯罪的重要条件之一就是为了谋取不正当利益。除此之外，法律还规定，因被勒索而给予财物未获不正当利益的不是行贿，不作为犯罪处理，而且行贿人主动交代的也可以减轻或免除处罚。可以看出刑法对行贿罪的规定的基本精神就是坦白从宽，且不处罚纯粹的受害者。除此之外，司法机关不注重对行贿者的追诉也是一个司法理念的问题，现实中还是有很多的行贿案件符合行贿罪的构成条件而未得到处理。真正重视行贿犯罪，认清它的社会危害性是非常重要的。我们相信，如果人们能够看到越来越多的行贿者被绳之以法，行贿者与受贿者才可能减少，权力腐败才有望得到有效遏制。老百姓在日常的生活中，应该奉公守法，千万不要通过贿赂别人达到自己不可告人的目的，否则，是会受到法律的制裁的。

法条链接

刑法第389条：为谋取不正当利益，给予国家工作人员以财物的，是行贿罪。

在经济往来中，违反国家规定，给予国家工作人员以财物，数额较大的，或者违反国家规定，给予国家工作人员以各种名义的回扣、手续费的，以行贿论处。

因被勒索给予国家工作人员以财物，没有获得不正当利益的，不是行贿。

刑法第390条：对犯行贿罪的，处5年以下有期徒刑或者拘役；因行贿谋取不正当利益，情节严重的，或者使国家利益遭受重大损失的，处5年以上10年以下有期徒刑；情节特别严重的，处10年以上有期徒刑或者无期徒刑，可以并处没收财产。

行贿人在被追诉前主动交待行贿行为的，可以减轻处罚或者免除处罚。

6.9 为别人行贿牵线搭桥也是犯罪？

在日常生活中，一些人遇到什么难事，首先想到的不是通过正规渠道努力争取，而是寄希望于找关系，走后门。而如果自己门路不广，这些人就想办法找有门路的人，通过后者联系掌权的人。一旦事发，行贿的人和受贿的人都受到了法律的制裁，而居间介绍他人行贿，为他人行贿牵线搭桥的人是否也构成犯罪呢？从下面一则案例中我们可以得到肯定的答案：

2003年下半年，安徽某酒店需要更换餐饮部大厨，在此过程中，被告人阮某向负责该项事务的酒店餐饮部推荐厨师周某。周某得知能否承包后堂餐饮部最终取决于酒店经理后，便告诉阮某，如果能承包成功，不会亏待他和酒店经理。阮某于是找到酒店经理让其同意周某承包，并转达了周某表示感谢的意思。后经酒店经理同意，周某自2004年1月开始，承包了该酒店餐饮部后堂。2004年1月，周某按照事先承诺送给阮某3 000元人民币，同时告诉阮某是送给经理及他的好处费，以后每个月都有。周某还称，阮某可以自己留一点，给酒店经理送一点。阮某则将其中的500元留下，剩下的2 500元送给了酒店经理，并告诉经理是厨师周某给的好处费。至2006年2月，阮某先后26次替周某向酒店经理转送好处费65 000元。阮某从中另得款13 000元。2006年7月，合肥市庐阳区法院以介绍贿赂罪判处阮某拘役6个月，并没收全部非法所得。（本案例选自："中国法律法规网"，http://www.lydch.com/falv/Article/fanfubaodao/200606/1023177.html。）

在本案中，该酒店是国有的酒店，周某为得到大厨的职位向酒店经理送钱的行为是行贿，而酒店经理也构成了受贿罪，这是没有多大疑问的。而阮某的居间介绍行为也构成了介绍贿赂罪。我国刑法规定的介绍贿赂罪是指向国家工作人员介绍贿赂，为行贿人和作为行贿对象的国家机关工作人员之间进行引见、沟通和撮合，促使行贿与受贿得以实现，情节严重的行为。这种行为为行贿与受贿服务，促成了行贿与受贿的实现，危害比较大，因而有必要作为犯罪来对待。这个案件警示我们，在日常生活中，千万不要为了贪图小利或出于义气为别人介绍贿赂。

法条链接

刑法第392条：向国家工作人员介绍贿赂，情节严重的，处3年以下有期徒刑或者拘役。

6.10 不交代财产来源，就可以逍遥法外？

在一些贪污受贿案件中，有很多官员为了逃避追查，对于自己巨额的财产拒不说明来源，给案件的侦破带来较大的困难。然而，拒不说明财产的来源，就可以逍遥法外吗？答案是否定的。在以下一个案例中，犯罪嫌疑人尽管拒绝交代部分财产的来源，但仍然受到了应有的惩罚：

2005 年 8 月，原中国银行副董事长、中国银行（香港）有限公司总裁刘金宝贪污、受贿、巨额财产来源不明，原中国银行（香港）有限公司副总裁朱赤、丁燕生，原中国银行（香港）有限公司总裁办公室总经理张德宝贪污一案，吉林省长春市中级人民法院于 12 日依法作出一审判决，以贪污罪判处刘金宝死刑，缓期 2 年执行，剥夺政治权利终身，并处没收个人全部财产；以受贿罪判处其有期徒刑 12 年，并处没收个人财产人民币 50 万元；以巨额财产来源不明罪判处其有期徒刑 5 年，决定执行死刑，缓期 2 年执行，剥夺政治权利终身，并处没收个人全部财产。法庭经审理查明：1996 年 3 月至 2003 年 5 月，被告人刘金宝在担任中国银行上海市分行行长、上海浦东国际金融大厦有限公司董事长，以及中国银行港澳管理处常务副主任、主任、中国银行（香港）有限公司总裁期间，利用职务上的便利，采取转移账户资金、制作假账、销毁账目等手段，单独或与朱赤、丁燕生、张德宝等人共同贪污23起，折合人民币共计1 428万余元，个人所得折合人民币752万余元；收受贿赂折合人民币共计143万余元；另有折合人民币1 451万余元巨额财产不能说明合法来源。（本案例选自："新浪网"，http://finance.sina.com.cn/bank/hydt/20050812/19251883373.shtml。）

在本案中，刘某除了已查明的贪污、受贿事实外，尚有1 451万余元的巨款无法查清来源。针对已查明的案件事实，他分别构成了贪污罪和受贿罪，而对于1 451万元的巨额财产，侦查机关一时无法查证来源，但基本上可以推定为非法所得，对此我国刑法规定了巨额财产来源不明罪。巨额财产来源不明罪是指国家工作人员的财产或支出明显超过其合法收入，且差额巨大，经责令说明来源，本人不能证明其来源是合法的行为。这个罪名的特点就是不能证明合法就是非法，是一种举证责任由犯罪人自己承担的特例。这个罪名的设立有力打击了在贪污受贿案件中存在的拒不说明财产来源的行为，使一些不老实交代财产来源的国家工作人员也受到了惩罚。

法条链接

刑法第395条：国家工作人员的财产或者支出明显超过合法收入，差额巨大的，可以责令说明来源。本人不能说明其来源是合法的，差额部分以非法所得论，处5年以下有期徒刑或者拘役，财产的差额部分予以追缴。